한 지공거사의 자뻑전

# 악마들과 행복 만들기

한 지공거사의 자뻑전

# 악마들과 행복 만들기

**강기석** 지음

**강현성** 그림



디플랜네트워크
Digital Planning Network

# 노력 조금, 운 많이, 대부분은 인연

해가 바뀌면서 문득 내 이야기를 써서 책으로 엮고 싶어졌다. 순전히 나이 탓이다. 지난해, 지지난해에도 한 살씩 나이를 먹었지만 올해는 의미가 다르다. 그냥 한 살 더 먹은 것이 아니라 '법적인 노인', 이른바 '지공거사(지하철 공짜로 타는 이)'가 된 것이다. 자서전을 내기에 환갑은 너무 이르고 70, 80은 너무 힘이 빠질 터이니 지금이야말로 적기가 아닌가 그런 생각이 든 것이다.

자서전이란 무릇 한세상 당당하게 살아왔다고 자부하는 사람들의 몫이다. 호랑이가 가죽 남기듯 이름 석 자 크게 날린 이들이야 구태여 자서전이 아니라 저절로 위인전 혹은 평전의 주인공이 될 터이다. 비록 그만한 크기는 아닐지라도 제 삶에 자부심이 만만치 않은 사람으로서 얇은 자서전 한 권으로 이 세상 살고 간 흔적이라도 남기고 싶은 것이 인지상정일 것이다.

나는 어떤가. 내 인생을 돌이켜 보니 빈한한 집안에서 태어나 내세울 만한 대학이나 직장에 다닌 적도 없고 위세를 떨 만큼 대단한 지위를 가져 본 적도 없다. 재산도 없다. 특히 '이렇게 살아야 한다'고 폼나게 내걸 만한 인생철학이란 것도 없다. 언론계에 있으면서도 유난히 오르락내리락 굴곡이 많았던 삶을 살아오면서 남들 부끄럽지 않게 살도록 노력은 했지만 글쎄, '언론인'으로서 대놓고 자랑할 만한 대단한 성취랄 것도 없다.

더 솔직히 말하자면 원래 나는 도둑놈 강도 사기꾼 아첨쟁이 폭력배 바람둥이 허풍쟁이의 성향을 지닌 사람이다. 알콜중독자 노름꾼 기질도 다분하다. 그럼에도 내가 그런 성향에 휩쓸린 채 몹쓸 놈으로 전락하지 않고 그런대로 잘 살아서 이제 '입 다물고, 귀 열고, 목욕 자주 하고, 젊은이들에게 양보하고, 돈 내야 할 때 뒤로 빼지 않는' 그런 미덕들을 지켜보려는 기특한 노인의 문턱에 선 것은 사실이다. 그렇다면 훌륭한 사람이 그렇게 훌륭하게 된 과정을 만천하에 펼쳐서, 훌륭하게 되고자 하는 이들에게 귀감이 되는 것과 마찬가지로, 모자란 사람이 모자람을 채우고 악한 성향을 극복해 평범하지만 행복한 노인의 문턱에 서게 된 비결을 펴내는 것도 그만한 가치가 있는 건 아닐까?

나는 성선설을 믿는 편이지만 세상의 많은 사람들이 끊임없이 악의 유혹을 받는다고 생각한다. 이 험한 세상에서 훌륭한 사람은커녕 그저 남 손가락질 받지 않는 평범한 사람으로 살아남는 것만으로도 감지덕지할 사람들이 대부분일 것이라고 생각한다. 그렇다면 내 이야기가, 흉내 내고 싶어도 흉내 낼 수 없는 훌륭한 이들의 이야기보다 그들에게 오히려 더 와 닿는 도움이 되는 이야기일 수도 있지 않을까.

자서전을 쓴답시고 정색을 하고 책상에 앉아 내 살아 온 이야기를 연대기적으로 정리해 쓰고 싶지는 않았다. 대신 내가 맺은 '관계'에 대해 쓰고 싶었다. 나는 지금의 나를 만들어 준 것은 아주 적은 내 노력과 운, 그리고 나와 관계를 맺은 여러 인연 덕분이라는 깨달음이 진즉에 있었다. 부모와 처, 자식들, 형제들, 친구, 선배, 후배, 친척, 직장동료들…. 이들이 나를 걱정해 주고, 격려해 주고, 지켜 주어서 오늘의 내가 있게 됐다. 그 인연들이 바로 내 인생 자체인 것이다.

다행스럽게도 나는 지난 5~6년 간 페이스북이란 요상한 사이버 공간에서 1주일에 한 번, 혹은 2주일에 한 번씩 일기 쓰듯 담담히 내 주변의 일상 이야기-특히 인연으로 얽힌 이야기-들을 써왔다. 이 글들만으로도 65년여에 이르는 내 평생을 짐작하기에 필요하고도 충분할 것 같다. 지난 7~8년간의 대부분을 백수로 지내면서 마눌님에게 구박받고, 그 대신 자식들에게 효도받고, 그 자식들이 선물한 손자들을 사랑으로 돌보고, 친구 선후배들과 어울려 놀러 다니며 술잔을 기울이고, 세상을 논하고, 세월호광장에서 맴돌았고, 촛불을 들고 시민혁명에 참여했고, 민주정부 수립에 일조했다. 그 모든 것들이 하나하나 격리된 단편들이 아니라 그 전의 10년간, 20년간, 아니 내가 태어나서부터의 모든 '관계'들이 얽히고 설키며 빚어 낸 인과응보의 결정체였다. 그 이야기들을 모은 것이 이 책이다.

사람들은 자신의 과거 이야기를 하게 되면 대체로 행복했던 시절, 성취가 컸던 시절을 더 많이, 더 강하게 기억하려는 성향이 있다. 그래서 자서전이라는 것들이 대부분, 아무리 솔직하게 쓴다고 애를 써도, 자기자랑에 그칠 때가 많다. 나는 그렇게 하지 않으려고 무진 애를 썼지만 어쩔 수 없이 자기자랑, 식구자랑으로 읽히는 그런 부분이 있을지도 모르겠다. 미리 사과부터 해야겠다. 그밖에 이 책은 형식적으로는 산문집이지만 짤막짤막한 꽁트집일 수도 있고, 그때 그때 단상을 적은 수상록일 수도 있고, 그런 장르가 있는지는 몰라도 이를 테면 노인 동화(silver fairy tale)라고도 할 수 있다.

그런데 어깨에 힘을 빼려고 애를 쓰다 보니 '마눌님 편'의 경우 자서전이 아니라 자뻑전이 된 느낌까지 있긴 하다. 그러나 마눌님 고발장은 절대 아니다. 올해는 내가 65세 되는 해일 뿐 아니라 우리 부부가 결혼한 지 40년 되는 해이기도 하다. 내가 맺은 인연의 가장 큰 줄기는 온전히 마눌님으로부터 시작됐다. 2녀1남 자식들, 두 명의 사위와 한 명의 며느리, 그리고 6명의 손자들까지, 내 행복의 원천이 그로부터 시작된 것이다. 이 책을 내야겠다는 영감 자체가 마눌님으로부터 비롯된 것이므로 이 책을 마눌님에게 가장 먼저 헌정하는 것은 너무나 당연하다.

그리고 손자들!! 마눌님하고 비교적 일찍 만나 결혼하고, 자식들 일찍 낳아 키우고, 그 자식들이 또 일찍 배우자들을 만나 결혼해 일찍 아이들을 낳은 인연들이 첩첩히 엮인 덕분에 절묘하게 내가 마눌님을 도와 두 명의 손자들을 가까이에서 돌볼 기회가 생겼다. 행복은 사랑으로부터 나온다. 그러므로 이 책은 내 손자들에 대한 사랑의 일기이기도 한데 나중에 손자들이 커서 이 책을 보고 할아버지의 존재를 떠올리고 그 사랑을 기억해 준다면 더 바랄 게 없다.

세상에서 진짜 존경받아 마땅한 사람은 남들로부터가 아니라 자기 가족들로부터 존경받는 사람이란 말이 있다. 남들은 속일 수도 있고 가식으로 대할 수도 있지만 가족들에게는 그럴 수가 없기 때문이다. 내 경우도 역시 마찬가지다. 특히 삼남매가 모두 내 페친이기도 해서 페북에 올리는 글들을 거짓으로 치장할 도리가 없다. 이 자식들이 나를 어떻게 생각하고 있는지, 자못 궁금했는데 최근 내가 페북에 올린 글들을 모아 자서전 비슷한 것을 내겠다는 계획을 밝히자 일제히 대환영의 뜻을 표했다. 아마도 애비를 존경까지는 아니어도 어느 정도 존재를 인정해 주고 있다는 증거가 아닐 수 없다. 기쁜 일이다. 더구나 그림에 소질이 있는 둘째딸은 삽화까지 그려 주었다.

나를 잘 모르는 사람이 이 책을 일부러 찾아 읽을 리는 없고 그저 어떡하다 책을 만나게 돼 몇 장이라도 재미있게 읽으면서 강 아무개라는 사람이 유쾌하고도 나름 보람있게 이 세상을 살아보려고 애썼다는 것을 알아 줬으면 좋겠다. 또 내 나이 또래, 혹은 한 열 살쯤 적은 이들이 내 사는 모습을 보고 “거~ 세상살이 별 거 아니네~” 안도하고 위안을 받았으면 더더욱 좋겠다. 단 주말마다 시청 앞 길거리를 배회하며 태극기를 모독하는 자들만은 이 책을 보지 않았으면 한다. 그들과 나는 종자가 다르다.

**2019년 6월 어느 날**

한 지공거사의 자뻑전

제 1 부

# 소크라테스 따라하기

## 소크라테스의 이해

듣기로 소크라테스의 부인은 남편을 퍽 괴롭혔다고 한다. '악처'라는 평을 받은 부인이 소크라테스를 '소크라테스'처럼 만들었다고도 한다.

손녀딸 피아노학원에서 픽업해 오자마자 "우유 한 통 사 오랄 걸 깜빡 잊어먹었네~" 한다.

"…."
"당장 우유가 다 떨어져서 큰일났네~."
"내가 가서 사 오지 뭘~."

우유를 사 오고 30분쯤 지났다.
"이제 보니 두부도 없네. 두부도 한 모 사 왔으면 좋을 뻔했네."
"…."

한참을 버텼고 더 이상 말씀은 없었지만 결국 두부도 사 왔다.

## 편하게 있어

대부분의 사람들이 좋아하는 일요일이지만, 백수들은 굳이 월요일 출근할 일이 없어 더 좋다. 내 경우엔 <개그 콘서트> 보는 날이어서 더더욱 좋다.

TV와는 거의 담을 쌓고 살지만 '개콘' 챙겨 본 지는 꽤 오래됐다. 요즘엔 특히 '편하게 있어' 코너가 좋다. 김준현이 자기 집으로 송빙칠이 데려와 "'톡!' 한잔 해야지?" 하는 장면에서는 항상 웃음이 터져 나온다.

그런데 기이한 것은, 이 코너가 시작되면 우리 집 마눌님이 꼭 먼저 방으로 들어간다는 거다. 쌩 하고 찬바람 일으키면서…. 그걸 저번 주에야 눈치챘다. 아마도 마눌님이 나 모르는 무슨 트라우마 같은 게 있는 거 같다.

아주 오래전… 그러나 아주 강력한….

## 기저귀 유감

손녀딸 기저귀 갈다 한마디 아양을 떨었다.

"옛날 이런 기저귀 없었을 때 엄마들이 어떻게 애들 키웠는지 몰라."
"그거 남 얘기 아니야."
"?"
"당신 내가 옛날 홀쭉 말랐던 거 기억 안나?"
"…."
"내가 오십 몇 킬로그램밖에 안 나갔을 때 말이야. 하루에도 수십 번씩 똥기저귀 빨려고 손목 팔목이 다 나갔었잖아."
"왜 세탁기에 넣고 돌리는 것 아니었나?"
"세탁기 같은 소리 하고 있네. 그때 세탁기가 어디 있었으며, 설사 있었다 하더라도 당신이 세탁기 사줄 돈이라도 있었었나?"
…."

본전도 못 찾았다.
80년, 81년 연년생을 힘들게 키운 건 알겠는데 그때 진짜 세탁기가 없었는지는 잘 기억이 안 난다.

## 2등 시민

오늘 아침 페루 출장에서 돌아온 둘째 사위가 선물을 잔뜩 내놓는다.
장모가 좋아하는 페루산 초콜릿 일색이다.
내가 당뇨가 있어서 초콜릿 못 먹는다는 것 정도는 알 텐데….
"내 선물은 없냐"는 말이 목젖에 걸린다.
마눌님은 남편 심사야 어떻든 그저 흐뭇하기만 하다.

두어 달 전 냉장고 야채 칸에 가득한 한약 봉지들을 발견했다.

"이거 무슨 한약이요? 당신 거요?"
"어~ 현성이(둘째 딸)가 애기들 키우느라 고생한다고 해준 거야."
"그래? 내건 없대?"(지나가는 말로 농담처럼)
"…."(좀 어이없다는 침묵)

한참 지나더니

"그럼 그거 몇 봉 드시구랴." 한다.

(사위가 얼마 후 "아버님 선물은 당연히 페루산 커피와 와인까지 준비가 되어 있는데 억울합니다. 아침식사부터 와인을 올릴 수도 없고 ㅠㅠ"라고 해명해 왔다)

## 수돗물

마침 부엌에 있는 마눌님께 물 좀 끓여달라고 부탁했다.

"뭐하게?"
"어~ 차 마시게."

마눌님은 방에 들어가고 거실에 있던 나는 잠시 후 물 끓는 소리가 나서 부엌으로 갔다.

그런데 조금 전에 본 생수병에 물이 전혀 줄지 않았다.

"여보, 수돗물 끓인 거야?
"…."
"내가 차 마실 거라고 했잖아요."
"…."

나는 밖에서는 잘 먹고 돌아다녀도 집에서는 백 원어치 생수도 못 얻어 마신다.

## 마당쇠

마당을 몇 번 쓸어야 하는가(진공청소기 돌리기)에 관해 마눌님과 가벼운 실랑이가 있었다.

"두 사람 사는 집인데 일주일에 한 번만 밀어도 되는 거 아니냐?"
"두 사람이라니 무슨 소리야. 손녀딸이 둘이나 있는 집에…. 애기들 위생 때문에라도 더 신경 써야 하는 것 아니야?"

마눌님 입에서 "매일이라도…" 소리가 나옴과 동시에 난 바로 "그럼 일주일에 두 번으로 합시다"고 항복해버렸다.

## 불신

온라인에서 페친인 언론계 후배가 술 한 잔 마시더니 내게 묻는다.

"강 선배, 요즘엔 형수가 안 괴롭혀요?"
"그럴 리가 있나. 다만 요즘 나라 돌아가는 꼴에 너무 상심한 나머지 나 개인의 괴로움은 잊고 사는 것뿐이다."

마눌님이 내 건강에 대해 관심이 없는 것은 아닌 것 같은데 내 건강 비법에 대해서는 불신이 크다. 5년 전부터 시작한 '오일풀링'에 대해서는 거의 비웃음 수준이다. (*오일풀링: 아침마다 참기름 한 숟가락을 한 20분 정도 입에 머금고 있다가 뱉는 것) 오일풀링을 하고 나면 가래가 끌려 나오고 입과 목이 온통 개운한 느낌을 받는다. 마눌님은 다만 기분이 그럴 뿐이란다. 오일풀링 할 때마다 귀한 참기름을 막 쓰는 것 같아 꼭 죄짓는 느낌이다.

'백팔배'를 하면, "나가서 한 30분 뛰거나 걷는 게 낫지 않으냐"고 핀잔을 준다. 간에 좋다고 헛개나무와 씨를 끓여 마시는데 가끔 "차라리 술을 끊어라"고 충고한다. 최근엔 고지혈증 증상이 생겼다. 후배가 중국산 보이차가 특효라고 권하는 바람에 10년도 훨씬 넘은 예전에 지인의 선물로 받아 두었다가 까맣게 잊고 있던 보이차를 꺼내 들었다.

"여보, 이게 좋은 건 수십만 원, 수백만 원까지 간다네?" 하고 자랑한 것이 문제다.

"나 같으면 그거 팔아서 차라리 오메가3 사 먹겠네" 한다.

## 장충동 족발

어젯밤 장충단공원에서 열린 <시, 노래를 품다> 콘서트를 보고 나오는 길, 선배가 제안한다.

"강 원장, 족발이나 먹고 가지."

불감청고소원(不敢請固所願)!

"그러시지요."

답하면서 옆을 힐끗 보니 마눌님이 썩 내켜하지 않는 표정이다.
그러나 저러나 우리 일행 세 쌍은 족발집으로 향했다. 공연을 봤으면 당연히 뒤풀이가 있는 법이고, 더군다나 남들은 장충동 족발을 먹으러 일부러 여기까지 오지 않는가.

「할머니집」에 자리를 잡고 앉으면서 선배가 우리 마눌님에게 묻는다.
두 사람은 전에 딱 한 번 만난 적이 있다.

"저번(한참 전 후배 집들이 때)에는 왜 일찍 가셨어요?"
"아, 예, 제가 원래 술자리가 길어지면 암말 없이 일찍 자리를 뜨거든요."

갑자기 분위기가 서늘해진다. 이런 공포분위기에서 술맛이 날 리가 없다. 남자 셋이서 소주 2병, 맥주 5병 밖에 못 마시고 얼른 나왔다. 마눌님은 남은 족발을 싸달래더니 자기가 갖고 나온다. 돈도 안 냈으면서.

집에 돌아와 마눌님이 방으로 들어간 걸 확인한 후 혼자서 한잔 더 마셨다.

## 근검절약의 순수성

한 달 보름여 전쯤 얘기다.

귀갓길에 슈퍼에 들러 오일풀링에 쓸 참기름 한 통을 사 왔다. 마눌님이 매의 눈으로 쓱 훑어보더니 "뭐 사 온 거야?" 묻는다.

"어~ 참기름."
"어디서 샀어?"
"어~ 이 앞 슈퍼."
"얼마에 샀어? 영수증 가져왔어요?"
"그럼! 카드로 샀으니 영수증 가져왔지."
"한번 줘 보슈."

마눌님이 다른 식품점 판촉 전단을 가져와 한참을 영수증과 비교 분석하다가 그럴 줄 알았다는 듯 혀를 끌끌 차더니 나를 불러 앉힌다. 그리곤 볼펜으로 전단지에 동글뱅이를 쳐가며 가정교육을 시작한다.

"이거 봐요, 당신이 500ml짜리를 9,900원에 샀는데 여기 이 슈퍼에서는 320ml에 3,980원이잖우. 그러니 당신이 산 건 100ml당 얼추 2,000원 꼴인데 이 슈퍼는 1,200원 꼴이잖아. 왜 이렇게 손해나는 짓을 해?"

그러더니 자기가 내일 당장 반품하고 320ml에 3,980원짜리 두 병 사다주겠다 한다. 난 꼼짝 못 하고 카드를 맡겼다. (반품하려면 구입 때 사용한 카드가 필요하다고 한다.) 그런데 다음날 마눌님은 참기름뿐 아니라 자기가 필요한 다른 물품들을 "싸서 샀다"며 몇 만 원어치 더 사 왔다. 내 카드로.

## ADHD

자기가 뭘 태워먹으면 "호호호, 내가 치매가 왔나보네, 호호호" 하며 농담처럼 가볍게 넘기면서, 내가 뭘 태워먹으면 과도하게 나무란다. 내가 자기보다 무려 17개월이나 더 나이 먹었으므로 치매기가 있으면 더할 텐데….

얼마 전 손녀딸과 외출을 준비하면서 모자를 찾는다. 늘 쓰던 모자를 쓰고 모자를 찾길래, "모자를 새로 하나 샀나?" 싶으면서도 내가 도와줄 일이 별로 없어 잠자코 있었다. 한참 있다가 "어! 내가 쓰고 있었네?" 혼잣말 하면서 예의 "호호호, 내가 치매가 왔나보네, 호호호" 하다가 이번에는 자기가 모자 쓰고 있는 걸 왜 알려주지 않았냐며 짜증을 낸다.

치매가 아니라 아무래도 주의력결핍과잉행동장애(ADHD) 같다.

## 입맛

용기를 내 한마디 했다.

"김치 맛이 저번보다 좀 못한 듯하네."
"그래? 소윤이(손녀딸)는 맛있다고만 하던데?"

며칠 전에는 슈퍼에서 할인 판매하는 단팥빵을 잔뜩 사 왔는데 손녀딸이 별로 좋아하는 것 같지가 않다. 내가 좀 투덜대니까 "소윤이는 그런 거 별로 안 좋아해. 영감들 입맛에나 맞는 거지." 공연히 한소리 들었다.

## 할머니 코끼리

둘째 사위가 정갈하고 맛깔스러운 횟집에서 장모님 환갑 잔칫상을 차려주었다. 마눌님이 이젠 정말 할머니가 돼버리고 말았다. 마눌님을 보면 가끔 할머니 코끼리가 이끄는 동물의 왕국 코끼리 대가족이 생각난다. 세 남매 잘 키워서 그중 둘 시집보내고, 이젠 손자가 여섯, 또 그중 둘을 직접 키우는 모습이 영락없이 코끼리가족의 할머니다.

모계사회에서 늙은 수컷은 찬밥 신세다. 내가 옛날 30대 어느 때에 "내 나이 오십이 되면 머리 깎고 중 될란다"고 한 적이 있다. 그때는 이상하게도 나이 오십이 넘은 인생은 덤이라는 생각이 있었다.

처음엔 "술, 고기, 저렇게 좋아하는 사람이 무슨 헛소리냐"고 (비)웃고 넘어갔단다. 그런데 조금 생각해보니 한창 힘들여 애들 키울 때 그런 소리하는 내가 너무 얄밉고 괘씸해서 "오십 넘어 절 안 들어가면 실컷 괴롭혀주겠다"고 결심했노라고 말한 적이 있다. 그게 바로 내가 요즘 소크라테스 흉내 내며 찍소리 못하고 살아야 하는 이유인 것 같다.

결국 중은 못 됐지만 그래도 머리는 깎고 산다.

## 조강지전자렌지

막내아들 여자친구가 조만간 집에 놀러 올 것 같다면서 마눌님이 거금을 들여 싱크대를 싹 바꿨다. 인조 대리석으로 비까번쩍하게 바꾸고 보니 전자렌지 이놈이 영 눈에 거슬리는 거다. 무려 28년 전 막내가 세살일 때 내가 한 행사에서 상품으로 타 온 거다. 전자렌지라는 이 요상한 물건이 막 세상에 등장했을 때였다. 이름도 찬란한 '골드스타'다. 그 이래 이사를 서너 번 했지만 늘 우리 식구를 따라 다니며 한 번도 고장 없이 열심히 봉사해왔다.

그런데 사람이 그렇듯 물건도 세월 앞에서는 장사가 없는 모양이다. 기능은 아직도 생생한데 왠지 칙칙하게 낡은 껍데기가 말끔하게 새 단장한 싱크대와 영 어울리지 않는 것이다. 결국 결단을 내린 마눌님이 그제 싱크대와 배색이 잘 어울리는 흰색 새 렌지를 들여왔다. 반짝거리는 하얀 피부의 새 렌지에 자리를 내주고, 코드가 뽑힌 채 허허롭게 앉아 있는 모습이, 새각시에게 쫓겨난 조강지처처럼 애처롭다. 옛날에는 핑크빛이 아름다운 미인이었는데….

유씨 부인처럼 <조침문> 비슷한 거라도 한 줄 써야 하나, 잠시 감상에 젖어 있는데, 소식을 들은 둘째 딸이 카톡을 보내왔다.

"속이 다 후련하네 ㅋㅋㅋ"

딸의 그런 멘트가 야속하기 짝이 없었다. 결코 겁까지 난 것은 아니다.

## 어두육미(魚頭肉尾)

오늘 점심, 너무 더워 밥맛이 없다며 오랜만에 냉동고에 있던 굴비 두 마리를 꺼내 찐다. 식사하라고 불러서 갔더니 대가리만 두 개 식탁에 올라와 있다. 몸통 살은 행방불명이다.

나는 기준이 뭐냐고 감히 묻지는 못하고, 그냥 순전히 느낌으로 "아마 짭짤한 걸 좋아하는 손녀딸(가끔 집에서 식사하는 사위 딸 포함) 몫을 따로 갈무리해놓은 것"이라고 짐작만 했다.

불만? 무슨 소리!
어두육미라 하지 않는가!

## 에어컨

여름내 깔고 자던 돗자리를 드디어 걷어냈다. 이불도 좀 두툼한 걸로 바꿔야겠다. 무엇보다 이젠 에어컨 돌릴 일이 없어서 좋다. 난 여름 무더위보다 에어컨이 더 무섭다. 에어컨 알러지 때문에 한겨울에도 걸리지 않는 감기를 여름 내내 달고 산다. 기침, 콧물, 가슴의 통증…. 이번 여름엔 마눌님하고 대판 싸우기도 했다. 너무 더워 머리가 욱신거린다던 마눌님은 손녀딸 핑계까지 대면서 기어이 에어컨을 켜는 것이다.

"이 더위에 켜지도 않을 에어컨이면 뭐 하러 비싼 돈 주고 들여놓은 거냐, 에어컨이 장식품인 건 처음 알았다"는 등 듣기 싫은 잔소리까지 곁들이는 것이다. 이때쯤 되면 나는 방에 들어가 문을 닫고 농성을 벌여야 마땅한데도 그만 순간적인 화를 참지 못하고 버럭 한 것이 화근이었다. 마눌님이 손녀딸들로부터 해방되는 금요일 밤에 친정 언니 집으로 2박 3일 무단가출을 감행해 버린 것이다.

그 다음 주부터 나는 가장 무더운 대낮에 하릴없이 길거리를 배회해야만 했다.

## D-데이 전야

막내아들 여자친구 만나서 점심 먹으러 가는데 내가 왜 이리 긴장되는지 모르겠다. 무슨 옷을 입어야 할지, 무슨 말을 나눠야 할지, 생각해보니 며칠 전 부터 무의식적으로 계속 고민해온 것 같다. 자기들이 실컷 사귀고 난 후 소개해주는 것이니 굳이 선보는 것이라고 하기에는 좀 그런데도 말이다.

근 40년 전 정작 내 여자친구 처음 만날 때는 방위병복 그냥 입고 나가 막걸리 마시며 아무 말이나 지껄여도 편안했는데 아들 여자친구 만나는 건 정말 힘들다. 보아하니 대범한 마눌님도 아침부터 부산스럽게 머리 매만지고 이 옷, 저 옷 꺼내들며 고개를 갸웃거리는 모습을 보니 꽤 긴장한 듯하다.

하기야 아들 녀석도 오늘 아침까지 약속 시간, 약속장소를 카톡으로 3번씩이나 리마인드 시키는 등 평소 안 하던 짓을 하는 걸 보니 그 역시 긴장한 듯하다.

우리가 이러니 아들 여자친구는 또 얼마나 긴장하고 있을까.

D-데이 전야에는 모두가 긴장하나보다.

## 가죽수선공

처음엔 아들 여자친구를 집으로 초대하려 했다. 구두쇠인 마늘님이 선뜻 거금을 들여 싱크대를 바꾼 이유다. 사실 싱크대보다 더 시급한 문제는 거실에 버티고 있는 소파였다. 98년 뉴욕특파원 마치고 들어오자마자 세곡동 가구단지에서 거금을 들여 구입한 것인데, 17년 동안 온 식구들이 앉고 눕고 뭉개다보니 가죽이 온통 헤지고 바랜 것이다. 새 소파를 들여놓을 형편은 안 되고, 마눌님이 알아보니 가죽만 바꾸는 데 150만 원이나 든다는 것이다. 능력없는 남편은 그저 먼 하늘만 바라보고 있을 수밖에….

어느 날 외출에서 돌아와 보니 온 집 안에 화공약품 냄새가 진동하는 가운데 소파가 창가에서 일광욕을 하고 있는 거였다. 마눌님이 그동안 인터넷을 찾아보고 전문가에게 물어 배운 가죽 수선법을 드디어 결행에 옮긴 것이다. 해놓고 보니 아주 새것 같지는 않아도 궁티는 벗었다. 제법 그럴 듯하다.

이젠 언제든 아들 여자친구가 놀러 와도 될 것 같다. 여자친구가 사정을 알게 되면 찡그리지 않고 남친 엄마를 더 좋아하고 존경하지 않을까, 어제 점심식사를 함께하며 그런 느낌이 들었다.

다만 아직 구멍을 메우는 실력까지는 못 갖춘 것이 아쉽다. 기어다니는 둘째 손녀딸이 자꾸 손가락을 집어넣어 뜯어낸다고 걱정한다.

## 독재자의 속성

지방에서 와이프도 없이 아이 셋을 건사하고 있는 큰사위에게서 긴급 구원 요청이 왔다. 아이들 초등학교, 어린이집 데려다주고 데려오랴, 강의 준비하랴, 강의하랴, 회의 참석하랴, 환영식 참석하랴 도무지 견딜 수가 없으니 장인어른께서 좀 내려와 며칠만이라도 애들을 돌봐달라는 애원이었다. 문제는 이런 통사정을 장모를 거치지 않고 내게 직접했다는 것이다.

내게서 이런 사정을 알게 된 마눌님이 불같이 화를 낸다. 큰사위 생각에 장모님은 종일 둘째 사위 아이들 돌봐야 하고 그나마 장인이 시간이 좀 될 것 같아 내게 직접 부탁한 것일 텐데 마눌님은 이것이 자신을 무시한 행위라는 것이다. 집안에서 유통되는 모든 정보를 자신이 다 알아야 하고 모든 집안일은 자신을 통해서 결정, 시행돼야 한다는 의미일 터다.

크나 작으나 모든 위치의 권력자가 다 그런 속성이 있는 것 같다. 자기 뜻을 거스르는 건 두 말할 나위도 없고, 등 뒤에서 속닥속닥 무슨 일을 꾸미는 낌새라도 보일라치면 바로 그게 배신으로 여겨지고 못 참게 되는 모양이다. 그런다고 내가 죽음을 각오하고 "당신, 그런 면에선 박근혜하고 꼭 닮았네"라고 농담할 용기는 없다.

이런저런 잡생각과 함께 손자들 보러 가는 KTX를 탄다. 당연히 마눌님 승인은 얻었고 점심도 특식으로 얻어먹고 나선 길이다. 도시락, 호도과자, 아메리카노 쌓아놓고 출발하는 오랜만의 기차여행이 설레는 면도 있다. 속도 없이….

●●

## '페르소나 논 그라타'

금지옥엽 우리 손녀딸이 오늘 아침엔 완전히 구박 덩어리다. 밤새 여러 번 깨어나 찡찡대면서 할머니를 괴롭혔다는 것이다. 퉁퉁 부어 신경질인 마눌님께 위로랍시고 "그럼 큰애(큰손녀)처럼 애들(사위 딸) 보고 평일에도 데리고 자라고 하지" 했다.

아니나 다를까, 금방
"아니, 애기가 거기서 자면 안 깨고 안 울겠소?"
짜증이 내게로 향한다.

"애들이 잠 못 자면 회사 가서 어쩌라고…"
이건 확인 사살이다.

이게 고도의 공치사라는 걸 모를 바 아닌 나는
"그럼 애기 때문에 잠 못 잤다고 투덜대지나 말지"
속으로만 구시렁거릴 뿐이다.

암튼 나는 하루 종일 들여다봐도 웃음만 나올 것 같은 귀염둥이 천사 이 녀석도 가끔은 이쪽저쪽에서 '페르소나 논 그라타'로 취급되는 경우도 있는 모양이다.

## 억울한 설거지

이번 연휴 기간엔 설거지를 참 많이 했다. 미국에서 귀국한 큰딸이 아이들과 함께 계속 머문 데다 둘째딸도 올해는 지방 시댁에 가지 않았다. 매 끼니 예닐곱 명, 많게는 십여 명이 식사한 그릇이 장난이 아니다.

보다 못한 둘째딸이 딱 한 번 대신해 주었을 뿐, 하루 세 번 꼼짝없이 싱크대에 서서 산더미 같은 설거지감과 씨름을 했다. 힘은 들어도 기분은 좋았다. "아빠 멋있다"는 큰딸의 칭찬도 있었다.

설거지는 이제 내 일상이 됐다. 설거지가 얼마나 힘든 일인지를 알고, 그래서 다른 집안일들 다 안 돕더라도 설거지만은 꼭 남자가 해야 한다고 믿게 됐기 때문이다. 그런 나도 설거지 때문에 억울한 생각이 드는 때가 가끔 있는 건 사실이다. 술이 얼큰하게 취해 돌아온 다음 날 아침 싱크대에 그릇이 그대로 쌓여 있는 걸 발견했을 때다.

"내가 전혀 참여하지 않은 식사 설거지를 내가 왜 해야 하지?"

순간적이나마 이런 억울한 생각이 드는 것이야말로 내 수양이 아직 부족하단 증거다.

## 명절 후 특식

오늘 저녁상에 드디어 기다리고 기다리던 특식이 등장했다. 우리 마눌님은 명절이 지난 후 적절한 때를 택해 약간 익은 김치에 돼지고기 듬뿍 넣고 추석 때 먹고 남은 두부전 호박전 양파전 고추전 등을 몽땅 쓸어 넣은 '잡탕찌개'를 끓여 내놓는다. 가히 '명절 후 특식'이라 할 만한데 보기완 달리 그 매콤하고 달달하고 시원스런 맛이 절묘하기 이를 데 없다.

밥반찬으로는 물론이지만 막걸리 안주로도 최고다.

## 상머슴

토요일이다. 토요일 아침이면 언제나처럼 (기분 좋게) 청소기를 돌린다. 그런데 오늘은 청소기 소리가 영 시원치 않다. 사실은 2, 3주 전부터 그랬는데 오늘은 도대체 뭘 빨아들이는 느낌이 거의 없을 정도다.

"여보, 이거 소리가 왜 이래. 뭐 고장 난 것 아니야?"

마눌님이 "어? 정말 그렇네? 필터가 꽉 찼나?" 고개를 갸웃하더니 청소기 본체를 열어본다. 난 처음 들여다보는 거다. 아니나 다를까, 종이 필터가 꽉 찼나보다.

"으이구~ 여태껏 이걸 그대로 돌렸단 말이유?"

마눌님이 투덜거리며 새 필터를 갖다 끼우니 언제 그랬냐는 듯 윙윙거리며 잘 돌아간다.

난 기계치인데다, 뭘 해도 기본을 모른 채 그냥 시키는 대로 하는 경향이 있다. 창의성이 없으니 머슴 중에서도 상머슴이다. 한참 전 무인청소기 사자고 했다가 핀잔만 들은 적이 있는데, 무인청소기 사더라도 지금같은 정신 자세라면 트러블이 더 많이 발생할 것 같다.

내가 수리하는 법을 배울 턱이 없잖은가.

## 학습 효과

"여보 오늘 날씨 어때요?"

아침에 손녀딸 유치원 데려다주고 오는 마눌님에게 바깥 날씨(기온)를 물어보고 나들이 옷차림을 결정하는 것이 일상이다.

"어제하고 비슷해요. 어제보단 좀 춥나?"

대수롭지 않게 말한다. 낌새가 이상해서 부득부득 외투를 꺼내 입고 나와 망정이지 하마터면 죽을 뻔했다. 오래 전, 부엌에 있는 마눌님에게 "차 마시게 물 좀 올려놓으라" 했더니 수돗물 끓인 걸 알게 된 후 마눌님 말씀을 한 번쯤 의심하게 됐다.

오늘 같은 날, 그 학습 효과를 톡톡히 봤다. 아무래도 날 비명에 보내려고 호시탐탐 노리는 것 같다. 엄청 춥다.

서울 남쪽과 동쪽은 온통 겨울 왕국이 됐다 한다.

## 불신지옥

손녀딸 응아하고 뒤처리는 늘 내 담당이다. 마눌님은 팔힘이 없어 내가 왼팔로 불끈 안고 세면대에 가서 엉덩이를 닦아주는 것이다.

오늘은 딸이 옆에 있었는데, 내가 씻기고 와서 기저귀를 채우려니까 잠깐 기다리라더니 아직 냄새가 난다며 지가 다시 안고 가 씻기고 온다. 머쓱하기도 하고 기분도 나빴다.

설거지를 처음 시작할 때 마눌님도 그랬다. 어쩌다 설거지한 접시에 고춧가루 묻어 있는 걸 귀신같이 발견하곤 뭐라 뭐라 구시렁댔다. 그때마다 여지없이 사기가 저하됐다.

여자들은 남자들의 청결성에 대해 어떤 편견이 있는 것 같다.

## 주꾸미 볶기

"남편 그만 볶고, 주꾸미 볶자"

이 유머 가득하고 철학적이기도 한 카피를 내놓은 이마트가 빗발치는 여성들의 항의에 부딪쳐 사과했다고 한다. 이마트 주 고객이 여성 아니고 남성들이었다면 이마트는 결코 사과 따위는 하지 않았을 것이다.

그러면 여성들은 남편들을 설거지 등에 내몰면서도 왜 장보기만은 한사코 자기들이 하려 하나? 장보기가 힘든 일이기 때문에? 천만의, 만만의 말씀이다. 남편이 제대로 장보기를 하지 못하기 때문이다. 고를 줄도 모르고 깎을 줄도 모르기 때문이다.

덧붙여, 이번에 이마트에 항의한 여성들은 남편들을 볶기만 했지, 주꾸미는 안 볶아주는 여성들일 것이라고 난 짐작한다. 울 마눌님이 이 기사를 보고 화를 내지 않고 그냥 씩 웃었기 때문이다. 울 마눌님은 가끔씩 주꾸미도 볶아준다.

## 설거지 기계

큰딸 집에서 식사하고 습관처럼 설거지 하겠다고 나섰더니 딸이 극구 말린다. 딸집까지 와서 아빠에게 설거지 맡기지도 않겠지만 자기 집에 식기세척기가 있어 설거지 자체가 불필요하다는 것이다.

이놈 신기하다. 식기와 컵 등을, 수저나 젓가락까지, 크기에 맞게 차곡차곡 쟁여놓고 스위치만 켜면 자기가 알아서 깨끗하게 닦아준다. 급 부럽다.

이걸 하나 우리 집에도 사놓고 싶은데 마눌님이 허락할 것 같지가 않다. 내 돈으로 내가 사놓는다고 해도 쓸데없는 짓 하지 말라고 불호령이 떨어질 것이 틀림없다.

전기세는 어쩔 거냐면서….

## 전기세

드디어 올 것이 오고야 말았다. 마눌님의 무자비한 절전 행각에 참다 못한 둘째딸이 반기를 든 것이다. "당장 따뜻한 밥부터 좀 먹게 해달라"는 요구에 마눌님이 찍소리 못하고 무릎을 꿇었다.

언제부터인가 밥이 지어지자마자 전기밥솥의 코드를 빼버리는 버릇이 들었다.(덕분에 1주일에 두 번 정도만 뜨신 밥을 먹었다)

한겨울에 실내 온도가 20도를 넘어본 적이 없다. 외출할 때면 반드시 집안의 메인 전원을 꺼버린다. '핵발전소 추방운동'도 안 하면서 이런다. 이러니 내가 식기세척기 사자는 말을 꺼내지도 못하는 것이다.

내가 무슨 말을 하면 눈부터 부라리는 우리의 장 여사, 딸에게는 꼼짝도 못한다. 물론 나도 그렇다.

## 황혼이혼

오늘 아침 나보다 4살이나 젊은 후배가 카톡방에 이런 걸 올렸다.

♡어제 밤 KBS 심야토론 황혼이혼 방지하는 법♡

❶ 함께 있는 시간을 줄여라. 그래야 의견 충돌로 다툴 일이 적어진다.
❷ 서로가 하는 일에 간섭을 하지 마라. 세상을 살아온 경험이 있다. 치매환자가 아닌 이상 허튼짓은 안 한다.
❸ 쪼잔하게 여자 돈 쓰는 데 간섭 마라. 돈 쓰는 데 간섭받으면 제일 열 받는다. 스트레스 받아 병들면 돈 더 많이 듬.
❹ 같은 취미를 가지지 마라. 서로가 어울리지 않는 게 좋다.
❺ 식사는 각자가 알아서 챙겨 먹어라.
❻ 집안일도 집에 있는 시간 많은 사람이 알아서 하라.
❼ TV 채널은 여자에게 우선권을 주라. 안 그러려면 한 대 더 사라.
❽ 모임을 부부 함께 하지 마라. 서로 비교하고 나쁜 일만 생긴다.

그러자 평소 조용하던 카톡방이 와글와글 시끄러워진다.

"이런 정도라면 황혼이혼을 한 거나 별 차이가 없는 거 아니냐", "그렇게 쉽게 황혼이혼 입에 올리지 말라", "사망 원인 1위가 상처하거나 황혼이혼한 놈, 2위가 술꾼, 3위가 성질 급한 놈이라더라" 등등 이 문제에 대한 소감, 혹은 의견 개진이 이어졌다. 한마디로 내 주변 또래들이 안 그런 척 의연하게 사는 것처럼 보여도 저마다 속으로는 황혼이

혼의 공포 속에 살고 있음을 알 수 있었다.

그중에서도 압권은 "8가지가 아니라 어떤 경우라도 참고 죽을 때까지 마님과는 한 지붕 아래 살아야 비참함을 면할 수 있다"는, 나보다 불과 8살밖에 많지 않은 선배의 완전한 항복 선언이었다.

마눌님에게 8개 목록을 보여줬더니 바로 "당신은 3번은 해당 안 되잖아?" 한다. 내가 돈을 못 벌어다 주니 쓰고 싶어도 못 쓴다는 얘기렸다.

이런 도발에도 불구하고 못 들은 척 꾹 참아야 한다. '말대답 안 하기'는 기본이다.

## 왕따

둘째딸네가 휴가 얻어 오늘 아침 속초로 떠났다. 도착하자마자 가족 카톡방에 마구마구 사진을 올린다. 두 손녀딸을 사진으로라도 보라는 얘기인데 아무 상관없는 식당 사진도 보낸다. 모처럼의 가족 나들이에 흥분한 것이 틀림없다.

조금 전에는 마눌님도 친정에 갔다. 거기서 자고 내일 아침 언니, 올케 등 친정집 할망구들만 어울려 속초로 간단다. 사위가 점심때 만나 맛있는 회를 사주기로 했다며 벌써 신이 하늘로 뻗쳤다.

내가 지금 왕따 당한 건가? 아니다, 자유인이 된 거라고 믿고 싶다. 그런데 자유를 되찾으면 뭘 하지? 막상 뭐 특별한 계획이 떠오르지 않는다. 비자유인일 때도 할 짓, 못할 짓 다 하고 돌아다니지 않았는가.

난 지금 왕따 당한 것이 맞다.

## 중과부적

'화불단행'이라더니 식구들에게 왕따 당한 오늘따라 약속이 없다. 세미나 참석하고 집에 들어가는 길이 좀 거시기하다. 때맞춰 속초에 가 있는 사위에게서 카톡사진이 날아온다. 마구마구 날아온다. 이건 안부나 소식 전하는 차원이 아니라 완전 약 올리는 거다.

집에 가서 식은 밥이나 끓여 먹으려는 계획을 급 변경, 둔촌시장 민물매운탕 식당으로 갔다. 어탕국수 좋아하는 마눌님에 대한 일종의 보복이다. 근데 소주 한잔 들어가니 어째 더 처량해진다. 중과부적이다.

## 해피엔딩

나를 왕따시키고 끼리끼리 속초로 떠났던 식구들이 속속 귀환했다. 며칠씩 혼자 있는 것이 새삼스러운 것도 아닌데 유독 이번에는 당황했고 2박 3일간 좀 서운했던 것이 사실이다. 내게 같이 가자고 제안하기는커녕 딸팀과 마눌팀의 여행 계획 자체를 그 전날에야 귀띔했기 때문이다.

그런데 마눌님이 뜻밖에도 냉동복을 사 왔다. 복매운탕은 술로 고생한 위장을 풀어줄 뿐 아니라 서운한 마음을 녹여주기도 한다는 것을 알게 됐다.

## 남부남대(男負男戴)

남부여대(男負女戴, 남자는 짐을 지고 여자는 머리에 인다)란 말이 있긴 하다. 하지만 내가 어렸을 적, 부부가 외출할 때면 두루마기 입은 남자는 대여섯 걸음 앞장서서 훠이훠이 네 활개를 치며 가고, 그 뒤를 머리에 이고 양손에 든 아낙네가 허겁지겁 따라가는 광경을 많이 봤었다.

지금은 그 반대의 경우가 일반적이다. 우리 부부가 어제 울산 휴가 마치고 서울 돌아오기 위해 버스 타고 시골 역 갈 때도 그랬다. 양손에 잔뜩 들고 땀 뻘뻘 흘려가며….

그래도 좋다고 웃는다. 마눌님이 아니라 내가….

## 히포크라테스의 혜안

어제는 오른손 습진에 대해 완치 통고를 받았다. 몇 해 전부터 여름만 되면 2~3개월 동안 벌겋게 부어오르고, 심하면 군데군데 물집이 생기고 벗겨지기까지 했다. 손이 뻣뻣해지고 가려운 것은 물론이고 무엇보다 남보기 부끄럽고 악수조차 왼손으로 할 정도였다. 내가 얼마나 무지한 자인지, 병원 갈 생각은 못 하고, 증상이 나타날 때마다 동네 약국에서 연고를 사서 바르는 임시 처치가 고작이었다.

그런데 올해는 단골 약국 주인이 더 이상 연고 파는 것을 거부하고 강력하게 병원에 가 볼 것을 권했다. 그 결과 3개월 만에(의사 선생 말로는 술만 안 마셨더라면 치료 기간을 절반으로 줄였을 거란다. 앓느니 죽지~) 완치 통고를 받은 것이다.

그런데 의사 선생이 내 얼굴을 흘깃 보며 느닷없이 하는 말씀이 "손에 세제를 너무 많이 묻히시면 또 재발할 가능성이 있습니다" 이러는 거다. 순간 당황하는 내 표정에서 확신을 가졌는지, "세제 많이 묻히지 마세요." 확인 사살까지 한다. 앞으로는 아무리 설거지감이 적어도 꼭 고무장갑을 껴야겠다.

그나저나 50이 채 안 돼 보이는 의사 선생이 어떻게 내 사정을 알았을까?

## 교훈

참으로 오랜만에 풍납동-(고수부지)-천호동-광진교-아차산에 이르는, 말 그대로 물 건너고 산 넘는 환상적인 산책길에 나섰다. 하룻밤 새 햇빛이 다르고, 바람이 다르고, 물빛이 다르다. 숲 향기가 짙다.

아침에 마눌님이 "거, 더위 별거 아니네? 태풍 한 방에 훅! 가네" 했다. 영화사 근처 「할아버지 두부집」에서 혼자 막걸리 한잔하면서, 그 말이 혹시 나를 두고 한 말은 아니었는지 곰곰 되새기고 있다.

"당신 까불지 말어! 한 방에 훅! 가는 수 있어!"

## 굿 와이프

내가 사실 나이 들어 좀 누그러들긴 했지만 원래 좀 성질이 급하다. (그 대신 뒤끝은 없다) 솔직히 고백하건데, 그 때문에 젊었을 때 마눌님에게 불필요하게 성질을 많이 냈(다가 싸우기도 많이 했)다. 한번은 "당신이 그따우로 하니까 언론운동 하는 사람들, 진보운동 하는 사람들 욕 먹는 거야"라는 막말도 들을 정도였다.

나이 들어서 마눌님이 내게 성질부리는 건 그 업보(일종의 미러링)라고 생각한다. 옛날을 돌이켜보면 지금 내가 당하고 있는 고초는 너무나 당연하다. 하지만 가끔 너무 도가 지나칠 때도 있다.

그 결과 자타 공인하던 페미니스트였던 내가 더 이상 페미니스트이길 거부하게 됐다. 마눌님이 내가 성질부리는 것을 언론운동과 결부시켜 비난하던 정황을 앙갚음("나도 미러링이다")하는 셈이다.

그 대신 나는 양성평등주의자가 됐다.

## 개살구

대부분의 집안에서는 오랜만에 가족, 친인척들이 만나는 명절 때 술을 더 마시는 걸로 알고 있다. 내 경우는 전혀 그렇지 않다. 마눌님 감시의 눈초리를 피할 수 없다.

장성한 아들을 두거나 딸을 시집보낸 술꾼들 중에는 아들이나 사위와 나누는 술맛이 제일 좋다고 꼽는 이들이 많다. 나 역시 마찬가지다. 또 하나의 내 술자리 로망이라고까지 할 수 있다. 아들 하나에 사위가 둘이나 되니 남들보다 기회가 더 많다.

그럼에도 요 몇 년 사이 아들이나 사위하고 제대로 통음한 적이 한 번도 없다. 애들이 나하고 마시기 싫어해서가 아니라 엄마, 장모님이 무서운 것이다(라고 믿고 싶다). 사위들은 지들 처 눈치까지 보는 것 같다. 호랑이가 둘인 것이다.

이런 형편이니 내 명절은 늘 허당이다. 빛 좋은 개살구다.

## 호칭

'여편네'는 경멸의 느낌이 있다.
'안사람' 혹은 '집사람'은 구속과 차별의 느낌이 있다.
'와이프'는 세련된 것처럼 보이지만 정감이 없다.
'처'는 무뚝뚝한 느낌이 난다.
'마누라'는 좀 가볍게 보는 느낌이 있지만 친근감의 발로다.
(우리 둘째딸의 경우)
'마눌님'은 '마누라'처럼 가까우면서도 좀 겁을 내는 느낌이 있다.
(내 마누라 공식 호칭)

여기까지가 일반적이다.

'내 반쪽'은 간지는 나지만 아부하는 느낌이 강하고 별로 쓰이지도 않는다.
'아내'는 (나 같은 놈과 살아주는 데 대한) 고마움과 아끼고 보듬고 싶어 하는 간절한 느낌이 있다. (막 결혼한 우리 아들이 이랬으면 좋겠다)
'부인'은 서로 대등하게 존경하는 부부인 듯싶다. 좀 있는 집 분위기가 풍긴다.

그런데 '부인' 앞에 일본식 존칭인 '어'자를 붙여서 '어부인'이라 하면 이건 극존칭이 아니라 현재의 불평등한 상황에 대한 불평불만의 표시로 들리는 것이 좀 아이러니하다.

심지어 '아느님'이라고 부르는 자도 있는 모양인데, 그 어원으로 보이는 하느님은 복종과 두려움의 대상이다. (우리 큰딸이 젊은 나이에 벌써 이런 경지에 오르지 않았나 싶다. 아기를 넷 낳아서 그렇다)

## 검소의 이유

막내아들 결혼하는 데 예물이며 예단, 폐백, 함 같은 것들 일체 없이 했다. 우리 부부야 이미 두 딸 결혼식을 그렇게 했으므로 아무 문제가 없었지만, 개혼인 사돈 측에서도 선뜻 그리하자고 호응해줘 고마웠다. 당연히 식구들 옷차림은 각자 알아서 하기로 했다. 내가 비록 지난 8년간 양복은커녕 와이셔츠 한 벌, 넥타이 하나 산 적이 없고 구두만 3년인가 4년 전 새로 사 신은 적이 있지만 아직 어디 가서 누추하게 보일 정도는 아니다.

하지만 결혼식이 다가올수록 마늘님은 은근히 걱정이 되는 모양이다.(남편 걱정이 아니라 순전 자기 체면 때문이라는 걸 내가 안다) 양복은 너무 비싸다는 걸 알기 때문에 일언반구 꺼내지도 않고 "최소한 와이셔츠와 구두는 새로 사야 하지 않겠냐"고 권고한다. 내가 코웃음 치며 "그럴 돈이 어디 있냐" 버텼더니 결국은 자기가 사주겠다고 항복한다.

그래서 가까운 ○○백화점엘 갔는데 가격표를 보고 깜짝 놀랐다. 와이셔츠 한 장이 10만 원이 넘고, 웬만한 구두 한 켤레가 무려 20만 원대인 것이다. 나는 짐짓 격앙된 목소리로 "이런 식으로 한다면 굳이 우리가 예물 예단 하지 않고 검소하게 자식들 결혼시키는 의미가 있겠느냐"고 주장해, 근처에 있는 이마트에 가서 2만 5천 원짜리 와이셔츠, 5만 6천 원짜리 구두를 샀다.

슬쩍 마눌님 눈치를 보니 처음에는 (모처럼 크게 한 턱 내려다 실패한 데 대해) 좀 불만스럽고 서운한 듯했으나, 남편의 검소함에 대한 감동이 밀물처럼 밀려드는 것 같다. 무엇보다 물건 차이가 별로 없는데도 값은 1/3도 안 되는 것에 대만족인 듯했다.

사실 나라고 좀 더 좋고 비싼 옷 입고 싶은 마음이 없었겠는가. 혹시나 거금 써놓고 그것이 뒤늦게 다른 일로 짜증으로 변하거나 과도한 생색내기로 나타날까봐 그것이 두려웠던 것이다. 이건 짐작이 아니라 오랜 경험치이다.

# 닭죽

나라가 혼란한데, 그래도 먹고 살아보겠다고 닭죽을 끓이려다가 일을 저지르고 말았다. 어제 아이들 불러 먹고 남은 백숙 국물에 밥 말아 불 위에 얹혀 놓고, 잠깐 컴퓨터 앞에 앉은 것이 사단이었다. '통일 대박'이 최순실 작품이라는 뉴스에 열 받아, 매캐하게 타는 냄새의 정체를 한참 동안이나 모르고 있었다.

이거 큰일 났다! 탄 밥이야 버리면 그만이지만 새까맣게 눌어붙은 냄비가 문제다. 아무리 쇠수세미로 문질러도 조금도 나아질 기미가 안 보인다. 마눌님이 자기도 같은 처지라며 너그럽게 이해해줄 리 만무다.

한마디 지청구 듣는 것이야 지금이나 나중이나 마찬가지겠지만, 일단 마눌님 손녀들 학교 데려다주고 오기 전에 몸을 빼야겠다.

## 줄행랑

경향신문 후배 김용민이 가르쳐준 대로, 베이킹소다에 식초 섞은 물을 탄 냄비에 채우고 팔팔 끓인 다음, 쇠수세미로 싹싹 문질렀더니 예전의 모습을 80~90% 되찾았다. 마눌님이 물 끓이는 걸 지켜보더니 "쇠수세미로 문지르기 전에 숟가락으로 먼저 박박 씻어내라"고 지시한 대로 했더니 훨씬 수월하다. 마눌님은 "앞으로 설거지할 때 당분간 이 냄비만은 쇠수세미로 특별히 관리하라"고 엄명을 내렸을 뿐 별다른 지청구를 하지 않았다.

마눌님이 나의 잘못에 대해 갑자기 너그러워졌을 리 없으니, 이는 필시 내가 재빨리 현장을 벗어난 덕분임에 틀림없다. 병법의 마지막인 삼십육계 줄행랑이 왜 위기를 모면하는 가장 위대한 전략인지를 다시 한 번 느꼈다.

박근혜도 지금 줄행랑을 놓으면 "저걸 꼭 잡아와야 한다!"고 소리칠 사람들이 많지 않을 것 같은데 경험이 없어서 저러나, 머리가 나빠서 저러나….

## 조작된 이미지

김종필 옹이 죽기 전에 '박정희 신화'의 마지막 터부를 발가벗겼다. '인자한 국모, 육영수'라는 허상을 깨버린 것이다. 육영수(의 이미지)가 '이중적'으로, 사실은 고집 세고, 인색하고, 남에 대한 배려가 없는 여자였다는 것이다. 김종필은 박정희 · 육영수 부부의 집안사람이므로 그의 증언은 힘이 있다.

"(불우한 사람 돌본다는) 그거 대통령 부인이라는 이름에 맞게 행동하는 것처럼 꾸민 거여."

그런데 그가 육영수에 대해 말한 기사를 읽으면서 문득 우리 마눌님이 떠오르는 건 무슨 조화인가. 우리 집안 사정을 잘 모르는 이들도 우리 마눌님 인상만 보고 시원시원하고 너그러울 것 같다고 함부로 말한다.

(사족 : 부모가 둘 다 악한 사람일 경우 자식이 악하지 않은 경우가 거의 없다. 다만 부모 중 한 사람은 선하고 한 사람은 악할 경우, 자식이 누구를 닮느냐에 따라 인생이 달라지는데, 우리 세 남매 성품은 신통하게도 아빠 쪽을 더 많이 닮았다.)

## 무채

"광화문으로 나가든, 여의도로 나가든, 일단 무부터 채 치고 나가라"는 마늘님의 엄명이 떨어졌다. 한 10여 년 전, 참으로 어리석었던 때만 했어도 "이 중차대한 시기에…" 어쩌고 하면서 눈을 부라렸을지도 모른다. 하지만 오늘은 군말 없이 쭈그리고 앉아 열심히 채를 쳤다.

처음에는 시간 좀 걸리겠거니 했는데 의외로 20분 정도밖에 안 걸렸다. 후다닥 해놓고 (애기들 돌보러 딸네 집 가 있는) 마눌님께 인증샷까지 날린 후 얼른 집을 나와 지하철을 탄 후에야 아차! 하는 생각이 들었다.

아마도 오늘이 김장하는 날이 틀림없고, 그러면 내가 "뭐 좀 더 도울 일 없냐"고 물었으면 훨씬 더 점수를 땄을 텐데, 하는 후회다. 그랬다면 마눌님은 아량 있게 "도울 일은 많은데 여의도 일이 더 급하므로 얼른 나가보라"고 했을 것이 분명한데 말이다.

난 참 생각이 짧다.

## 정신 바짝 차리자

(2016년) 12월 30일이니 벌써 지난해 일이다. 둘째사위가 "연극표 구해놨다"는 카톡을 보내왔을 때 큰 위기를 감지했다. 가족 카톡방에 그런 소식을 올렸을 땐 틀림없이 두 장을 구했다는 얘기이고, 그렇다면 장인 장모 함께 관람하시라는 무서운 통고임에 틀림없다.(지들끼리 구경 갈 요량이면 "애기들 좀 봐주실 수 있으신가요?"라고 조심스럽게 타진한다)

연극을 본다는 것, 마눌님과 함께 본다는 것, 다 무서운 일이기는 하지만 더 큰 문제는 내게 선약이 있었다는 것이다. 나는 약속을 천금같이 여기는 사람이다. 더구나 30일 약속은 옛날(26년 전) 파업도 같이 하고, 감옥에도 같이 가고, 해고도 같이 당했던 평화방송 선후배들과의 송년회 모임이다.

일단은 "나는 안 된다"는 단호한 답변을 올렸다가, 천만다행히도 이것이 곧 죽음을 의미한다는 것을 순식간에 깨달았다. 평방 동지들과의 약속은 한 달 전에 잡혔지만 사위의 통고는 불과 하루 전이라는 것, 평방 동지들과의 술 모임은 즐거움이지만 마눌님과의 연극 관람은 고통이라는 것 등등 내가 거절할 만한 이유는 충분하고도 넘쳤지만, 세상일이란 논리만으로 통하지 않는 그 무엇이 있다는 것을 오랜 경험으로 터득한 것이다.

이런 상황을 평방 선후배들은 너그럽게 이해해줬다. 이 세상에 이것이 잘못된 판단이었다고 말할 수 있는 사람은 단 하나도 없을 것임을 나는 확신한다. 이 순간의 판단 덕분에 내 정유년의 처가살이가 조금은 덜 부대낄 것이라는 예감이 든다.

## 세 살 버릇

둘째 사위가 잊지 않고 설날 용돈을 챙겨준다.
설, 추석, 어버이날, 내 생일, 1년에 네 번이다.

불행히도 이번 설에는 내가 집에 없을 때 장모에게 전달을 부탁하고 시골에 내려갔다.

아니나 다를까, 마눌님이 10만 원을 원천공제하고 나머지를 선심 쓰듯 건넨다.

봉투가 호~올~쭉 하다.
세 살 버릇 여든 간다더니, 최소한 서른 버릇 예순은 가는 모양이다.

## 명절증후군

설 연휴 마지막 날 아점을 온 식구가 모여 함께 했다. 내가 이 집에 이사 온 이래 최대 인파가 몰렸다. 무려 14명이다. 울산서 올라온 큰딸 내외, 대구 시댁에 갔던 작은딸 내외, 설 때 와서 차례 지내고 수원 집에 갔던 아들 내외도 누님들 보러 오늘 또 왔다. 명절 다음 날을 휴일로 정하고 대체휴일까지 만든 깊은 뜻을 실감한다.

즐겁고 정겨운 식사인 건 분명한데 먹고 나온 그릇들이 장난이 아니다. 닦아도 닦아도 끝이 없다. 손목이 아플 정도다. 한참 설거지 하고 있는데 거실에서 과일 먹고 있던 둘째 딸이 "엄마! 커피는 안 마셔?" 하는 소리에 가슴이 철렁 내려앉았다. 다행히 커피는 종이컵으로 마셨다.

그밖에 두 살 난 손자 녀석이 장식용 항아리 하나를 깨트렸다. 조금 큰 녀석들은 어떻게나 방방 뛰어다니는지, 언제 아래층 아주머니가 뛰어 올라올지 가슴이 두 근 반, 세 근 반이다. 이놈들 온통 어질러놓으면 치우고 청소하는 것도 다 내 몫이다. 제일 납득 못 할 경우는, 아이들이 상납한 설날 용돈은 마눌님이 가로 채거나 떼어먹었는데, 손자들 세뱃돈은 내가 주는 걸 당연하게 여기는 풍토다.

우리 집에서는 내가 가장 심하게 '명절증후군'을 앓는 것 같다. 그러나 '처월드' 혹은 '손자월드'는 '시월드'와 달리 기쁨이 훨씬 더 크다.

## 목도리

오늘은 중무장이다. 발열내복을 위아래 한 겹 껴입었고, 다운파카 안에 입는 스웨터도 가장 두꺼운 걸 골라 입었다. 평소 같으면 남편이 토요일에 어딜 나가는지, 언제 들어오는지 별 관심도 없는 척하던—실제 그럴 리야 있겠냐만은— 마눌님이 오늘은 옆에서 옷 입는 것을 유심히 지켜본다.

마지막 회심의 네팔산 야크 목도리로 마무리 지으려는 순간, "잠깐!" 하더니 "속에다 외투 입을 때 하는 얇은 캐시미어 목도리를 하나 더 두르는 것이 훨씬 따뜻할 것"이라고 참견이다. 그리고는 위아래가 뚫린 포대자루 같은 걸 하나 내밀더니 "이따 추우면 이걸 뒤집어써서 목과 입, 뒤통수를 덮으라"고 한다.

그저께 내게 "도대체 헌재 탄핵 판결은 어떻게 돌아가는 거냐"고 묻더니 이처럼 남편의 토요일 외출에 지대한 관심을 갖게 된 듯하다. 더 오래, 더 가열차게 촛불을 들고 있으란 얘기다.

(그런데 춥긴 엄청 춥다)

# 안목

촛불 집회에 입으려고 기모셔츠를 하나 샀다. 기왕이면 따뜻하고 폼 나는 것을 사려고 인터넷을 뒤지다가 꽤 비싼 2만 9천 8백 원짜리를 골랐다. 내 돈 내고 내가 사는 것이어서 구태여 마눌님에게 알릴 필요는 없다.

말해봤자 '늙고 돈도 없으면서 무슨 그리 비싼 옷을 사 입느냐'는 식의 핀잔을 듣기 십상이다. 그래도 새 옷 사 입은 것은 귀신같이 알아챈다. 한 집에서 같이 사는 처지에 끝까지 감출 수도 없겠다.

드디어 어제 점심 자리에서 걸렸다. 쓰윽 보더니 "새 옷 샀네?" 그러더니 느닷없이 "그거 만 원짜리지?" 한다. 다행이다 싶으면서도 "그래도 남들은 내가 입으면 20만 원짜리로 보인다던데?" 능쳤다. 바로 "웃기시네~ 착각하지 마셔~" 반응이 날아온다.

만 원짜리는 사 입어도 된다는 메시지지만 왠지 좀 억울한 생각이 든다.

## 뭣이 중헌디

손녀 둘 데리고 생일 당일 떠난 생일 자축 속초 여행 마지막 날이다. 마지막 날 일정은, 계획을 세운 시간 순으로 볼 때 다음과 같았다.

4~5시쯤 촛불집회 참석을 전제로 한다. (나와 온 가족을 위한 것)
마눌님이 양평 옥천냉면을 무지하게 좋아하므로 돌아오는 길에 1시 전후해 양평에 들러 점심을 먹는다. (마눌님을 위한 것)
오전에는 인제에서 조금 더 와 신남이란 고장에 귀촌해 있는 언론계 지인 집에 들러 차 한 잔 하고 아이들에게 소, 돼지, 닭 구경을 시켜준다. (아가들과 나를 위한 것)
그리고 아침 출발하기 전에는 가급적 콘도 근처에서 곰치탕을 사 먹기로 했다. (나와 마눌님을 위한 것)

그런데 출발 당일 아침 박성준 교수께서 오늘 오후 2시 길담서원 9주년 기념식이 열린다는 소식을 뒤늦게 알려오셨다. 교수님 성격상 아마도 내 주말 시간을 빼앗는 것이 미안해서 안 알렸다가 막판에 그래도 알리기는 해야 도리라고 마음을 바꾸신 망설임의 흔적이 역력했다.

원래 나는 웬만큼 중요한 일이 아니면 처음 세운 계획이나 약속을 바꾸지 않는다. 그래서 이번 경우에도 곰치탕 아침—농촌 방문— 옥천냉면 점심—촛불 집회 참석의 큰 틀은 그대로 놓고, 다만 시간만 좀 당겨서 진행하되 아무래도 길담서원 행사는 좀 늦게 참석하는 것으로 내심 작정했다.

어젯저녁 내가 "여보, 아무래도 내일 일정을 좀 땡겨야겠소" 했더니 마눌님이 뜨악한 표정이다.

"무슨 일 있어요?"
"내일 박성준 교수님 길담서원 행사 있다는 소식을 늦게 알았소."
"그래요? 몇 시인데?"
"2시 예정인데 아침 일찍 밥 먹고 출발해서 11시 30분쯤 양평서 냉면 먹고 가면 아슬아슬하게 도착할 수 있지 않을까?"
"그게 가능해요?"
"7시 출발하면 가능할 것 같긴 한데…."

이 대목에서부터 힐책이 시작된다.

"당신은 꼭두새벽에 아이들 깨워, 7시에 콘도에서 나와, 아침밥 사 먹고, 소 돼지 구경하고, 11시 30분 아니 12시도 좋아, 그 시간에 양평 도착이 가능할 것 같소?"
"…."
"당신은 내일 계획 중에 제일 중요한 것이 뭐요?"
"그야 물론 촛불 행사지."
"그 다음은?"

곰곰 생각한 내가 "아무래도 길담서원 행사 참석이긴 한데 당신하고 아가들과 이미 한 약속 때문에…"라고 우물거리자,

"이거 보우, 아무리 먼저 한 약속이라도 결국은 식구들끼리 먹고 구경하는 약속인데 어찌 그리 그 나이 먹도록 일의 경중을 구별하지 못하오" 한다. 당장 모든 계획 취소하고 아침에 찬밥 끓여 먹고 느긋하게 9시쯤 출발해서 넉넉히 2시 행사에 대라는 것이다.

복잡했던 머리가 갑자기 맑아지고 몸을 묶었던 밧줄이 풀리는 느낌이었다. 덕분에 오늘 아침이 대단히 느긋하고 널널하다. 신남 사는 지인에게 전화해 못 가게 된 사정을 이야기했더니 당연히 그래야 한다며 충분히 이해해준다. 나만 '뭣이 중헌디'의 의미를 제대로 몰랐던 것이다.

고지식한 남편을 깨우쳐준 건 고마운데 다만 "당신은 여행할 때 언제나 무리한 계획을 세워 일행을 힘들게 한다. 일상생활에서도 그렇다"는 불필요한 사족이 없었으면 더 존경받을 만하다. 암튼 다음 주쯤에는 양평을 한번 다녀오긴 해야 할 것 같다.

## 복국

"아침 밥상을 보면 남편의 어제 행각을 알 수 있다." - 강기석

오늘 아침 식탁에 무려 복국이다. (지금까지는 콩나물국 아니면 북엇국이 최고였다) 마눌님이 요 며칠 사이 벌어진 상황에 대한 기꺼움의 표시이며, 그래서 남편이 어제 그제 술을 좀 과하게 마신 것에 대해 너그러운 이해심을 표한 것이라고 믿는다. 동시에 건강을 좀 더 챙기면서 좋은 나라 만드는 데 더욱 매진하라는 뜻으로 받아들인다. 너무 황송해서 조심스럽게 꼬리 부분을 먼저 먹었는데 덥석 가운데 토막까지 건져주는 것이다!

(그런데 사실 이 복어는 얼마 전 손녀들과 함께 속초 여행할 때 내 돈으로 산 것이다)

## 접시 깨기

오늘 설거지를 하다가 결국 일을 저지르고 말았다. 어제 며느리 생일 축하 저녁을 먹고 난 뒤 산더미처럼 쌓인 채 미루어 두었던 그릇들을 닦다가 그 중 제일 큰 접시 하나를 깨트린 것이다. 꽃그림이 아주 예쁘게 그려진 세라믹 제품으로, 마눌님이 웬만하면 내놓지 않는 꽤 귀한 물건인 것 같다.

이거 보통 낭패가 아니다. 다행히 마눌님이 눈치를 못 챈 것 같아 얼른 분리수거 쓰레기통에 숨기기는 했는데 임시변통일 뿐이다. 한 쌍으로 붙어 다니는 그릇이어서 마눌님이 치매가 아니라면 언젠가 찾을 것이 분명하다. 그때 적발되면 자수 안 한 죄까지 물을지도 모른다. "다른 것 하나도 마저 깨트려버려?" 하는 불온한 생각도 잠깐 들었지만, 일단 저녁쯤에는 자수하는 것이 나을 것 같다.

아무튼 지금까지는 작은 그릇부터 큰 그릇으로 설거지를 했는데 앞으로는 순서를 바꿔야 할 것 같다. 내가 (설거지) 후반에 들어가면서 아무래도 손아귀에 힘이 빠졌던 모양이다.

## 잘(못)하는 가정교육

며칠 전 아침 집안 청소 문제로 마눌님으로부터 한마디 들었다. “청소 좀 하라(진공청소기 밀어라)”는 말에 “이틀밖에 안 됐는데 또?”라고 대꾸했기 때문이다.

딸과 손녀딸이 사정이 생겨 살던 집(같은 아파트단지 3동)을 비우고 약 2개월 간 우리 집(1동)에 살게 되면서 마눌님과 나는 한 주 한 번 하던 청소를 두 번 하는 것으로 합의한 바 있다. 그래서 내가 불만을 표시한 것인데 “아니, 집안이 지저분하면 바로 청소하는 것이지 (무슨 말이 많으냐)”는 지청구를 먹은 것이다.

큰손녀딸 손잡고 학교 데려다 주는데 아이가 묻는다.

“할아버지, 아까 왜 할머니한테 혼났어?”
“응, 원래 3일에 한 번 청소하기로 했는데, 오늘 이틀밖에 안 됐는데 또 하라고 해서 뭐라고 했더니 그런다.”

그러자 아이가 갑자기 분노한 표정으로 “할머니 웃긴다. 우리가 3동 살 때도 똑같이 어질러놓아도 할머니는 이틀 아니고 3~4일 만에 한 번씩 청소했는데 왜 할아버지 보고는 이틀에 한 번씩 하라고 해?” 한다. 그리고는 결연하게 “할아버지 절대로 하지 마!” 당부한다.

확실히 큰 손녀딸은 할아버지 편이다. 네 살배기 둘째는 “하찌가 좋아? 할머니가 좋아?” 물으면 단호하게 “할머니가 좋다”고 하는데 큰 애는 할아버지에 대한 존경과 사랑을 숨기지 않는다. 이건 우리 식구 모두 동의하는 바다. 한번은 우리 둘이 은밀하게 “엄마는 아침에 천사, 저녁엔 악마이고 할머니는 하루 종일 악마”라는 것에 의기투합한 적도 있다.

집에 돌아와 흐뭇한 기분으로 청소기를 돌리다가 문득 “아이들은 못 본 척 못 들은 척 하면서도 참 많은 것을 보고 듣고 느끼고 배운다”는 생각이 들었다. 그런데 존경하는 할아버지가 악마 같은 할머니에게 맨날 ‘혼나는’ 모습을 보이는 게 좋은 가정교육인지 아닌지는 잘 모르겠다.

## 마농 레스코

효녀 둘째딸이 표를 구해준 덕분에 오늘 푸치니 오페라 <마농 레스코>를 관람했다. 예술 즐긴답시고 평소 내 수준에 어울리지 않게 쏙 빼입고 (흰 모자까지 쓰고) 공연장 향하는 기분이 꽤 괜찮다. 불과 한 달 전까지만 해도 세상에 없는 귀한 구경거리가 생겼어도 썩 나설 심적 여유가 없었을 것임을 생각하면 더욱 흔쾌하다.

보아하니 <마농 레스코>는 푸치니판 <이수일과 심순애>다. 가사를 알아들을 리 없지만 눈으로 열심히 자막을 따라가다 보니, 젊고 잘생긴 청년(데 그뤼)과 늙은 부호(제론트) 사이를 왔다 갔다 하다가 결국 청년과 함께 비참한 최후를 맞는, 아름답지만 허영에 찬 여자(팜므파탈) 이야기다.

문득 생각해보니 나도 한때 열정에 휩싸였던 데 그뤼 같은 청년 시절이 있긴 있었다. 그렇다고 지금 세월이 흘러 제론트처럼 된 것도 아니다. 나이는 그렇게 됐다 쳐도 제론트처럼 젊은 미인을 탐할 색정도 없고, 무엇보다 돈과 보석을 못 모았다. '데 그뤼'는 훌쩍 지나가 버렸고, '제론트'는 될 수가 없는 나 같은 사람은 그저 마농 같은 여자 안 만난 걸 천행으로 여길 뿐이다.

## 노예근성

어제 온 집안 바닥을 물걸레질 했다. 요 며칠 물기있는 화장실 바닥에 자꾸 시커먼 땟국이 흐르길래 그 원인을 궁리해 봤더니 내 실내용 슬리퍼바닥이 문제였다. 외출할 때마다 문단속 잘 하고 아무리 조심조심 살아도 어쩔 수 없이 집안에 먼지가 쌓이고 그 먼지를 내 슬리퍼가 휩쓸고 다니는 것이었다. 내 평생 집안에서 물걸레 청소한 건 이번이 처음이 아닌가 싶다.

마눌님이 근 한 달 전, 건기에 식구들 데리고 물 찾아 떠나는 할미코끼리처럼 애들 데리고 3개월 예정 독일로 떠나면서 "이젠 한 주일에 한 번만 청소해도 좋다"고 했을 때는 "무슨 소리! 한 달에 한 번만 할 거다"고 속으로 결심했었다. 그런데 이젠 한 주에 한 번 진공청소기를 드는 건 물론 물걸레질까지 한 것이다.

마눌님은 또 "나 없다고 친구들 데려와서 술판 벌리면 안 된다"고 엄명을 내렸는데 아직 한 번도 그런 적이 없다. 마눌님은 젊었을 때의 트라우마 때문에 그랬는지 모르겠지만 이젠 나도 취해서 "2차 가자"며 친구들 집에 데려 오는 건 부담된다. (설거지 등 뒤처리 때문)

또 "설거지는 바로 바로 하는 게 좋다"는 충고에도 속으로 '흥!' 했는데 지금 여지없이 그리하고 있다. "여름철이니 빨래도 자주 해 입어라"는 지시도 충실히 따르고 있다.(빨래가 제일 공포의 대상이었는데 막상 해 보니 집안일 중 이것처럼 쉬운 게 없다)

내가 처음 혼자 됐을 때는 "이젠 내 마음대로 삐뚤어질 테다!"고 결심했는데 지나고 보니 전하고 거의 다른 것 없이 살고 있다.(오히려 더 모범적?)

내가 비로소 좋은 영감이 된 거라고 자화자찬하긴 하는데, 사실 노예 근성일 수도 있다.

## 거지 밥상 혹은 황제 식단

내가 원래 음식 남기는 것을 극도로 싫어한다. 주문할 때 많이 시키지 않고, (초대한 이가 많이 시켰을 땐) 차린 음식은 최대한 다 먹고, 그래도 남은 음식은 눈치 안 보고 싸가지고 온다. 남은 음식 싸가는 걸로 아주 유명해지니깐 이젠 함께 식사한 사람들이 알아서 싸주기도 한다.

독거노인이 된 이래 더 심해졌다. 오늘 아침은 3일 전 얻어온 명태김치와 가자미식해, 이틀 전 얻어온 족발, 어제 얻어온 싱싱한 소라,문어숙회, 멍게무침, 더덕무침 등등이다. 가히 황제의 아침 식단이라 할 만하지 않은가. 마눌님이 세 통이나 만들어놓고 간 멸치볶음은 낄 자리조차 없다.

보고 있나, 마눌님!

## 부당 대우

아들이 둘이면 길바닥에서 죽고,
아들이 하나면 골방에서 죽고,
딸이 둘이면 비행기 안에서 죽고,
딸이 하나면 싱크대 앞에서 죽는다고 한다.
내가 볼 때 대략 맞는 말이다.

독일 둘째딸 집에 출장 가 있는 마눌님이 손녀딸 데리고 바르셀로나 여행 갔다고 한다. 나한테 일언반구 귀띔도 안 했는데 그제 손녀딸하고 카톡 통화하다 우연히 알았고, 오늘 새벽 모녀 간 카톡 대화를 엿보고 비로소 바르셀로나행을 확인했다. 마눌님은 11월에 큰딸네하고 일본 여행도 계획 중이다.

딸이 둘이므로 마눌님은 비행기 타고 다니다가 죽을 것이 확실한데, 어째 나는 골방 아니면 싱크대 앞에서 죽을 것 같다. 나는 아들이 하나다.

## 숨긴 마누라(隱妻)

마눌님이 1주일 뒤면 귀국한다. 그동안 67일을 혼자 살았다. 고통스럽지는 않았지만 꽤 고생한 것은 맞다. 밥 짓기, 세탁하기, 청소하기, 설거지하기, 쓰레기 버리기…. 그래서인지 마눌님이 은근 기다려진다.

그러면서도 뭔가 알 수 없는 공포감 같은 것이 스멀스멀 올라온다. 고생해도 혼자서 속 편하게 잘 살았는데, 이젠 똑같은 행동을 해도 감시받고, 잔소리를 먹어야 할 것이라는 강박관념 아닌가 싶다. 전에는 밥 짓기, 세탁하기는 안 했는데, 이젠 그런 것도 (연습이 됐다며) 내게 시킬지 모른다는 예감도 한 몫 하는 듯하다. 자식들도 이제 다 독립했는데, 그렇다면 이젠 나 혼자 살아도 좋지 않은가, 그런 생각도 해본다.

속세의 내가 이럴진대, 왜 도를 좀 깨쳤다는 일부 스님들이 마누라를 얻지 못해 안달인지 모르겠다. 새끼들이 이쁜 건 알아서 그런 건가?

## 빨래

나뿐 아니라 대부분 중산층 남자들은 부인들로부터 "옷(특히 속옷) 좀 갈아입으라"는 질책을 받으며 사는 걸로 안다. 우리는 마눌님 고생할까봐 옷(특히 속옷)을 잘 갈아입지 않는데, 마눌님들은 우리가 태생적으로 지저분하거나 게을러서 그런다고 생각하는 것 같다.

그런데 혼자 살다보니 왜 마눌님이 극성으로 옷 갈아입으라고 하는지 알 것 같다. 집안일 중에서 빨래하는 것이 제일 쉽기 때문이다. 만일 빨래하는 것이 그 옛날 엄마들이 개울가에 둘러앉아 장시간 빨거나 행구거나 삶고 다듬이질할 때처럼 힘들었다면, 오늘날 남자들에게 모욕감까지 주며 옷(특히 속옷) 갈아입으라고 성화를 부리진 않았을 거다.

문명의 이기로 인해 옛날에는 빨래터에서 씹히던 남편들이 이젠 집에서 구박받는다.

## 강철 심장

두 달 보름여 만의 마눌님 귀환이 임박해 또 한 번 물걸레를 들고 나선다. 구석구석 열심히 닦기는 하지만 쓸데없는 짓인지도 모른다. 마눌님의 '매의 눈'을 피하기란 거의 불가능에 가깝기 때문이다. 제일 무서운 건 "청소 다시 하라"고 지시할 때보다, 아무 말 없이 입맛만 몇 번 다시다가 자기가 직접 걸레를 들고 나서는 경우겠다.

아무튼 대청소 흉내내는 김에 집 안 여기저기 흩어져 있는 아이들 물건들을 한군데에 모았다. 별의별 게 다 붙어 있는 플라스틱 장난감 대문, 자동차, 아기 구루마, 야구방망이, 소꿉 장난감, 유아용 변기까지….

마눌님이 "이걸 왜 다 버리지 않고 모아 두었냐"고 지청구라도 먹인다면 나는 이렇게 대답할 거다.

"그건 나 같은 사람에겐 적절치 않은 미션이다. 그건 강철 심장을 가진 사람이나 할 수 있는 짓이다!"

그래서 당신 올 때까지 기다렸노라고.

# 퇴출

이윽고 귀국한 마눌님이 순전히 자신의 시차 적응을 위해, 나의 수면 여부와는 상관없이 새벽까지 집안 정리를 한다. 집안 정리를 한다는 것은, 귀국 전야의 독립선언이 단순히 엄포이거나 아직은 결행할 시기가 아니라는 뜻이어서 적이 안심되는 부분이 있다.

그러나 아침에 커피 한 잔 끓이려 보니 못 보던 커피포트가 반짝반짝 주방에 놓여 있다. 어제까지 여기 있던 놈은 어딜 갔을까? 찾아보니 버릴 물건들 틈에 자빠져 있다. 최소 지난 7, 8년간 우리 집에 필요한 모든 끓인 물을 담당해오던 녀석이다. 어제 아침까지도 내 커피를 끓였었다.

사람이나 물건이나 낡으면 저리 버려지는 법이다. 아직 쓸모가 있다고 아무리 아우성치고 발버둥 쳐봐야 소용없다.

## 구두쇠

대부분의 여성들이 절약 정신에 투철하다는 것은 전혀 이상한 일이 아니지만 우리 마눌님의 경우는 그 정도가 극히 심해 문제다. 절약가라기보다는 그저 구두쇠에 가깝다.(돈은 원래 없으므로 수전노까지는 아니다)

두 달 보름 전 독일로 가기 직전 마눌님이 냉동고에 들어 있던 한우 두 덩어리를 내놓으며 "언제든 먹고 싶을 때 구워먹으라"고 선심을 쓴 바 있다. 혼자 고기 구워먹으려면 굽는 것 자체보다 마늘, 고추, 파절이, 상추, 양파들을 준비해야 하고, 먹은 후 프라이팬 설거지하는 문제 등 보통 복잡한 것이 아니다. 차라리 안 먹고 만다는 생각이 들 정도다. 하여 어느 주말 아들 내외더러 고기 한 덩어리 더 사고 파절이를 만들어 오라고 해서 같이 먹기로 했다. 물론 나는 그 전날 고기를 냉동고에서 냉장실로 옮겨놓았다.

다음 날 집에 온 아들 내외가 주방에서 한창 고기 구워먹을 준비를 하고, 나는 서재에서 페이스북을 들여다보고 있는데 아들이 심각한 표정으로 들어온다. 내가 뜨악한 표정으로 쳐다보니 아들이 "아빠, 이거 상한 거 같아~" 손에 든 고깃덩어리를 쑥 내민다. 내가 "그동안 냉동고에 넣어놓았었는데 그럴 리 있나" 하면서 냄새를 맡아보니 아뿔싸! 진짜 퀘퀘한 쉰내가 나는 것 아닌가. 도대체 얼마 동안이나 짱박아 두었기에….

매사가 그렇다. 남편이 먹는 게 꼴 보기 싫어서까지는 아닐 것 같고, 그저 안 쓰고 안 먹는 구두쇠 습관에다 건망증으로 인해 잊어먹고 있었던 것이 틀림없다. 그나저나 아들 내외하고 같이 먹기로 한 덕에 아들이 상한 걸 발견해서 망정이지, 나 혼자 먹기로 했다면 큰일 날 뻔하지 않았나. 둔감한 내가 소주잔 기울여 가며 그냥 신나게 구워먹었을 것이 분명하다. 식은땀까지 날 지경이다.

며칠 전 독일에서 돌아오기 직전, 가족 카톡방에 소시지며 햄이며 각종 잼 등을 잔뜩 꾸려 간다고 자랑이 요란했다. 그런데 내가 마눌님 귀국 후 지금까지 그 맛있다는 독일제 햄이나 소시지를 단 한 번도 맛본 적이 없다. 집 안 정리가 다 끝난 오늘 모두 어디에 숨겨놓았는지 행방이 묘연하다.

## 작은 승리

어제는 내가 모처럼 강경한 목소리를 냈다. 며칠 전부터 냉장고에 있는 복숭아를 하나 꺼내 먹으려 했는데, 첫입에 도무지 시기만 했지 전혀 맛이 없다. 뚝배기보다 장맛이랬는데 이 복숭아들은 영 몰골도 흉하다. 일부러 목소리를 높였다.

"이거 맛이 왜 이래! 여보! 왜 이런 복숭아를 샀소!"

소파에 앉아 있던 마눌님이 급 당황한다.

"글쎄, 맛있을 줄 알았는데 그 모양이네~"

그리고는 하지 않아도 될 말을 덧붙인다.

"조금 상처가 나긴 했어도 (한 상자에) 만 오천 원이나 줬는데, 맛이 좀 그렇지?"

그럼 그렇지. 시장 가다가 과일가게에서 싸게 내놓은 상처 난 복숭아를 덜컥 산 것이 틀림없다. 1만 5천 원 줬다는 것도 믿을 수 없고 아마 칠팔천 원 줬을 것이다. 내가 결정타를 날렸다.

"아니, 우리 두 식구가 먹으면 얼마나 먹는다고 이런 걸 사 먹는단 말이요. 앞으로는 한두 개를 사도 백화점 가서 최고급으로 사시오!"

마눌님이 벙찐 표정으로 "올해는 복숭아가 전부 맛이 없다고들 하던데…" 구시렁대는 소리를 뒤로 하고 얼른 서재에 들어왔다.

작은 승리에 만족할 줄 알아야 한다. 여기서 더 끌었다가는 "당신이 무슨 백화점에서 최고급 복숭아 사 먹을 만큼 돈 갖다 준 적이 있나" 어쩌고 반격하면 순식간에 전세가 뒤집힐 가능성이 크기 때문이다.

사실 내가 돈을 많이 벌어다 줬을 때도 우리 3남매는 만날 상처 난 복숭아만 먹으며 컸다.

## 제 눈에 안경

며칠 전 좀 복잡한 지하철을 탔다. 내 오른편에 내가 보기에 내 연배 사람이, 그 옆엔 좀 떨어져 한참 젊은 사람이 섰다. 서너 정거장 가다 젊은이 앞에 자리가 났다. 청년은 잠시도 망설임 없이 내 오른쪽에 있는 이에게 "아저씨, 여기 앉으세요" 한다.

그러자 이 양반이 뒤로 몸을 젖히면서 고개를 내 쪽으로 꼰다. 그제야 젊은이가 날 발견한 것까지는 좋은데 "할아버지, 여기 앉으세요" 하는 것 아닌가.

이럴 때 쪽 팔리는 건 순식간이다. 얼씨구나, 앉으면 그냥 '영감'되는 거다. 나는 어리둥절한 표정을 지으며 열심히 고개를 저음으로써 '영감'임을 거부했다.

한참 전에는 병원 올라가는 엘리베이터에 함께 탄 할머니가 나보다 앞서 내리더니 먼저 접수 노트에 인적 사항을 적었다. 그 밑에 내 인적 사항을 적으면서 슬쩍 보니(눈에 저절로 띄어서 본 것이지 맹세코 일부러 본 건 아니다), 세상에! 나보다 서너 살은 많을 줄 알았는데 오히려 두 살이 적은 거다. 충격이 상당했다.

내 눈에 남의 얼굴은 더 늙은 것으로 보이고 내 얼굴은 여전히 젊게 비치는 모양이다. 그런데 이상한 것은 마눌님은 나보다 두 살이 적지만 남임이 분명한데 왜 늘 소녀 같은 얼굴일까?

## 천 냥짜리 장미

저녁 먹는 자리에서 얻은 장미 한 송이를 들고 귀가했다. 사실 오늘은 밖에서 술 마시면 안 되는 날이라는 걸 뒤늦게 알았는데 방법이 없다. 술집에 막 들어서면서 오늘이 결혼 38주년이라는 사실이 떠올랐다. (결혼한 지 38년이나 됐으면 몇 월 몇 일에 결혼했는지 기억 못할 수도 있지 않나?)

술자리를 평소보다 좀 일찍 파하고 돌아오는데 걱정이 태산이다. 지하철 자리에 앉아 물끄러미 꽃을 들여다보니 향기도 없고 가시도 없다. 문득 아이디어가 떠올랐다.

"오늘 알고는 있었는데 어쩔 수 없는 자리여서 한잔 했소. 대신 장미꽃을 준비했소. 왜 한 송이냐고? 그저 앞으로도 늘 결혼 1년처럼 신혼 기분으로 살자는 의미요. 왜 장미가 가시도 없고 향기도 없냐고? 당신이 나와 38년을 살다보니 향기도 없고 가시도 없어져버렸잖소. 그러나 장미처럼 아름다움은 그대로라는 의미요."

술이 취해서야 할 수 있는 낯간지러운 말이지만 마눌님이 꽤 감동을 받은 것 같기는 하다. 장미꽃을 화병에 꽂아 식탁 한가운데에 잘 모셔 놓는다. 말 한마디로 천 냥 빚을 갚는다지만, 아무래도 내일 뭔가 다른 이벤트를 좀 준비해야겠다.

## 횡재

남자는 뭐가 필요하면 가격 비교 같은 것 하지 않고 덥썩덥썩 산다고 한다. 반면 여자는 별 필요가 없는 물건도 싸기만 하면 덥썩덥썩 산다고 한다.

마눌님이 외국 나갔을 때에는 거의 비었던 우리 집 냉동실이 석 달 만에 이리 꽉 찬 것도 다른 이유가 아닐 것이다. 아니라면 두 사람 사는 집 냉동실에 이리 많은 식량을 비축해 놓을 필요가 있겠나. 더구나 나는 두식이니 삼식이 소리 듣기 싫어 가급적 아침 외에는 밖에서 먹으려 애쓰는 편이다. 예전 한우처럼 저것들 중 맛도 못 보고 썩어 나가는 것들도 있을 것이다.

오늘은 오래간만에 냉동실을 열어보니 말로만 듣던 '이성당' 빵이 숨어 있다. 이게 냉동실에 들어 있을 정도면 마눌님이 사온 지 꽤 오래됐다는 얘긴데 그동안 나한테 한번 먹어보라고 내놓은 적이 없다. 횡재한 기분으로 하나 꺼내놓고 녹이면서 커피 끓이고 있는 중인데, 얼었다 녹은 빵맛이 제대로 남아 있을지 모르겠다.

## 승전보

*

요즘 '졸혼'이 유행인가 보다. 어제 마눌님이 (묻지도 않았는데) 전하기로는 며칠 전 한 TV 대담 프로의 주제도 '졸혼'이었다고 한다. 말뿐이 아니라 실제 결행하는 부부들도 꽤 있는 것 같다. 젊은 시절을 불성실하게 보낸 남편들은 좌불안석이겠다.

말을 꺼낸 마눌님이 "그나마 졸혼이라도 할 수 있는 사람들은 팔자가 좋은 것"이라고 혼자 결론까지 내린다. 경제적 여유가 있어야 따로 살 수도 있다는 것이다.

"그보다는 아이들 때문에 졸혼이 어렵지 않을까? 따로 살면 예쁜 손자들을 지금처럼 이뻐할 수 없지 않을까?"

마눌님이 그런 소리를 하는 날 빤히 쳐다보더니 "그런 이유만이라면 졸혼을 해도 되겠네" 한다.

얼른 집을 나왔다.

**

오늘은 마눌님이 아침부터 얼른 집을 나가라고 성화다. 눈치껏 알아서 나가는데도 오늘따라 더 그런다.

올케가 점심 먹으러 오기로 했다는 것이다. 수개월 전 처남이 보따리 싸들고 가출을 감행했던 바로 그 올케다. 그동안 무심히 지냈는데 이제야 그 생각이 나 "어떻게 됐느냐"고 물었더니 처남이 백기투항한 지 오래라는 것이다.

요즘 도대체 승전보가 없다.

## 덕후 구두쇠

더 이상 마눌님 안 씹겠다고 공개선언까지 한 마당이지만 이것만은 입이 근질거려 도저히 못 참겠다.

우리 집은 커피를 별로 좋아하지 않아 가끔 인스턴트커피를 타 먹을 정도였는데 수년 전 바리스타 자격증을 딴 둘째 딸 영향으로 드립커피를 즐기기 시작했고 얼마 전부터는 나마저 손수 드립커피를 만들어 마시게 됐다.

그런데 최근 몇 번 싱크대에서 물에 젖었다 마른 필터종이를 발견했다. 처음에는 눈에 띌 때마다 무심하게 쓰레기통에 버렸는데 이런 종이가 반복적으로 발견되므로 이상하게 생각돼 주의 깊게 관찰한 결과 놀라운 사실을 알게 됐다. 마눌님이 한 번 사용한 필터종이에서 커피가루를 털어내고 깨끗이 빨아 말린 후 가끔 혼자 커피 만들어 마실 때 다시 쓰는 것 아닌가.

세상에 구두쇠도 유분수지, 커피필터까지 재활용하는 사람이 또 있을까. 경악한 내가 "커피란 기호품으로 일종의 사치를 부리는 건데 이처럼 궁상맞게 몇 십 원도 안 되는 필터를 재활용할 것까지 있겠느냐"고 간곡하게 충고하자 마눌님도 고개를 끄덕이며 크게 동의해마지 않는(척 한)다.

마눌님이 그걸 몰라서 그랬을까. 그건 본능이 이성을 눌렀기 때문이고 그 동물적 본능이 내 고언 정도로 억제될 리 만무다. 그 후로도 여전히 물에 젖은, 혹은 젖었다 마른 필터가 싱크대에서 발견된다.

요상한 것은 오늘 아침 혼자 커피 만들어 마시려고 물을 끓이는데 자꾸 이 재활용 종이에 눈이 가는 것이다. 구두쇠도 전염이다.

## 극과 극

영화「신과 함께」를 마눌님과 함께 조조 관람했다. 이로써「강철비」「1987」등 최근 필람인 우리 영화 3편을 다 마쳤다.

몇 년 전 둘째딸 집에 갔더니 서가에 만화「신과 함께」시리즈가 꽂혀 있었다. 언뜻 남진이 부른 유행가 제목「임과 함께」가 떠오르면서 "야야~ 이거 무슨 만화냐~" 물었더니 "그거 우리 주변 귀신들 이야기에다가 사람이 죽으면 지옥가서 어떻게 되는지 알려주는 스토리인데 아주 재미있어~ 아빠도 한 번 봐~" 그런다. 저는 너무 감명깊게 읽어서 큰맘 먹고 사 왔다는 것이다.

나는 우선 제1권만 집에 가져 왔는데 금방 다 보고 헐레벌떡 또 딸집에 가서 나머지를 다 가져 왔다. 그리고 눈물 콧물 줄줄 흘리며 몇 시간 만에 완독한 기억이 난다.

꼭 그 때의 감정을 되살리며 영화를 봤는데 실제로 몇몇 장면에서 눈물을 참을 수 없었다. 영화가 끝난 뒤, 눈물 흘린 것이 쪽 팔려서 한참 동안 자리에 앉아 뒷수습을 하는데, 어랍쇼? 마눌님이 그런 날 보고 한심하다는 듯이 씨익 웃는 것이 아닌가. 자기는 눈물은커녕 두 시간 동안 고문을 당한 기분이라는 것이다.

역시 우리 마눌님은 철저한 현실주의자에다 감정이 메마른 사람임을 다시 한 번 확인했다. 하지만 가만 생각해보니 나 역시 만화 볼 때보다

1/10도 감동을 못 받은 것 같다. 마눌님처럼 냉혹한 평가를 내리지는 않겠지만 이런 수준의 영화를 1천만 명이 넘게 관람했다는 사실에 대해서는 솔직히 납득이 잘 안 된다.

## 발가락이 안 닮았네

한 달 보름여 전 '무지외반증' 수술을 받은 마눌님이 오늘 고정핀을 빼는 수술을 받으러 병원에 갔다. 엄지발가락 뼈가 기형적으로 튀어나오는 증상인데 평소에는 크게 불편하지 않지만 오래 걸으면 아주 아팠던 모양이다.

그동안 (아마도 돈이 아까워) 수술을 미루고 미루다가 결국 수술의 결단을 내렸다. 새삼 두세 시간씩 산책을 즐겨하는 남편 따라 나서고 싶었던 건 아닐 테고, 아무래도 본인 건강 유지에도 걷는 것 만한 것이 없겠다는 생각이 든 데다 나이 들어가며 기형 부위가 점점 더 불편했던 모양이다.

오늘따라 약속이 있어 병원에 못 데려다줬다. 택시 타고 가라 했더니 수술비 대신 택시비라도 아껴야 한다며 버스—지하철 타고 간다는 것이다.(가히 이명박 급이다) 절뚝거리는 마눌님 팔짱 끼고 버스정류장까지 만이라도 데려다주는데, 문득 세 아이가 엄마 아니고 내 발가락 닮은 것이 참 다행이라는 생각이 들었다.

## 사망유희

아침 밥상머리에서 마눌님이 사래가 들려 한참을 캑캑거렸다. 오늘따라 밥상에서 일어서지도 않고 너무 오랫동안 기침을 하니 좀 짜증이 났다. 그래도 꾹 참고 아무 말도 안 했다. 무슨 말이라도 했으면 큰일 날 뻔했다. 점심 먹다가 나도 사래가 들려서 한참을 캑캑거렸기 때문이다.

마눌님이 걱정스럽다는 듯이 "요즘 이상하네~ 부쩍 더 사래가 들리네~" 그런다. 확실히 마눌님이 나보다 한 수 위다. 사래가 멈추고 식사를 계속하면서 내가 옛날이야기를 하나 했다. 오래전 중국어 배울 때 읽었던 내용이다.

한 나그네가 길을 가는데 저승사자와 거인이 치고 박고 싸우고 있었다. 그날따라 저승사자가 컨디션이 안 좋았는지, 거인에게 엄청나게 두들겨 맞고 사경을 헤맸다. 저승사자 돕는다는 것이 썩 내키지는 않았지만 측은지심이 발동해 물도 먹이고 약도 발라주고 간호를 해서 살려놓았다.

간신히 회복한 저승사자가 감동한 나머지 나그네에게 "참 고맙다. 지금 가진 것이 없어서(저승사자가 뭘 가지고 다니겠는가) 너에게 따로 보답할 건 없고 나중에 내가 널 데려가게 됐을 때(죽을 때) 미리 알려주는 걸로 이 은혜를 갚는 걸로 하자"고 약속했다.

이 나그네가 한참을 더 살아 늙은이가 됐다. 눈도 침침해지고, 귀도 안 들리고, 입맛도 떨어지고, 기억력도 떨어졌다. 소화도 잘 안 되고, 잠도 잘 못 자고, 변도 잘 못 보게 됐다. 몸은 뻑뻑해지고, 쑤시고, 자주 병이 들었다.

"이거 이제 죽을 때가 됐나 보다"는 생각이 들었지만, 죽을 때가 되면 저승사자가 미리 알려준다고 약속했으니 아직 죽을 때는 아닌가 보다고 안심하고 지냈다.

그러던 어느 날 침대에 누워 비몽사몽 상태로 있는데 저승사자가 나타나더니 같이 가자는 것 아닌가. 깜짝 놀란 나그네가 "내가 죽을 때가 되면 미리 와서 알려준다더니 느닷없이 이게 무슨 소리요" 항의했다.

그러자 저승사자 하는 말. "네가 눈이 침침해지고 귀도 안 들리고, 입맛도 떨어지고, 기억력도 떨어지고, 소화도 잘 안 되고, 잠도 잘 못 자고, 변도 잘 못 보고, 몸이 뻑뻑해지고, 쑤시고, 자주 병이 생긴 그 모든 것들이 바로 내가 너에게 죽을 때가 됐다는 걸 미리 알려준 것이다. 잔말 말고 따라 나서라!" (너무 오래전 읽은 이야기라서 정확한 내용은 아닐지 몰라도 대충 스토리는 맞음)

이야기를 다 들은 마눌님이 웃기는커녕 심각한 표정으로 "우리가 이제 죽을 때가 된 모양이다"고 낙담한다. 이야기 중에 '사래 걸리는 증상'은 나오지 않는데도 그런다.

## 호르몬

가끔 뚱딴지같은 정보를 카톡방에 올리는 둘째 딸이 운동화 사진 하나를 보냈다. 언뜻 봐도 하늘색인데 사진 캡션을 보니 남성호르몬이 많은 사람은 민트색으로, 여성호르몬이 많은 사람은 핑크색으로 보이는 사진이란다.

'가만 있자, 하늘색도 민트색이라고 할 수 있지?'

순간 안심이 된다. 나이 들면서 남자나 여자나 다 중성화 된다는데 난 아직 남성호르몬이 풍부한 것이다.(사실 운동화 등 부분에 언뜻언뜻 핑크색이 좀 느껴지긴 한다) 얼른 (아직 카톡을 열어보지 않은) 마눌님에게 가서, "여보~ 당신은 이 신발 색깔이 어떻게 보여?" 물었다.

"민트색깔 아니야?"

내, 그럴 줄 알았다.

## 동물의 왕국

코끼리 무리의 '가모장(최고 지도자인 늙은 암컷)'은 40년 전에 가봤던 수원지로 무리를 이끌고 가 혹심한 가뭄에서 무리를 살려냈다고 한다. '가모장'은 엄니로 구덩이를 파 물을 찾는 방법을 어린 코끼리들에게 보여줬다고 한다.

늙은 범고래 암컷 역시 생식 능력을 잃은 후에도 무리에 귀중한 존재라고 한다. 몸을 비빌 장소나 쉴 장소, 연어가 다니는 길로 무리를 안내할 뿐 아니라 사냥 전략 등 평생 얻은 지식을 전수하고, 젊은 어미들이 사냥을 가면 어린 새끼들을 돌보는 보모 노릇도 한다고 한다.

최근에 나온 책 <동물에게 배우는 노년의 삶>(앤 이니스 대그 지음, 노승영 옮김)이란 책은 그밖에도 고릴라, 침팬지, 개코원숭이 등 '수명이 긴 사회적 동물 종'에서 늙은 것들이 풍부한 경험으로 무리의 생존에 이바지하며 살아가는 많은 예를 보여준다고 한다. 이 책을 번역한 이는 "현대사회에서 노인의 경험과 지혜가 무용지물처럼 보이는 것은 노인의 참여가 철저히 차단됐기 때문"이라고 꼬집었다는데 무슨 말인지 모르겠다.

아직도 음식 만드는 것과 육아에 관한 한 할머니의 경험과 지혜를 따라갈 수 없다. 어떤 젊은 부부도 이런 할머니들을 못 부려먹어서 난리지, 차단한다는 것은 말도 안 된다. 할머니들이 스스로 나서서 새끼들을 돌보지 않는 것은 차단을 당해서가 아니란 말이다. 만일 집안에 시련이 닥치면 아무리 나이가 많은 할머니들일지라도 먼저 팔을 걷어부치고 뛰어나갈 것이다.

반면에 늙은 영감들은 원래부터 써먹을 만한 경험과 지혜가 없기 때문에 소외되는 것이지, 차단됐기 때문에 경험과 지혜를 못 써먹는 것이 아니다. 그건 다른 동물의 세계에서도 마찬가지인데, 그나마 다행인 것은 인간 세계의 늙은 수컷은 무자비하게 무리에서 쫓겨나지는 않는다는 점이다.

## 껌딱지

열대야라는 어젯밤에 세 번 깼다. 그제는 두 번 깼다. 평소에도 (술 안 마시고 자면) 서너 번 깼다가, 때때로 1시간 가까이 잠 못 이루고 괴로워하는 것에 비하면 아주 준수한 성적이다.

이게 다 선풍기 덕분이다. 더 정확히 말하자면 선풍기 사용법을 제대로 교육시켜준 마눌님 덕분이다. 마눌님이 3일 전 내 침대 발밑에다 선풍기를 설치하고는 자기 전 시간 맞춰 선풍기를 (1시간 미풍으로) 틀어놓을 것, 깰 때마다 다시 시간 맞춰 (1시간 미풍으로) 틀어놓으라는 지시를 충실히 이행하니, 별 괴로움 모르고 열대야를 지낼 수 있다.

더 소중한 비결은 선풍기를 고정으로 하지 말고 회전으로 하되 방향을 벽 쪽으로 비스듬히 하라는 거다. 그러면 직풍을 쐬지 않아도 직풍, 반사풍을 교대로 계속 바람을 쐴 수 있다. 그저 여자 말 들어서 나쁠 것 하나 없다.

반대의 경우도 있다. 며칠 전 고위 공직자를 지낸 친구를 오랜만에 만났는데 초췌할 정도로 형편없이 야위었다. 거동까지 불편해 술자리에서 (젊은이들처럼) 한사코 의자를 고집한다. 허리가 나갔다는 것이다.

공직 은퇴 후에도 정부 산하기관 기관장, 대학 연구교수를 지냈고, 지금도 한 지방자치단체 문화재단 이사장으로 노익장을 과시하는 이여서 얼굴에 기름기도 좀 있고 기운도 펄펄할 줄 알았는데 전혀 의외였다.

사정을 들어보니 바로 그 잘 나간 것이 문제였다. 지난 5~6년 주로 지방에서 와이프와 떨어져 사는 바람에 생활이 나태해져 안락의자, 침대용 소파에서 뒹굴거리다 보니 어느새 허리가 약해져 있더라는 것이다.

제주대학에 근무하면서 오름이란 오름은 다 오르고, 올레길이란 올레길은 몇 번씩 섭렵한들 무엇 하나. 그저 집에서 마눌님에게 구박받으며 설거지하고 청소기 돌리고 빨래 개는 것보다 못한 것이다.

언론을 상대하는 현직에 있을 때 기자 여럿 잡은 주량이었던 그가 이제 소주 한 병 앞에 놓고 벌벌 떠는 걸 보고, 그저 남자는 나이 들수록 마눌님 옆에 껌딱지처럼 붙어 살아야 한다는 것을 절감했다.

## 괴상한 구두쇠

어제는 부부가 외출했다가 밤늦게 귀가했다. 지하철역(잠실)에서 내려 환승하려고 버스정류장에 도달하자마자 막 우리 동네 버스가 떠나버린다. 다음 버스는 10분은 더 기다려야겠기에 하는 수 없이(눈물을 머금고) 택시를 탔다.

집에 도착할 때쯤 보니 4,600원이 나왔다. 평소에는 핸드폰 T머니로 결제하는데 어젯밤은 늦게 고생하는 기사님 팁 좀 드리려고 만 원짜리 한 장을 꺼내들었다. 마눌님이 눈을 똥그랗게 뜨고 (왜 돈은 꺼내들어요?) 묻는 듯하다. 내가 입속말로 들릴락 말락 '팁~' 했다. 그러자 마눌님이 팔꿈치로 내 옆구리를 (좀 세게) 가격하더니 자기 가방을 뒤적거려 5,000원짜리 한 장, 1,000원짜리 한 장을 꺼내든다. 최종 택시비는 4,800원. 6,000원을 받아 든 기사님이 "어이구~ 고맙습니다~ 고맙습니다~"를 연발한다.

팁은 15~20% 내에서 줘야 한다는 소신은 존중하겠는데 자기 돈을 희생하면서까지 관철시킬 건 또 뭔가. 괴상한 구두쇠다. 혹시 내 돈도 자기 돈이라고 착각해서 그런 건가?

## 무섬증

어제 김대중 전 대통령을 오래 모셨던 분과 저녁식사를 하면서 재미있는 에피소드를 들었다.

한번은 김 대통령이 가까운 측근들 예닐곱 명과 바깥 행사를 다니다가 식사 때를 놓치고 저녁 늦게 동교동 자택에 귀가한 적이 있었다. 허기가 진 일행이 무얼 먹을까 고심하는 기색이 역력한데 김 대통령이 선뜻 "우리 치킨 시켜 먹자" 하시더란다.

정문을 마주 보는 대청마루에서 김 대통령이 정문을 향해 중앙에 앉고 그 양옆으로 측근들이 두 줄로 마주 보고 앉아 배달돼 온 치킨을 먹었다고 한다. 특히 김 대통령이 고개를 들지도 않고 손가락까지 빨면서 아주 맛있게 드시더라는 것이다.

일행이 그렇게 한창 치킨 파티를 벌이고 있는데 외출하셨던 여사께서 예정보다 일찍 귀가해서 정문(쪽문인가?)을 열고 들어오셨다고 한다. 그때 막 닭다리 하나를 집어 들어 입으로 가져가던 김 대통령이 문 여는 소리가 나자 "누가 왔나?" 고개를 들어 보시다가 여사님하고 눈이 딱 마주쳤다는 것이다.

"거짓말 아니고요. 그 순간 대통령님이 그 자세로 딱 굳어지시더니, 여사님이 다가 오실 때까지 10초간을 얼어붙으신 거예요."

대통령 옆으로 다가온 여사님이 혀를 차시면서 "치킨 드시는 거예요? 내가 이런 거 드시지 말라고 했잖아요. 기름 범벅에 건강에 안 좋고~" 꾸짖으니 대통령은 다른 대꾸 없이 그저 "알았소. 내가 다시는 치킨 안 먹으리다~" 하면서 들었던 닭다리를 내려놓으시더라는 것이다. 평소 치킨을 안 드신 것이 치킨을 싫어해서가 아니라 여사님이 금지시킨 탓인데, 그날 여사님 안 계신 틈을 탄다는 것이 딱 걸려버린 것이다.

세상에나~!
천하의 김대중 대통령께서 생전에 그러셨으니, 내 무섬증이야 실로 아무것도 아니다.

## 듣기 좋은 말

"(돈) 있는 집 사람들은 겨울 되면 태국이나 캄보디아 같은 데 가서 두세 달씩 살다 온다던데 우리도 은퇴하면 그렇게 합시다."

10여 년 전쯤 마눌님이 늘상 하던 말이다. 그런데 지난 10년 백수 생활하면서 한 번 시도조차 해보지 못했다. 살다 오기는커녕 며칠 놀러 가보지도 못했다.

우리야 (돈) 없는 집이어서 그랬다지만 (돈) 있는 집도 겨울에 동남아 가서 몇 달씩 살다오는 것이 옛날처럼 그렇게 인기가 있는 건 아닌가 보다. 아무래도 국내에서 사는 것보다는 돈도 많이 들고, 음식도 맞지 않고, 무엇보다 심심해서 그렇다는 것이다. 마눌님이 지난 10년간 동남아도 안 데려간다고 신세타령하지 않은 이유가 바로 그렇다.

그런 마눌님이 오늘 아침 느닷없이 "우리 은퇴하면 겨울에는 제주도 가서 살고, 여름에는 함경도 가서 살다 옵시다" 한다.

이건 대단히 듣기 좋은 말일 뿐 아니라, 동남아 가서 살다 오는 것보다 훨씬 가능성이 큰 얘기다.

## 마눌님의 외유

요즘 나이 든 여성들의 베트남 여행이 한창 유행인 모양이다. 우리 마눌님의 '5인 패거리'는 옛날 살던 아파트 이웃들인데 이런 유행을 절대 놓치지 않는다. 이달 말에 결행할 모양인데 나한텐 사전 통고도 없다. 총무를 맡은 마눌님이 소파 위에 아무렇게나 던져놓은 5인 여행 비용 계산서를 보고야 알았다.

부인들은 자기들끼리 여행 모의를 하면서 남편 골탕 먹이는 재미가 쏠쏠하다는 말을 들었다. 어림 반 푼어치도 없는 착각이다. 물론 괴롭다고 여기는 남편들도 있긴 하겠지만, 나처럼 해방감을 느끼는 남편들도 많다는 것을 알아야 한다.

20대 연애할 때는 잠시라도 헤어져 있으면 못살 것 같았는데 사정이 그렇질 못했다.
30대 결혼해서는 사정이 허락했기 때문에 마음 놓고 찰싹 붙어살았다.
40대 때는 내가 외박을 자주했다. (숙직, 야근, 출장, 포커, 상갓집, 술판…) 마눌님이 처음엔 화를 내다가 나중엔 아예 포기하는 분위기였다.
50대 후반 이후 내가 외박하는 일은 거의 없는데 마눌님 외출 외박은 크게 늘었다. (친정집 나들이, 딸집 챙기기, 잦은 국내외 여행…) 남편으로서 처음에는 불안하고 불편하고 걱정되다가 (절대 화는 안냈음) 나중엔 40대 때에 지은 죄가 있으니 어쩔도리 없다고 체념했다.
60대 들어서는 해방감을 느끼는 것이다. (아마도 마눌님이 집에 있어

봐야 별 남편 대접을 안 해주기 때문일 듯)

김정숙 여사께서 혼자 인도가셨다는 뉴스를 듣고 언뜻 "문재인 대통령은 어떤 심경일까" 하는 궁금증이 들었다. 두 분은 무척 사랑하는 사이이기 때문에 아마도 해방감까지는 느끼지 않을 것 같기는 하다.

## 불신지옥

우리 아들놈은 처음 내가 자기와 같은 사이즈(105, XL) 옷 입는다는 걸 받아들이지 못했다. 재작년 이맘때 내가 "안 입는 파커 있으면 넘겨 달라" 했더니 "있긴 있는데 아빠한테 맞겠느냐"며 실실 쪼갠다.

나는 아들놈의 사이즈를 잘 알고 있는데 아들놈이 아빠 사이즈를 알 턱이 있나. 그러면서도 무턱대고 키가 저보다 10cm는 작고 몸무게도 10kg 이상 적은 내가 저하고 같은 사이즈를 입을 리 없다는 것이다. 이것저것 서로 옷을 바꿔입어 보고 나서야 받아들이기는 하는데 영 못마땅한 기색이다.

부자지간에도 수컷 세계의 무의식적인 덩치겨루기 의식이 작동하는가 싶다. 고얀 놈이다. 내가 팔다리가 좀 짧아서 그렇지 니 나이 때는 가슴둘레 40인치(103cm)의 우람한 몸매를 자랑했었다, 이 녀석아.

그 한참 후 오랜만에 집에 들러서 기어이 한마디 한다.

"아빠, 같은 105 사이즈에도 큰 게 있고 작은 게 있대요."

이 자식이 컸다고 하늘같은 아버지를 쪼끄맣게 보는 것이다.

반대로 마눌님은 나를 비만으로 보는 것이 확실하다. 내가 허리 32인치 바지 입는 것을 영 못마땅해 하는 것이다. 바지 크기가 나이 따라 달라진다고 믿는지 나이 들어가면서 바지 크게 입으라는 성화가 부쩍 심해진다.

요즘에는 엉덩이가 너무 끼어 보인다면서 36인치는 아니더라도 34인치는 입어야 한다고 강요한다. 평생 32인치를 고수해온 나는 몸무게도 고작 1~2kg 늘었는데 2인치나 늘려 입느냐며 버텨보지만 여의치 않다.

결국 타협책으로 최근 유니클로에서 겨울용 회색 콤비바지를 한 치수 큰 것으로 샀다. 내색은 안 했지만 확실히 편하긴 하다. 세탁소에 물어보니 바지허리 늘리는 수선비가 한 벌당 1만 5천 원이란다. 돈 좀 들게 생겼다.

그런데 최종적인 의문이 하나 남는다. 마눌님이 날 불신하는 건 좋은데 어떻게 내 몸치수를 나보다 더 잘 알 수 있다는 거지?

## 인상

어제 KBS에서 정년 퇴임한 선배 한 분, 후배 한 분과 저녁식사를 하는 자리에서 손석희 사장이 화제에 올랐다. KBS 조직문화와, KBS를 거쳐갔거나 재직 중인 사람들(특히 기자들)에 대해 누구보다 정통한 분들이다.

그런데 이 분들은 손 사장이 손찌검을 했는지 안 했는지, 손 사장이 협박을 받았는지 안 받았는지 보다, 왜 손 사장 같은 위치에 있는 이가 KBS 출신의 '그런 사람'과 알게 돼 엮이게 됐는지 그걸 궁금해 하고 걱정하는 거였다.

집에 와서 마눌님에게 "손 사장이 잘못한 것 없이 어떤 상황에 엮인 것 같다"며 저녁식사 자리에서 들었던 이야기를 해 줬더니, 마눌님은 적이 안심하는 표정으로 "사람 얼굴을 봐라. (손 사장) 저런 인상을 가진 이가 어떻게 사람을 전치 3주나 나오도록 팼겠느냐"고 한다.

그런 다음 하지 않아도 좋을 말을 덧붙인다.

"당신이 그랬다면 몰라도..."

# 보쌈

안성 가족여행길에 아들 내외와 이천 쌀밥집에서 점심을 먹었다. 1인 1만 5천 원짜리 특돌솥밥을 먹었는데 이것저것 반찬이 밥상 위 한가득이다.

한창 젓가락질이 분주한 가운데 며느리가 문득 한 마디 한다.

"어우~ 반찬이 다 맛있어요~ 특히 제가 어제 갑자기 보쌈이 먹고 싶었거든요~"

난 이 말이 점심값을 낼(것으로 보이는) 시아버지에 대한 아부성 발언으로 받아들여졌다. 그런데 마눌님은 그게 아니었던 모양이다.

냉큼 "그래? 잘 됐다. 그럼 보쌈 남은 건 네가 다 먹거라~" 하면서 슬쩍 접시를 며느리 앞으로 미는 시늉을 하는 것이 아닌가. 그 이후 보쌈은 (비록 몇 점 남지 않았지만) 모두 며느리 차지가 됐다.

마눌님은 첨부터 자기희생을 각오한 거고, 아들은 제 처 먹이는 거니까 군말이 없는데 난 무슨 죄인가. 돈도 내가 내지 않는가.

# 제 2 부

# 작은 악마들

## 호떡과 할머니

요즘 다섯 살배기 손녀딸이 호떡에 꽂혔다. 유아원에서 데리고 집에 오는데 길가 호떡가게 앞에서 발길을 떼지 않는다.

아무렴 사주고말고.

호떡 굽기를 기다리고 있는데 팔십은 되어 보이는 한 할머니가 지나가다 "아이구, 냄새 좋네…" 하시면서 곁에 앉는다. 작은 수레를 끌며 종이박스와 폐지를 줍는 할머니다. 호떡집 할머니와는 잘 아는 사이인 듯 "나 오뎅 국물이나 좀 주소" 하신다.

손녀딸에게만 호떡 사 주는 것이 갑자기 미안해진 내가 호떡집 할머니께 "호떡 하나 더 구워 저 아주머니 주세요" 했다. 그 할머니는 어안이 벙벙해져서 "왜 나한테 호떡을 줘요?" 그런다.

"곱게 생기신 할머니가 고생이 많으시네요. 호떡 잡숫고 싶으시잖아요."

할머니는 얼굴에 홍조를 띠며 "아이구, 곱긴 뭐가 고와요. 내가 40년을 혼자 살아오는데 자식 놈 하나 키워 놓은 게 찾아오지도 않고 늙어 이 고생이지 뭐요. 고맙게 먹겠소" 하신다.

손녀딸 손에 호떡을 쥐어주고 돌아오다가 힐끗 돌아봤더니 멋쩍게 웃으시며 호떡을 맛나게 드신다.

갑자기 돌아가신 어머니가 생각나서 가슴이 먹먹해진다. 비록 종이 박스와 폐지 줍는 일은 시키지 않았지만 난 결코 어머니께 효도한 사람이 아니다.

## 전용 의자

내 어깨는 우리 손녀딸의 전용 의자다.
내 머리는 가끔 북(드럼)도 된다.
소파에 앉아 있으면 냉큼 어깨 위로 올라타고
리듬 맞춰 할아버지 머리를 두드린다.
내가 머리를 기르고 싶어도 못 기르는 이유다.

## 사랑의 폭과 깊이

어제 놀이공원에서 땀을 뻘뻘 흘리면서 신나게 노는 손녀딸을 줄곧 지켜봤다. 사랑은 나누면 나눌수록 작아지는 것이 아니라, 나누면 나눌수록 점점 더 커지고 깊어진다는 것을, 손녀딸 사랑하면서 경이롭게 절감하는 중이다.

젊었을 때는, 어린아이들을 싫어한 건 아니었지만 그닥 이뻐하지도 않았다. 지금은 길거리에서 모르는 아이들이 지나가도 한 번 더 들여다보고 뒤돌아보고 그런다.

손녀딸을 지켜보다 보면 느닷없이 껴안아주고 싶고 볼에 뽀뽀도 해주고 싶어진다. 웃는 모습을 보면 내 가슴도 뿌듯하게 기쁨으로 차오른다. 우는 모습을 보기라도 하면 내 마음도 울컥해지고 나도 같이 울고 싶어진다.

한번은 손녀딸 안고 외출하는데, 갑자기 자선단체 TV광고에서 봤던 아프리카 어린이들이 생각나 진짜로 펑펑 울기도 했다.

"왜 세상 아이들이 내 손녀딸처럼 똑같이 이렇게 행복할 수는 없을까!"

그렇다고 내가 뭘 어떻게 해줄 방법도 없는데…. 요 근래 내 마음이 확실히 여려진 것 같다. 누구라도 손자라면 무조건 사랑한다는 할아버지 마음일까, 아니면 나이 들어가는 자연스런 현상일까. 목에 핏대를 올리며 욕설을 퍼붓고, 시원찮은 주먹까지 휘두르는 다른 영감님들을 보면 꼭 나이 때문은 아닌 것 같긴 하다만…. 태극기 들고 아스팔트 위를 뛰어다니는 영감들을 보면 한심하기도 하고 측은하기도 하다.

## 숙명

어제 저녁 손녀딸과 놀이터에서 노는데 이 녀석이 극성스럽게 운동기구(손잡고 허리 돌리는 기구)를 기어오르다가, 정말 눈 깜박하는 사이에 뚝 떨어진 거다. 내 간도 뚝 떨어지는 줄 알았다.

다행히 쿠션 위에 떨어져서 망정이지 쇠로 만든 발판 위에 떨어졌으면 큰일 날 뻔했다. 아이가 아파서가 아니라 놀라서 많이 울었다. 아이가 사고 났을 때 울지 않으면 그게 더 심각한 상태라는 말을 실감했다.

우는 아이를 품에 꼭 껴안고 달래는데, 나도 자꾸 따라 울고 싶은 거다. 그러다 불현듯 '내가 아이 돌보는 중에 큰 사고라도 나면 어떡하지' 하는 생각이 들었다. 나 자신의 아픔은 그만두고라도 우선 딸과 사위한테 미안해서 어떡하냐는 생각 말이다. 아이 부모(딸과 사위)는 그런 일이 생겨도 누구 딴 사람에게 미안할 필요가 없을 거다.

집에 와서 마눌님에게 그런 얘길 했더니 자기도 가끔 그런 생각을 한다며 멋쩍게 웃는다. 할머니, 할아버지의 숙명이다.

## 사자

내 수호천사가 공책에다 아무렇게나 쓱쓱 그린 것이 이 정도다.
할아버지도 사자처럼 그려 달랬더니,
"할아버지는 머리(털)가 없어서 안 돼!" 그런다.

# 말대답

손녀가 여섯 살이 되니 구사하는 단어가 엄청 많아지고 다양해졌다. 말대답도 장난이 아니다.

어제 아침에는 유아원 가는 길에 춥다고 잠바 입는다고 하길래 할머니가 "이따가 덥다고 벗기만 해봐!" 했더니 "벗으면 어떡할 건데?"라고 말대꾸해서 할머니가 뒷목을 잡고 쓰러질 뻔했다. 그밖에 요즘 자주 쓰는 말로는 "헐~~"도 있는데 얼마 전에는 지 아빠한테 "그래서 어쩌라고~" 했다가 무지 혼이 났다.

우리 사위 너무한다. 나한테 그랬다면 배꼽잡고 웃으면서 '또 해봐, 또 해봐' 그랬을 텐데 말이다. 그게 (늘상 아이의 교육을 걱정하는) 아빠와 (교육이고 뭐고 무턱대고 아이가 이쁘기만 한) 할애비의 차이인가 보다.

아직 욕은 안 배운 것 같은데, 그것만은 영원히 안 배웠으면 좋겠다. 우리 애기는 좋은 말만 듣고, 좋은 말만 하며 살았으면 좋겠다.

## 자매의 대화

손자가 벌써 넷인데 그중 셋은 미국에 사는 큰딸 소생이어서 보고는 싶어도 깊은 정 나누고 살 기회가 없다. 대신, 맞벌이하는 둘째딸 소생 손녀는 할머니가 키우다시피 해 정이란 정은 흠뻑 들었다. 여섯 살배기 이 녀석이 여동생 볼 날이 한 달도 안 남았는데 글쎄 내 기쁨과 행복이 1/2×2=1로 총량불변의 법칙이 적용될지, 1+1=2로 두 배가 될지 궁금증이 인다.

그나저나 할아버지 손자 보는 기쁨은 뼈가 녹는다는데, 만일 이 기쁨이 두 배가 되면 내 뼈가 온전히 남을지 걱정이 된다.

## 손녀딸의 사랑편지

어제 처음으로 여섯 살배기 손녀딸에게서 편지를 받았다. 한글 배운지 얼마 되지 않아 철자는 틀렸지만 내게 보낸 편지임에 틀림없다. 절약 정신은 외할머니로부터의 격세유전인 듯 종이 한 장에 두 개의 편지를 쓴 후 칼로 잘라서 각각 할머니 할아버지에게 배달까지 완료했다.

"손자 키워봤자 소용없다"지만 아직은 아니다.

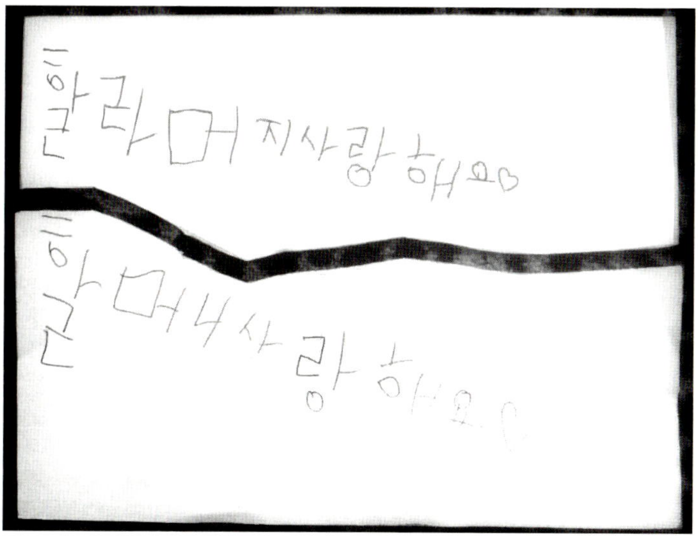

## 좋은 삶

한국과 미국에서 무럭무럭 자라는 손자들을 볼 때마다 내 자신에게 수백 번 되뇌어도 좋은 어구를 드디어 하나 얻었다. 독일 희곡작가 베르톨트 브레히트가 희곡 <도살장의 성 요한나>에서 한 말이라고 한다.

"선량하게만 살다 떠나지 말고, 좋은 세상을 남기고 떠나라."

## 넘버 쓰리의 설움

내 '수호천사' 손녀딸 태권도 발표회한다고 손꼽아 기다렸는데, 집에서 둘째 손녀딸 보는 역할이 떨어졌다. 넘버 쓰리의 설움이다. 할머니가 병원 예약 없었어도 마찬가지였을 것이다. 애들이 발표회 끝나고 외식까지 하고 오는 바람에 예정보다 한 시간 더 애기를 봤다. 배고프다고 죽어라 우는데 우유먹이는 방법을 몰라 두 배로 힘들었다. 할머니가 일찍 오지 않았으면 큰일 날 뻔했다.

그러고 보니 넘버 쓰리가 아니라 넘버 포다.

## 승격의 기쁨

오늘은 넘버 포에서 넘버 투로 두 단계씩이나 뛰어올랐다. 손녀딸 유아원 공연을 넘버원과 함께 참관한 것이다. 물론 실력으로 오른 건 아니다. 넘버 투가 출근했고 넘버 쓰리는 별 흥미를 보이지 않는 바람에 어부지리를 얻은 셈이다.

내가 이것저것 구경을 많이 해본 축에 속하는데 오늘 손녀딸 공연만큼 재미있고 감동적인 구경은 드물었던 것 같다. 손녀딸은 물론이고 다른 아이들도 너무 사랑스러워 눈물까지 찔끔거릴 정도였다.

그런데 정신차리고 보니 30여 명 관객 중에 남자는 서너 명, 그중 아빠들 빼고 할아버지는 나 하나였다.

## 손녀딸들의 이사

오늘 저녁 손녀딸들이 이사 왔다. 온 집 안에 아기들 이삿짐이 그득하다. 내일부터 둘째 딸이 출산휴가 마치고 출근을 시작하는 관계로 앞으로 일주일 중 닷새는 할미 할애비와 같이 살아야 한다. 봐도 봐도 또 보고 싶은 손자들과 늘 함께 있게 됐다는 사실이 너무 기쁘고 행복하다.

하지만 은근히 걱정이 안 되는 건 아니다. 전적으로 할머니에게만 양육을 맡겨놓고 나 몰라라 단물만 빼먹을 수는 없는 노릇일 테니….

나는 일단 아침마다 여섯 살짜리 큰아이 어린이집 데려다주는 일을 맡았다. 하지만 그걸로 끝은 아닐 거다. 낙타가 천막을 차지할 때도 처음에는 다리 하나만 슬그머니 밀어 넣지 않는가. 단단히 각오하고 있어야겠다.

## 할애비의 웃음

웃음에도 결이 있는가 보다. 손녀딸을 보면서 터뜨리는 내 웃음소리를 듣고 마나님이 깜짝 놀란다. 뭐랄까. 옆에 있는 사람들까지 영문도 모른 채 덩달아 흥겨워지는, 폐부 깊은 곳에서 터져나오는 그런 웃음이란다.

아무렴. 손녀딸과 옹알이를 주고받으며 저도 모르게 터져나오는 웃음인데, 개그콘서트를 보며 웃는 웃음과 같을 리가 있나.

오늘 내게 그런 기쁨을 주는 둘째 딸 둘째 손녀 백일잔치를 했다. 마나님이 음식 장만하고 집에 있는 도자기 장식물들로 조촐하게 꾸민 잔칫상이어서 더욱 정겨웠다.

그런데 마나님은 알까. 애기가 웃을 때 말고 까닭없이 울음을 터뜨릴 때의 내 심정은 어떤지. 애기가 웃으면 나는 천당에 오르지만 울면 곧바로 지옥으로 떨어진다.

## 효녀 딸, 불효녀 손녀딸

어렸을 적에는 아빠 말 안 듣고 대들기만 해서 불효녀인 줄 알았던 딸이 효녀가 되고(결정적으로 예쁜 손녀딸을 선물해서) 할아버지를 너무너무 좋아해서 효녀인 줄 알았던 손녀딸은 불효녀임이 밝혀졌다. 지난 설날 대구 친가에 세배가서 친할아버지로부터 어마어마하게 많은 세뱃돈을 받았다는 정보를 입수하고 외할아버지한테 짜장면 한 그릇 사달라고 했더니 끝끝내 거부하는 것이었다.

결국 불쌍한 이 할아버지가 돈을 낼 수밖에 없었는데 염치없게도 짜장면에 햄버거까지 사달래서 먹는 것이다. 백화점 식당가에서 실컷 먹고 집에 오는 길에는 500원짜리 아이스크림을 디저트로 먹더니 끝내 다리 아프다며 업어달라고까지 한다. 세상에 이런 불효녀가 따로 없다.

딸이 외국 출장을 가는 바람에 주말에도 손녀가 내 차지가 돼버렸는데 이 모양이다. 불효녀임에도 불구하고 오랜만에 손녀딸과 함께 나선 한강변 걷기—광진교 건너갔다 오기—현대백화점—성내 재래시장 산책길에서 계속 웃음만 터졌다.

갓 일곱 살내기가 오늘 무려 두 시간 동안 8,000걸음을 걸었다.

## 불효녀와 함께 2일차 – 숭어회

사실 평소 손녀딸과 특별한 활동을 못 하는 것은 내가 아니라 손녀딸이 바빠서이다. 손녀딸 평일 일정은 오후 4시까지 어린이집, 5시까지 태권도, 6시까지 피아노학원. 내가 일찍 집에 들어가는 날일지라도 저녁먹고 딱히 할 일이 없다. 책 읽어주거나 카드놀이 하는 것이 고작이다. 주말에는 엄마 아빠하고 같이 있어야 하니 더욱 할아버지하고의 시간이 없다. 엄마가 외국 출장을 간 덕분에 할아버지하고 같이 있게 된 이번 주말이 각별한 이유다.

3 · 1절이라 어디 의미있는 행사장에 참석해 얼굴이라도 비쳐야 마땅한데도 손녀딸과 하루 더 보내고 싶은 마음이 더 간절하다. 해서 지하철타고 다녀온 곳이 가락동 농수산물시장이다.

지 엄마 아빠하고 다니면 자동차 타고 서울대공원이나 롯데월드 같은 데서 호강할 텐데 할머니 할아버지와의 외출은 늘 이렇게 저렴하다. 대신 한국에서 나오는 모든 생선을 '견학'시키고 서민들의 실생활을 직접 '현장 체험'시킨다는 명분을 붙인다.

사실은 어제 저녁 얼핏 TV 뉴스를 보다가 요즘 숭어가 많이 잡힌다는 뉴스를 보고 숭어회에 꽂힌 것이다. 숭어가 비교적 싼 생선이긴 하지만 진짜 싸긴 싸다. 2kg 남짓되는 큼지막한 것 한 마리 단돈 1만 원, 회 뜨는 데 5천 원 주고 그럴듯하게 한 접시 마련해 왔다.

안도현 시인은 작년(2014년) 이맘 때 한겨레에 숭어 관련 칼럼을 썼었다. 숭어는 겨울에만 제 맛을 누릴 수 있는 생선이라면서 "발그레한 살점을 초고추장에 찍어 입에 넣기 전에 찬 소주를 한 잔 마시자. 일이 없다면 서너 잔이라도 마시자. 세상살이에 지친 심장을 뜨끈하게 데우자. 전북 부안 지방에서는 쫄깃한 숭어회를 묵은 김치에 싸서 먹기도 한다. 이때 참기름을 살짝 찍어도 좋다."고 내 회를 동하게 한 바 있다.

그는 시인답게 "눈이라도 설설 내리는 날이면 걸어서 숭어회를 파는 집을 찾아가고 싶어진다. 두꺼운 점퍼 속에 자라처럼 목을 집어넣고 싸드락싸드락 걸어가면 더 좋을 것이다."라고 횟집가는 법까지 멋지게 설파했는데, 어디 한번 손녀딸 데리고 지하철타고 가서 떠 온 회맛과 비교해볼 참이다.

좌우간 할아버지와의 외출이 고생길이라는 걸 번연히 알면서도 선뜻 따라나서는 손녀딸이 대견하다. 절대로 불효녀가 아니다.

## '버럭' 할아버지의 슬픔

"이젠 그만 봐! 들어가 자!"

할아버지가 버럭 하자 스마트폰으로 동영상을 보던 아이가 깜짝 놀란다. 옆에 앉았던 나를 올려보더니 머쓱한 표정을 짓다가 곧 울음을 터뜨린다. 달래줄 줄 알았던 내가 계속 냉담한 태도를 보이자 "할아버지 나빠~" 울면서 침실로 들어간다.

방금 전까지만 해도 우리 사이는 어느 때보다 더 다정했다. 낮에는 할아버지 아이디어로 한강 고수부지에 나가 새들에게 모이를 주고 오면서 "아~ 오늘은 참 즐거운 날이다"라고까지 표현했었다. 집에 와서는 숙제를 도와줬고 저녁식사를 함께했다. 식사 후에는 거실 소파에 나란히 앉아 아이는 언제나처럼 어린이 TV 프로를 시청했고 나는 책을 읽었다.

거의 매일(술 마시는 날 빼고) 그런 광경이었고 내가 버럭 화를 내는 일은 한 번도 없었다. 아이가 방에 들어간 후 속상한 마음으로 곰곰 생각해보니 이건 순전히 마눌님, 즉 할머니 때문이었다. TV를 끈 후 내 스마트폰에 찍힌 동영상(주로 자기와 동생 노는 모습)을 보면서 즐거워하던 아이는, 10시쯤 안방에서 들려오는 "이제 그만 들어와서 자야지" 하는 할머니의 나지막한 경고음에 긴장하기 시작했다.

나도 덩달아 긴장했다. 내가 눈짓을 하자 아이는 "이거 하나만 보고 잘게" 속삭였다. 그런데 두 개를 더 보는 것이었다. 안방에서 또 한 번 짜증 섞인 시그널이 왔다. 내가 다급하게 눈짓을 하자 아이는 또 "이거 하나만 더 보고 잘게" 한다. 화가 나는 걸 꾹 참았던 나는 아이가 다른 하나를 더 보기 시작하는 순간 그만 버럭 폭발하고 만 것이다.

아이가 일곱 살이 되니 말을 잘 안 듣는다. 딸과 마눌님은(내색은 안 하지만 사위도) 아이 버릇 나빠지는 것이 주로 "오냐, 오냐" 받아주기만 하는 할아버지 탓이라고 비난한다. 그런 비난을 받으면서 축적된 스트레스가 어제 느닷없이 터진 모양이다.

아이에게 미안해 죽겠다. 미안해서 아침에 아이와 눈도 마주치지 못하고 딴청을 부리는 척하는데 소파에 앉아 있던 아이가 내 등 뒤로 "할아버지~ 안녕~" 한다. 씩 웃으며 돌아보니 표정은 아직도 조금 서먹하다. 그래도 고맙고 안심이 된다.

마눌님은 "저 놈이 지 애미 애비는 물론 나한테 혼나도 좀처럼 화를 안 내는데 당신이 조금만 싫은 소리를 해도 굉장히 서운해 한다"고 촌평한다.

도대체 나보고 어쩌라고….

## 존재 자체가 자랑인 경우

자식이 뭘 자랑할 만한 짓을 해서가 아니라 존재 자체가 자랑으로 비쳐질 경우가 있다. '남아선호'가 만연했던 미개한 시절, 한 후배가 첫 아들을 낳은 기념으로 점심을 샀다. 딸만 셋 둔 선배가 마뜩잖은 표정이나마 동석했다.

한 후배가 밥 먹으면서 "선배는 아들을 안 낳는 거예요, 못 낳는 거예요?" "이제 애 그만 낳을 거예요?" 하면서 그 선배를 약올렸다. 분기탱천한 선배가 결국 "야 인마! 너 같은 놈 낳을까봐 (아들) 안 낳는 거다!"고 일갈하고야 말았다.

내가 자식 자랑은 잘 안 하는 편인데 손자 자랑은 좀 하지 않나 싶다. 저번 주말에 옛 직장 동료들과 가벼운 산행을 하는 와중에도 주둥이가 간질거려서 손자자랑을 좀 했나보다. 한 후배가 말끝을 잡아 예순아홉 살 선배에게 "선배는 손자 안 보세요?"라고 건드리기 시작했다. 재작년 간신히 마흔한 살짜리 딸을 시집보낸 선배다. 그 딸이 작년에 한 번 유산했다는 소식을 우리 모두 들었는데도 후배가 골을 지른 것이다.

"글쎄 말이야, 한 번 지워지더니 잘 안 생기나보네."
"인공수정 해보셨어요?"
"응, 한 번 했나 보던데 잘 안 됐나봐."
"그게 서너 번은 해야 한다는데요?"

"…."

"한 번 하는데 얼마 든대요?"

"…."

"하기야 요즘 애 안 낳고 사는 애들 많더라고요."

이 대목에서 드디어 터졌다.

"이봐! 그런 말 함부로 하는 거 아니야!"

후배가 멋쩍어 했음은 물론 앞서가던 내 뒷골이 땡겨 혼났다.

손자 자랑도 자주하면 안 되겠다. 친구들 만날 때, 특히 나이 많은 선배 만날 때는 자랑을 하더라도 사정을 잘 살펴서 해야겠다.

## 손녀딸의 항복 문서

올 일곱 살(만으로 6년 1개월) 난 손녀딸은 할아버지에게 표를 하나 그려 달래가지고 자기가 알아서 적절한 시간표를 짤 정도로 똑똑하고 착한 아이다. (물론 다른 아이들과 마찬가지로 잘 지키지는 않지만)

그런 손녀딸과 할머니 사이에 전쟁이 터졌다. 놀이터에서 놀다가 귀가시간을 놓고 할머니와 고성이 오가는 등 크게 다툰 것이다. 할머니는 7시까지만 놀자 하고 손녀는 7시 30분까지 놀겠다고 협상을 시작해서 할머니가 7시 20분으로 양보했는데도 손녀가 7시 30분까지 놀겠다고 끝까지 고집을 피운 것이 발단이다.

문제는 손녀딸이 결국 7시 20분 안을 받아들일 의사가 있었음에도 손녀딸의 막무가내식 협상 태도에 분개한 할머니가 7시쯤 갑자기 협상 중단을 선언하고 그냥 애를 끌고 온 것이다. 손녀딸이 울고불고 방방 뛰며 항의하는 내용을 가만 들어보니 할머니가 제시한 최종안이 7시 20분이었으니 자기는 그때까지 놀 권리가 있다는 주장이었다.

참 난감했다. 일리가 있는 주장이었기 때문이다. 하지만 난 내용보다 절차와 태도를 문제 삼은 할머니 편을 들기로 했다. 상대가 둘로 불어나자 당황한 아이는 방으로 들어가 농성도 하다가 다시 거실로 나와 느닷없이 화분에 물을 주는 등 이상행동을 보이면서도 자기주장을 굽히지 않았다.

그러거나 말거나 시간은 흘러 엄마가 퇴근하고 집에 돌아왔다. 할머니의 고자질을 통해 사태를 파악한 엄마는 아무말도 안 한 채 아이를 데리고 자기 집으로 갔다. 아이는 벌써 주눅이 들었다.

그리고 이튿날 손녀딸이 잔뜩 풀이 죽은 채 반성문을 써 왔다. 엄마의 지도와 첨삭이 있었다. 찬찬히 읽어보니 역시 협상 내용보다는 협상이 결렬된 뒤 자신이 보인 행동에 대한 반성이다. 기대하기로는 협상 과정에서 보인 태도(양보 없는 고집)에 대한 반성도 좀 있었으면 했는데 거기까진 미치지 못했다. 다만 중과부적으로 어쩔 수 없이 억지로 반성문을 쓴 건 아닌가 유심히 관찰해본 결과 그런 점은 없는 것 같아 다행이었다.

아이들 키우기 참 힘들다. 어떻게 올바른 주장을 세우며, 어떻게 그 주장을 관철시킬 수 있는지(설득, 압박, 매수 등), 그것이 사회생활을 하면서 가장 필요한 가정교육일 텐데 그게 말처럼 그렇게 쉬운 것이 아니다.

사실 나 자신 이번 경우 울고불고 고집부린 손녀딸과, 아이의 버릇을 고치겠다며 강경하게 맞선 할머니 둘 사이의 선후 인과관계나 잘잘못의 경중을 아직도 확신하지 못한다. 우리 사회에는 토론이나 협상에서 불리해지면 상대방의 태도같은 비본질적 문제를 들고 나와 시비를 거는 사람들이 얼마나 많은가. 바라건대 우리 손녀딸이 이번 무조건 항복을 계기로, 세상에는 옳건 그르건 힘센 자들의 그런 횡포가 수시로 벌어지고 있다는 사실을 눈치채는 계기가 되었음 좋겠다. 너무 어려운가?

## 자매

형제결연이나 남매결연이란 말은 없어도 자매결연이란 말은 있는 걸 보면 자매 사이란 것이 특히 각별하긴 한 모양이다.

그런데 이렇게 동생을 사랑하는 언니가 가끔 "할아버지는 동생만 더 사랑해" 심통을 부려서 할아버지를 패닉 상태에 몰아넣는 이유는 뭘까.

## 잘나가는 노인

정돈, 안온, 쾌적, 관조, 여유….

잘나가는 노인들의 일상을 뜻하는 단어들이다. 늦은 오후 꽃과 나무 향기 가득한 정원에서 들리는 흔들의자의 삐걱거리는 소리가 연상된다. 낮은 포복으로 온 집안을 휘젓고 다니는 작은 손녀와, 벽화 그리기를 좋아하는 큰손녀와 함께하는 내 일상은 그와 정반대다.

그런데 사실은 내가 더 잘 나가는 노인이 아닐까, 가끔 그런 생각을 하기도 한다.

## 여섯 번째 손자

서울 식구들이 주말을 강원도에서, 농장에서, 남원추어탕집에서 각자도락하고 다시 모이자마자 미국에 사는 큰딸이 무사히 아기를 낳았다는 소식이 왔다. 큰딸은 2남 2녀를 갖게된 것이며 내게는 여섯 번째 손자다. 다들 엄마 아빠가 잘 키우겠지만 할애비의 기쁨과 보람과, 정확히 무엇인지 설명하기 어려운 의무감 같은 것도 조금 늘어났다.

## 세상에서 가장 행복한 순간

마눌님이 1박 2일 가출하는 바람에 이번 금요일은 딸이 퇴근하기 전까지 종일 손녀딸을 돌봐야 했다. 기저귀 갈기, 우유 먹이기, 샤워 후 물기닦고 크림 발라주기, 옷 갈아입히기 등은 나도 꽤 익숙한 편이지만 낮잠 재우기는 여전히 힘들다.

마눌님의 가르침에 따라, 졸린 기색의 아기옆에 같이 누워 나도 잘 모르는 노래를 웅얼거리며 등과 엉덩이를 토닥여줬다. 다행히 아기가 쉽게 잠든다. 일어나 일 보다가 아기가 뒤척이는 기색이 있으면 얼른 가서 옆에 누워 또 토닥여줬다. 선잠을 깨는데 옆에 아무도 없는 걸 알면 심하게 울기 시작해서 다시 잠재우기가 보통 힘들지 않다는 정도는 알기 때문이다.

아기가 뒤척이다가 슬그머니 실눈을 뜬다.
나하고 눈이 마주쳤다.
배시시 웃는다.
그리고는 다시 잠든다.
난 너무 황홀해서 얼어붙은 것처럼 아이의 얼굴을 계속 쳐다보고 있는데 조금 있다 또 실눈을 뜨더니 날 보고 미소를 짓는 것이다.

아! 마눌님이 이 맛을 내가 알까봐 아기 잠재우는 역할을 내게 맡기지 않은 것이로구나! 그런 억하심정까지 들 정도로 행복한 순간이었다. 이런 행복감을 주는 아기를 위해서라면 무슨 일이라도 할 각오가 있기 때문에 세상 엄마들은 강한가 보다. 아니 강해지나 보다. 그런 생각이 들었다.

## 격세유전

손녀딸이 다니는 유치원에서 성남에 있는 대통령기록관 견학을 간 모양이다. 인솔 선생님이 기념사진을 몇 장 보내왔는데 손녀딸이 그 분 손잡고 찍은 사진이 있어 특히 기뻤다. 대통령 사진이 그 분만 있는 건 아니었을 텐데 유독 그분을 택한 걸 보니 뭔가 끌리는 게 있었나 보다.

그것만이 아니다. 얼마 전에는 할머니하고 지방에 사는 큰이모집을 방문했을 때 동네 유명 돼지국밥집을 갔는데, 국물까지 싹싹 비우더라는 것이다. 그 모습을 보는 사촌동생이 막 웃는다. 만 여섯 살 꼬맹이 입맛에 착착 달라붙기 어려운 음식인데도 그랬다고 한다.

그 소식을 듣고 "음~ 격세유전이군!" 그런 생각이 들었다. 난 노사모나 친노 정도가 아니라 노빠다.

## 딸 가진 애비 마음

유치원 다니는 손녀딸이 만화를 그렸다. 만 여섯 살 꼬맹이가 생각할 때도 남녀가 좋아하면 결혼을 해야 하나보다.

> 여자 : 내가조금이쁜가브지
>
> 남자 : 두근두근 예쁘다♡저소녀
>
> 아버지 : 결혼해야게네
>
> (뒷장은 결혼식 장면)
>
> 그날 결혼식이 시작되었어요. 참 다행이네요. 휴 아버지가 말했어요. 잘가라 우리딸 (우는 모습 그림) Gobb! (good을 잘못 씀) 사람들이 왜첫어요 우우 정말 예뻐요!
>
> 끝

그림은 마이크 들고 사회 보는 남자.
드레스 입은 소녀.
반지 주는 신랑.
의자에 앉은 하객들.
누더기옷 입고 목발 짚고 울고 있는 늙은 아버지. 우리 딸 사랑해♡라고 얘기하고 있음.

난 설명을 들으며 우스워 죽겠는데 사위(애기 아빠)의 표정은 심드렁하다. 난 속으로 "여보게, 나도 옛날엔 그랬어" 했다.

저날잔가 소녀 아태 사랑이 빠졌어요 정말정말 사랑 하나봐
요. 그래서 소녀가 말했어요. "너무 부끄럽네" 그 소녀가 갑자기 너
머졌어요. 이이근을모라고 했가요. 끝


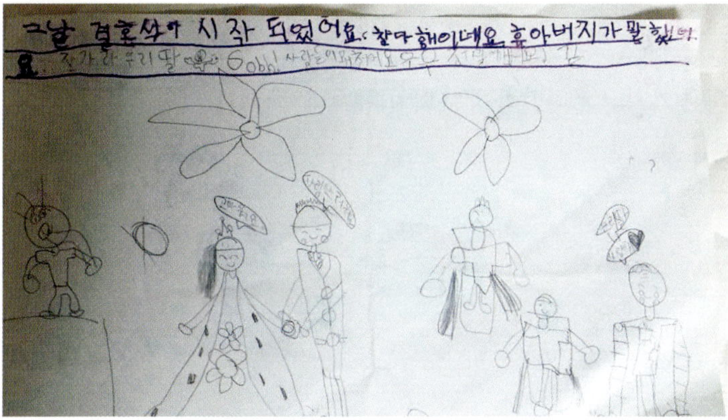

그날 결혼식이 시작 되었어요. 참다 행이네요. 할아버지가 말했어요.

## 감

계절마다 좋아하는 과일이 다 다르지만 통틀어 따져 봐도 감을 제일 좋아하는 것 같다. 심지어는 감을 먹을 수 있어서 가을이 제일 좋다고 생각할 정도이니까. 과일 싫어하는 사람도 있느냐고 할지 모르지만 난 사과나 귤은 별로 안 좋아한다. 참외도 별로다.

올가을은 유난히 감이 싼가보다. 홍시감 20개가 겨우 6,000원이다. 1개당 300원 꼴이니 웬만한 과자 조각보다 싸다. 아침 점심 저녁 1개씩 먹어도 하루에 900원, 커피 반잔 값도 안 된다. 6,000원짜리 한 박스 사오면서 "이거 딸 때 인건비도 안 나오겠는 걸…" 왠지 좀 미안한 마음이 들 정도다.

하나 가지고 손녀딸과 나눠 먹었다. 손녀딸 1/4, 할버지 3/4.

## 꿈은 이루어진다

내가 손자들을 갖기 시작하면서 아주 작은 꿈이 하나 생겼었다. 이놈들 크면 데리고 다니면서 근사한 음악회며, 뮤지컬이며, 연극 등을 구경하는 꿈이었다. 물론 그런 공연은 아동용이어야 할 테고, 그때마다 외식을 해도 아이들 좋아하는 음식만 먹을 테니, 타고난 술꾼인 나로서는 별 재미가 없을 것인데도 이상하게(?) 그런 꿈이 간절했다. 아마도 잘나갈 때 누릴 수 있는 정신적 사치의 일종이었을 것이다.

그런데 막상 데리고 다닐만큼 손자들이 커버리니 내 여건이 그걸 쉽게 허락하지 않는다. 세상이 점점 험악해져서 그런 고상하고 우아한 문화생활을 즐긴다는 자체가 영 죄스러운 것도 사실이다. 그러다 보니 문화 쪽으로는 별 관심도 가지 않고, 무슨 좋은 공연을 하는지 정보를 열심히 찾지도 않는다.

어쩌면 그건 핑계인지도 모른다. 관람료가 너무 비싸 웬만한 공연은 내 주머니 형편으로는 엄두도 못 낼 정도라는 걸 미리 알기 때문에 열심히 정보를 찾지 않는다는 것이 더 맞는 얘기일 것이다. 그래서 고작 작은딸 소생 데리고 가끔 만화영화 보는 걸로 만족해 왔다. <터보>니 <겨울왕국>이니 <신데렐라>니 꽤 많이 본 것 같다. <몬스터 대학교>도 봤다.

그런 싸구려 할배가 오늘은 엄청 호강했다. 무려 유니버설발레단의 <호두까기 인형>을 관람한 것이다. 물론 내가 표를 산 것이 아니고 딸이 구해준 것이다. 비록 음악은 녹음연주였지만 춤의 수준이 대단히 높았다. 손녀딸도 감동을 받았고 나는 더 큰 감동을 받았다. 내가 손녀딸 데리고 근사한 문화생활하리라는 꿈은 세월과 함께 사라지고, 오히려 내가 손녀딸 덕분에 문화생활 한번 제대로 했다.

## 손녀딸 발표회 불참 사유서

어제는 2시에 손녀딸 유아원 졸업발표회가 있었다. 어디 외출만 할라치면 출장 안아달라던 녀석이 어느새 초등학교 갈 나이가 됐다.

3시에는 사단법인 '징검다리 교육공동체' 발기인 총회가 있었다. 곽노현 전 서울시 교육감을 중심으로 교사, 교수, 시민사회 활동가들이, 학생. 학부모. 일반 시민들을 대상으로 민주시민 의식을 고양시키기 위해 연구하고 교육하고 문화활동을 지원하는 단체다. 개인적으로는 손녀딸 졸업 발표회에 너무 가고 싶었지만 공적 책임의식이 나를 발기인 총회로 이끌었다.

그렇게 결정한 후 손녀딸을 무릎에 앉히고 할아버지가 발표회에 가지 못하게 된 이유를 잘 설명했다. 우리 손녀딸은 발표를 앞두고 과도하게 긴장하는 경향이 있다. 그래서 나는 아이에게 "너무 잘하려고 하지 말고 즐기는 마음으로 해라. 혹시 네가 실수하더라도 어른들은 그걸 더 귀엽고 예쁘게 봐준다"고 얘기해줬다.

발표회 못 간 아쉬움은 내내 남았지만, 보람있고 흥겨운 발기인 총회를 마치고 훌륭한 참석자들과 어울려 뒤풀이를 하면서 역시 내 선택이 옳았다는 생각이 들었다. 다만 어제 손녀딸과 함께 하지 못한 미안함과 아쉬움을 달래기 위해 오늘 함께 <쿵푸팬더>를 관람하고 피자도 사먹고 했다.

## 수제품 '주만지' - 62회 생일 선물

이제 곧 초등학교 들어갈 손녀딸에게서 생일 선물을 받았다. 자기가 직접 만든 주사위 놀이판이다. 종이를 뭉치고 테이프를 붙여 주사위까지 만들었다. 정성이 가득하다.

남자가 그려진 딱지는 남자용 말이고, 여자가 그려진 딱지는 여자용 말이란다. 윷놀이 판보다는 복잡하고 '주만지'보다는 덜 모험적이지만, 훨씬 아기자기한 아이디어가 빛난다.

25칸을 먼저 가면 이기는데 6이나 8에 떨어지면 20이나 15로 바로 건너뛸 수 있다. 18에 떨어지면 눈물을 머금고 처음부터 다시 시작인데 운 좋게 13에 떨어지면 '상대방으로부터 안마 받기'란다.

22가 요상한 벌칙인데 '아무나 뽀뽀하기'면서도 자기는 뽀뽀 대상에서 빠진단다. 할아버지가 자기한테 뽀뽀하는 것은 벌칙이 아니기 때문이란다. 그럼 누구한테 뽀뽀하는 것이 벌칙이냐니깐 할머니란다. 이놈이 뭘 알긴 안다.

선물받는 자리에서 손녀와 둘이서 한판 재미있게 놀았는데, 천만다행으로 22는 안 걸렸다.

## 금지옥엽

요즘 마눌님의 정서는 전반적인 기쁨 속에 불안과 안타까움이 약간씩 섞여있는 듯하다. 순전히 보살피고 있는 둘째딸 소생 두 손녀딸 때문이다.

우선 기쁘다는 것은 여덟 살 큰아이가 초등학교, 세 살 둘째가 어린이집에 다니기 시작했다는 것이다. 이는 아이들이 인생의 긴 여로에서 첫 매듭, 둘째 매듭을 건강하게 마무리 짓고 거뜬히 다음 단계를 시작했다는 얘기로, 엄마 아빠를 대신해 아이들을 돌보아온 입장에서 얼마나 기쁜 일인가.

불안하다는 것은, 큰아이가 선생님에게 정규교육을 배우기 시작하고, 무작위로 친구들을 새로 사귀는 등 본격적으로 사회생활을 시작하는 데 따른 불안감이다. 학습과 사교의 방식을 익히는 데 가장 중요한 시기에 아이가 잘 적응하고 있는지 노심초사하는 모습이 역력하다.

안타깝다는 것은, 만 1년 6개월짜리를 어린이집에 맡겨야 하기 때문이다. 지금은 적응기여서 한두 시간 선생님들과 같이 돌보다가 슬그머니 빠져나와 서너 시간 뒤에 찾으러가는 모양인데, 아이가 눈치채고 울며불며 안 떨어지려는 것을 떼놓고 오면 영 마음이 아픈가 보다.

마눌님의 그런 심사를 같이 느끼면서 나 역시 기쁘고 불안하고 안타깝다. 아들 딸 키울 때도 마찬가지였을 텐데(사실 그때는 난 지금보다 훨씬 양육에 무관심했다), 그런 보살핌의 대물림이야말로 인간을 넘어 모든 생물의 살아가는 이치라고 할 수 있다.

모든 새끼들이 금지옥엽인 것이다.

요즘 참 가슴이 아프다. 내 아이들이 사랑스런 만큼, 이 세상 모든 아이들이 부모의 보살핌, 조부모의 보살핌, 주변의 보살핌을 받으며 건강히 자라기를 진정으로 소망한다. 그럼에도 적지 않은 아이들이 가장 기본적인 부모의 사랑을 받기는커녕, 부모에게 매 맞아 죽기도 한다는 뉴스가 날 절망에 빠뜨린다. 그런 뉴스를 접할 때마다 머리가 터질 것 같은 분노가 아니라 심장이 찢어질 것 같은 고통이 엄습한다.

## 태권 소녀

여덟 살 손녀딸이 국기원에서 입단(품) 시험을 봤다. 동네 학원에서 태권도를 배운 지 만 1년 5개월 만이다. 처음 배울 땐 너무 힘들거나 실증이 나서 곧 그만둘 줄 알았는데 의외로 흥미를 갖고 열심히 한다. 기특한 놈이다.

나 역시 태권도와는 각별한 인연이 있다. 80년대 대부분 스포츠 기자를 했는데 담당 종목이 아무리 바뀌어도 늘 태권도만은 내 담당이었다. 국기원에서 열린 세계선수권대회며 프리월드컵대회 등을 열심히 취재한 기억이 생생하다. 이제 30여 년이 지나 손녀딸이 이곳에서 입단(품) 심사를 받으니 감개무량하다.

나는 또래 스포츠 기자들 중에서는 나름 태권도 전문기자로 꼽혔는데, 그 인연으로 2001년 국민체육진흥공단 지원을 받아 <태권도 반세기, 인물과 역사>란 제목의 책을 냈다. 태권도 역사에 관한 가장 정통한 저술이라고 지금도 자부한다.

태권도는 한국의 무도 스포츠임이 분명하되, 그 원형은 일본 가라데(空手)라는 것이 내 결론이다.(그런 주장 때문에 태권도인들로부터 많은 비난을 받기도 했다) 중국의 권법이 오키나와에 건너가 오키나와데가 됐고, 오키나와데가 일본 본토에 당수(唐手)로 소개됐다가 나중 중일전쟁이 벌어지면서, 혐중 감정 때문에 당나라 당(唐)을 빌 공(空)으로 바꾼 것이다.(唐이나 空이나 일본 발음은 똑같이 '가라'라

고 한다)

이것을 일본에 유학가거나 돈벌러 간 이들이 배워와 태권도로 발전시킨 것이다. 실제로 태권도라는 이름을 만든 최홍희 씨는 일본 주오대 유학 중 가라데를 배웠다. 내가 초등학교 시절에 수련했던 무술도 태권도가 아니라 당수였다.

암튼 검도나 유도 같은 일본 무도가 원형 그대로 우리나라에서도 전파되는 것과는 달리 태권도는 많은 태권도인들의 각고의 노력 덕분에 가라데보다 훨씬 발전한 모습(특히 발기술)으로 완전히 한국화한 것만은 분명하다.

그러므로 내 손녀가 자랑스런 태권소녀인 것 또한 분명하다.

## 카스트로의 금언

모처럼 바다 건너에서 온 좋은 말을 들었다. 라울 카스트로 쿠바 국가평의회 의장이 당 최고 의사결정기구인 당 중앙위원회 진입 연령 문턱을 60살로 제한하고, 당 고위직 간부의 은퇴 연령도 70살로 대폭 낮추는 방안을 제시했다고 한다.

그 다음 말이 더 듣기 좋다.

“65살이든 70살이든 중요한 활동을 할 수 있다. 그러나 중요한 지도자 활동을 하기엔 적합하지 않다. 연로한 간부들은 손자들과 더 많은 시간을 보내는 게 좋겠다.”

이 말을 듣고 쿠바뿐 아니라 한국에도 가슴이 덜컹하는 사람 많겠다. 대표적으로 더불어민주당 김종인, 새누리당 서청원, 국민의당 박지원이다. 이들은 60대 정도가 아니라 70대이다. 70대도 초반이 아니라 중후반이다.

꽤 많은 이들이 피해가기 어려운 노인병이 있는데 독선 아집 오만 권력욕이 그 증상들이다. 이 증상들은 손자들과 많은 시간을 보낼수록 누증적으로 완화된다. 이건 내가 보장한다.

## 꽃보다 '하치'

아기들이 말 배우는 과정을 전문가 아닌 내가 정확히 알 수는 없다. 다만 손녀딸 키우는 걸 가까이서 지켜보니 가장 필요한 것, 친근한 것부터 배우는 건 틀림없는 사실인 것 같다. '맘마' '엄마'가 제일 처음 하는 말이다. 그 다음이 '아빠'가 아닐까 싶다.

첫째 손녀는 식구들 부르는데 엄마—아빠—함마니—합바지 순으로 익혔다. 그런데 둘째 손녀딸은 '아빠'부터 말하기 시작했다. 가만 보니 '아빠'라는 호칭을 엄마, 아빠에게 같이 쓰는 듯했다. '엄마' '아빠'를 구분하기 시작하고는 '은니(언니)'와 '하치'를 거의 동시에 익혔다.

'하치'는 나를 부르는 것이 틀림없다.

아직 할머니를 부르는 단어는 없다.

공연히 기분이 좋다.

## 할아버지의 비결

우리 둘째 딸 큰손녀가 초등학교 들어가더니 부쩍 똑똑해지고 자기 의견이 분명해졌다. 어제 저녁에는 놀이터에서 놀다가 할아버지하고 같이 저녁밥 먹고 싶다고 했다가 할머니가 안 된다고 하자 "할머니는 왜 뭐든지 안 된다고만 해?"라고 따지고 들어 할머니를 급 당황케 했다. 속이 다 후련했다.

저녁을 따로 먹고 다시 만나 내 도움을 받으며 숙제를 하다가는 느닷없이 "엄마는 아침에는 천사인데 저녁때는 마녀가 된다"고 고단위 비난을 하지 않는가. 그러더니 아주 작은 목소리로 "사실은 내가 할아버지를 이 세상에서 제일 사랑한다"고 아부도 할 줄 안다.

너무 기특해 세 살배기 동생까지 데리고 나와 동네 편의점에서 2,200원 내고 아이스크림 하나씩 사줬다. 뭐가 됐든 안 된다고 한 적이 거의 없고, 하루 24시간 절절매며 무한봉사를 다짐하는 할아버지다. 야심한 시간에 느닷없이 아이스크림까지 하나씩 안기니 할아버지가 더, 더, 더 좋을 것이 틀림없다.

비용 대비 효과 최고다.

## 촛불 소풍

처음으로 손녀딸이 촛불 시위에 출정했다. 엄마 손에 이끌려 시청역 에스컬레이터를 타고 머리부터 나타나는 아이의 모습을 보고 가슴이 벅찼다. 그렇지만 뭐 심각할 것은 없다. 두어 시간 인파 속에 파묻혀 연설과 노래 듣고, 가끔씩 구호도 외치고, 그러다가 배고프니 인근 식당에서 저녁밥 먹고, 귀갓길에 구름과자를 사 먹기도 한, 한밤중의 즐거운 소풍 같은 거였다.

우리 집은 식구끼리 정치이야기를 거의 하지 않는다. 서로에 대한 기대와 소망만 속으로 간직하고 있을 뿐이다. 나는 여덟 살 손녀딸이 벌써부터 어떤 정치적 지향성을 갖기를 원치는 않는다. 다만 이 위대하고 장엄한 역사적 축제를 현장에서 함께했다는 벅찬 감동을 평생의 기억에 새겨두기를 원한다. 아이가 내 키보다 높은 곳에서 광장을 조감할 수 있도록 불끈 안아 올리고 길을 가는데도 전혀 힘들지 않았다.

나는 언론운동을 하면서 "내 자식들이 더 나은 세상에서 살기 원하기 때문"이라는 건방진 생각을 했고, 실제 그렇게 말하곤 했다. "나중에 아이들에게 부끄럽지 않은 아비가 되기 위해"라는 말도 했다.

모두 틀렸다. 나는 그저 내 시대에 내가 할 일을 하고 있을 뿐이다. 내 아들과 딸들도, 내 손자들도, 자기들의 시대를 더 사람 살 만한 곳으로 만들기 위해 싸워야 할 자기들의 몫이 있는 것이다. 오늘 아이가 할아버지와 함께 소풍하면서 느낀 것들이 그 귀중한 자양분이 될 것을 소망한다.

오늘(2016년 12월 3일)은 우리나라에게나, 우리 가족에게나 역사적인 날이다.

## 악마들의 천국

어제 손녀딸(8세)이 할머니와 대판 싸웠다. 할머니가 동생에게만 초콜릿을 주고 자신에게는 말투가 불손했다는 터무니없는 이유로 주지 않자 분노가 폭발한 것이다. 내가 울며 항의하는 아이를 얼른 무릎 위에 앉혀 놓고 "울지 마, 울지 마, 하치가 이따만큼 사줄게" 달래다가 급기야 불똥이 내게까지 튀었다. 마눌님이 벌컥 화를 내면서 "당신이 그따우로 하니까 애들이 버릇이 없다"고 일갈하는 것이다. 상투적인 레퍼토리다. 그러거나 말거나 밤길에 손녀딸 손 꼭 잡고 초콜릿 사러 가게에 가는데 문득 손녀가 운을 뗀다.

"할아버지~"
"응?"
"할머니는 악마야!"
"응! 할아버지도 그렇게 생각해!"
"…."
"그런데 소윤이는 전에도 엄마는 아침에는 천사인데 저녁때는 악마가 된다고 그랬잖아? 그럼 우리 식구 여자들은 다 악마네?"

"맞아! 그런데 할머니는 아침부터 밤까지 하루 종일 악마야!"
"ㅋㅋㅋ"

한참 있다가 또 손녀딸이 운을 뗀다.
"나는 이 세상에서 할아버지가 제일 좋아. 엄마 아빠가 두 번째고 할머니가 세 번째야."
"그래? 할아버지도 소윤이 나윤이가 제일 이쁘고 엄마 아빠가 그다음이고 할머니가 맨 끝이야."
"ㅋㅋㅋ"

한참 있다 내가 말했다. "그런데 할아버지가 볼 때, 소윤이 진짜 속마음은 엄마가 제일 좋고 할머니가 두 번째 좋고 아빠가 세 번째 좋고 할아버지는 맨 끝인 것 같아."

이 대목에서 아이는 아무 말도 안 한다. 좀 섭섭하다. 진실은 언제나 외롭기 때문인가.

사건의 전말을 즉시 가족 카톡방에 올렸더니 할머니와 엄마에게서 즉각 반응이 왔다.

"소윤이가 학교 갈 땐 안 그랬는데 방학하고 요 며칠 보니까 동생이 뭔가에 몰입해서 혼자 놀고 있으면 교묘하게 훼방을 놓고 참견해서 뺏고, 애기를 울린다. 경찰 역할을 하는 할머니한테 매번 들키고 혼나서 감정이 안 좋음 ㅋㅋ"

이건 할머니의 변명.

"김소윤은 아기 악마라고 전해줘 ㅋㅋ"

이건 엄마의 반격.

난 이렇게 할머니 악마, 엄마 악마, 아기 악마에 둘러싸여 매일 재미나게 산다.

## 내 이럴 줄 알고

영원히 할아버지와 동맹을 맺을 것처럼 기세등등했던 손녀딸이 20시간도 안 돼 꼬리를 내렸다. (지가 무슨 김무성이 손녀딸도 아니고…) 할머니와 대판 싸우고는 엄마·할머니 연합군과 '악마 공방전'을 벌였던 손녀딸이 할아버지에게 아무런 사전 통고도 없이 투항해버린 것이다.

전향의 대가는 달다. '아기 악마'가 원래의 천사로 돌아온 것 외에도 할머니가 맛있는 외식으로 엄청난 향응을 베푼 모양이다.

내 이럴 줄 알고 "할아버지가 이 세상에서 제일 좋다"는 달콤한 말에 안 속아 넘어 갔지롱~.

## 짜장면

어제 오전에는 피아노 배우는 손녀딸 발표회가 있었다. 잘한다기보다는 열심히 하는 것이 훨씬 나를 기쁘게 한다. 부모가 출장 중이므로 할머니 할아버지가 꿩 대신 닭 노릇을 했다. 으레 이런 행사가 끝나면 외식을 하는데, 그래서 이번 외식은 할아버지 부담이다. 여러 선택지 중에서 그나마 저렴한 짜장볶음밥을 먹는다고 해서 천만다행이다.

사실 짜장면만 해도 손녀딸은 감지덕지해야 한다. 나는 수입이 없는 반면 손녀딸은 명절 때마다 두둑이 용돈을 챙긴다. 내가 짐작하기론 지 어미에게 맡긴 돈이 수십만 원이다.

그 돈으로 할아버지 짜장면 사준다고 약속한 것이 수십 번이다. 그런데 한 번도 안 사준다. 짜장면 먹을 때마다 리마인드해 주지만 몸을 꼬면서 배시시 웃고 그만이다.

이 녀석 구두쇠다. 지 엄마는 때때로 할아버지 용돈 듬뿍 듬뿍 주는 걸로 볼 때, 이 녀석 짠순이인 것은 틀림없이 할머니 닮은 것이다. 격세유전이다.

## 서러운 하치

휴일인 어제는 손녀딸 데리고 점심이나 하려고 딸네 집에 갔더니 온 식구가 다 외출 중이다. 전화해보니 1학년 때 같은 반 동무들과 부모들이 올림픽공원에서 야유회 중이란다. '그래, 그런 모임을 굳이 할아버지(하치)가 알 필요는 없지.'

야유회 끝날 때쯤 맞춰 딸에게 전화를 걸어 손녀딸에게 영화 보겠느냐고 프러포즈 했더니 반색을 한다. 딸이 끊어준 표로 <미녀와 야수>를 재미있게 관람했다. 내친 김에 저녁으로 냉면먹자고 의기투합해서 지 엄마에게 허락을 받았다.

저녁먹고 할아버지 집에서 잠깐 더 놀다가겠다고 해서 얼씨구나 집에 데리고 오자마자 마눌님이 왜 딸 전화 안 받느냐고 짜증이다. 영화보면서 묵음으로 해놓은 핸드폰에 딸이 3번이나 전화한 걸로 찍혀 있다.

가슴이 서늘해져서 "소윤아, 이제 집에 가야겠다" 했더니 이놈이 더 놀다가겠다고 고집이다. 간신히 달래서 지 집(같은 아파트단지 다른 동에 산다)에 데려다줬는데, 딸래미가 내다보지도 않고 안방에서 버럭버럭 손녀딸 혼내는 소리만 들린다.

"너는 숙제도 안 하고 하루 종일 놀기만 하냐?"

돌아오는 길이 너무 억울하고 서러웠다. 하루 종일 논 것이 문제라면 저도 반나절은 책임이 있지 않나? 그리고 아무리 논다 논다 해도 학교 우등생이고 부회장이고, 태권도 2품이고, 솔직히 너 어렸을 때보다 잘 한다! 훨씬 더 잘 한다고~!

그나저나 내가 마눌님에 이어 딸에게까지 2대째 구박을 받는 셈인데, 손녀딸까지 나중에 커서 할아버지 구박하면 어떡하지?

## 봉하 가는 길

올해는 추모일 하루 전에 손녀딸들 데리고 봉하에 다녀왔다. 사상 최대의 인파가 몰릴 내일 추모일에는 차량 통제가 엄청 심할 텐데, 이 땡볕에 그 먼 길을 어린 손녀딸들 걸리고 가서 추모할 엄두가 안 났다.

올해 특히 손녀딸들과 함께 나선 것은, 다음 달 이 녀석들과 헤어져 꽤 오래 떨어져 살게됐기 때문이다. 어렸을 때 한 번이라도 직접 묘소를 찾아 참배하도록 하지 않으면 나중에 커서 할애비에게 서운해 할지도 모른다는 생각이 들었다. 그렇지 않더라도 나 자신 이 아이들이 커서 노무현 대통령의 일생과 사상을 설파할 기회가 있을 때 피상적으로 겉도는 이야기만 하게 되지 않을까, 겁이 나기도 했다.

일행들과 함께 봉하 갈 땐 늘 기차 타고 다녔고 직접 차를 몰고 간 건 처음인데 보통 일이 아니다. 7시간이나 걸렸다. 진례IC를 빠져 나가자마자 뒷좌석에 늘어져 있던 아홉 살 큰손녀가 느닷없이 묻는다.

"할아버지~. 노무현 대통령님이 문재인 아저씨 친구야?"

갑자기 내 가슴이 더워진다.

"그래, 이젠 문재인 아저씨도 대통령이란다."

(2017. 5. 22.)

## 수두 할아버지

근 5년간 피해왔던 감기에 결국 걸리고 말았다. 3일 전 낮부터 목울대가 답답하더니 밤새 목이 아파 침 삼키기가 힘들고 코가 막혀 잠을 잘 못 잤다. 다음 날 아침에는 머리가 무겁고 콧물까지 나왔다.

둘째 딸 네 살배기 둘째 손녀에게서 옮은 게 틀림없다. 이놈이 벌써 일주일 동안 심하게 감기를 앓았다. 울산 큰이모집에 있는 이틀 동안 누런 콧물이 쉴 새 없이 흐르고 중이염 증상까지 있는데다 입안이 헐어 밥도 제대로 못 먹고 종일 징징댔다.

서울에서 봉하 갔다 통영 거쳐 울산까지 열 몇 시간 이상 차 안에 같이 있으면서 내게 감염된 모양이다. 그런데 언니와 할머니는 아무렇지도 않다. 아마도 내가 안고 다니다 뽀뽀하고, 앉아있는 놈 귀 잡고 뽀뽀하고, 시도 때도 없이 뽀뽀한 것이 결정적 원인인 듯하다.

내가 불편한 것은 어찌됐든, 아무튼 내게 옮겨진 만큼만이라도 손녀딸 몸에서 바이러스가 덜어져 손녀딸이 빨리 나았으면 좋겠다는 생각을 했다.

어제 서울 오자마자 병원부터 들렀는데 감기가 아니라 수두라는 진단이 내려졌다. 앞으로도 약 일주일간 어린이집에도 보내지 말라는 소리에 잔뜩 낙담하며 집에 왔는데 신통하게도 몇 시간 안 돼 아이의 증상이 급격히 호전되더니 막 밥을 찾아 먹는 것이다. 더 이상 코도 흘리지 않고 입안이 아프다고 울지도 않는다. 샤워하고 나서는 혼자 손뼉치며 노래까지 부른다. 내게 바이러스가 옮겨졌으니 그만큼 아이가 덜 아팠으면 좋겠다는 소망이 이루어진 것 아닌가!

과학적으로 논증할 방법이 없어 내놓고 공치사는 못했지만, 나 혼자 속으로 은근히 기분이 좋고 뿌듯했다. 오늘 아침엔 나도 감기 증상이 싹 없어졌다.

감기가 아니라 수두 증상이었던 모양인데, 손녀딸 덕분에 나이 육십 넘은 영감이 별 경험을 다 해본다. 한 이틀 앓고 떨어지는 것을 보니 수두가 산전수전 다 겪은 영감 앞에서는 맥을 못쓰는 모양이다.

# 이산가족

큰손녀 1학년 때는 학교까지 데려다줬는데 2학년 된 이후에는 아파트단지 입구 친구들 만나는 곳에까지만 데려다준다.(사실 그럴 필요도 없는데 습관적으로 그런다)

그런데 오늘 아침에는 아이가 아파트단지 입구에 가자 갑자기 울 듯한 표정을 지으며 "오늘은 할아버지랑 학교까지 가고 싶어~" 한다. 그래서 아이랑 아이 친구들이랑 어울려 10분거리 학교까지 갔다 왔다. 오는 길에 나도 갑자기 울고 싶은 생각이 들어 눈시울이 뜨거워졌다.

이제 3주만 있으면 이 녀석과 헤어져 꽤 오래 못 보게 된다. 이 녀석이 할아버지 마음을 헤아린 걸까, 저도 할아버지처럼 이별을 준비하고 있는 걸까.  좌우간 이 녀석, 할아버지 감동시키는 법 하나는 기가 막히게 잘 알고 있다.

(어제는 학교에서 플라스틱 숟가락으로 식구들 인형만드는 수업이 있었나 보다. 할머니 할아버지도 끼워준 걸 보니 보람이 있다. 이 녀석은 할아버지가 포털 인물난에 나온다는 사실을 큰 자랑거리로 삼는다. 그런데 이 녀석의 할아버지 이상형은 머리칼이 좀 있고 콧수염도 좀 있는 영감인가 보다)

## 추억 캠핑

며칠 전에는 버스 타고 집에 오는데 몇 정거장 앞두고 갑자기 눈물이 쏟아지는 거다.(다행히 승객이 많지 않아 그랬지 창피해서 혼났다) 이제 다음 주면 손녀딸들이 엄마 아빠 따라 외국에 나가 꽤 오래 못 보게 되는데 "이제 무슨 낙이 있어 허겁지겁 집에 가나" 막막한 심정이었던 거다.

사정을 알게 된 대학 후배들이 손녀딸과의 추억거리를 만들어 주겠노라며 오늘 캠핑을 기획했다. 고마운 친구들이다. 무려 15~20년 후배들인데 내가 살아온 이력이나 사고방식이 저들 마음에 든다고 졸졸 따라다니며 밥도 사고 술도 사고 이런 기특한 이벤트도 기획한다. 학교는 다르지만 80년대 저들 대학 다닐 때 운동권 동지였다는 안진걸도 들러 술 한 잔 나누니 더욱 흔쾌하다.

꿩 대신 닭이라고 손녀딸들 가면 이 친구들하고 더 자주 어울려야겠다.

## 해방감

오늘 손녀딸들을 꽤 멀리, 오랫동안 못 볼 외국 보내면서 통곡을 할 줄 알았는데 그냥 찔끔 우는 흉내만 냈다. 며칠 전부터 울지 않겠다고 각오를 단단히 한 덕이거나, 그럼에도 가끔씩 미리 울어두었던 덕이라고 생각한다.

아니면 애기들이 아빠 만나러 간다고 이리 좋아하는데 내가 징징 짤 이유가 원래 없는 것이다. 그것도 아니라면 애기들이 지들 할머니까지 데리고 가는데 따른 해방감이 상실감보다 더 큰 덕인지도 모르겠다.

이제 몇 달 후 마눌님이 돌아올 때면 해방감은 반납하고 상실감만 남아 그때에야 본격적으로 슬퍼질지, 그건 아직 잘 모르겠다. 아니 그 전이라도 해방감은 순식간에 사라지고 상실감과 고독감만 엄청 커질지도 모른다.

(마눌님이 공항버스 탑승 직전 찍어 보낸 내 사진 표정을 보니 좀 불안하긴 하다. 내 속마음과는 너무 다른 표정이다)

## 뽀로로 숟가락

아침에 설거지하다 보니 그릇 사이에서 뽀로로 숟가락과 포크가 튀어나왔다. 두 쌍이 아니고 한 쌍만 있는 걸 보니 이것만 미처 챙겨가지 못한 것이 틀림없다.

설마 날 울리려고 일부러 놓고 간 건 아니겠지.
하루밖에 안 지났는데 벌써 이러니, 큰일 났다.

## 이별 후 10일

손녀딸들이 내 곁을 떠난 지 열흘이다.
너무 너무 좋다.

설거지, 분리수거 하는 일이 1/10로 줄었다.
2, 3일에 한 번씩 하던 청소를 일주일에 한 번만 해도 좋다.
집 안에서 시원하게 팬티 바람으로 돌아다녀도 뭐라 말할 사람이 없다.
이 방 저 방 심지어는 거실까지 아무 데서나 잘 수 있다.
1차만 하고 허겁지겁 귀가를 서두를 이유도 없다.
아침마다 내 방에 찾아와 단잠 자는 할아버지 배 위에 올라타는 일이 없어 좋다.
내가 컴퓨터 할 때마다 내 무릎 위에 냉큼 올라앉아, 막 자판을 두들기거나 저 보고 싶은 프로그램 보여달라고 떼쓰는 일 없어 좋다.
풍선 불어달라고 귀찮게 하지도 않는다.
놀이터 가자고 졸라서 할아버지 귀한 시간 뺏는 일 없어 좋다.
학원이나 어린이집에서 데려올 때 꼭 동네 가게에 들러 아이스크림 등 뭐라도 사야겠다고 떼쓰지 않아 좋다.
맛있는 음식 나 혼자 실컷 먹을 수 있다.

너무 좋아서, 미치겠다.
미치도록 좋아서 자꾸 눈물이 난다.

## 감 익는 계절

마눌님이 주문한 대봉감이 오늘 도착했다. 햇볕에 널어놓으니 벌써 침이 고인다. 저걸 잘 익혀서 냉동고에 넣어두었다가 내년 봄이나 여름에 하나씩 꺼내 녹여 먹으면 꿀맛이다. 우리 집 연례행사다.

텔레파시가 통했는지, 어제는 독일 가 있는 딸에게서 카톡이 왔다. 손녀딸에게 홍시를 사줬더니 할아버지와 함께 먹었던 홍시 맛이 꿀맛이었단다. 나는 손녀딸이 기억하는 감이 홍시였는지, 대봉감 얼려두었던 것인지, 잘 모르겠다. 암튼 무릎팍에 앉혀놓고 '애기 한 숟갈, 할아버지 한 숟갈' 낄낄대며 떠먹던 감은 내게도 늘 최고의 맛이었다.

갑자기 손녀딸이 보고 싶어 못 견디겠다.

## 장난감 회자정리

독일에서 귀국 후 며칠을 집안 정리하던 마눌님이 드디어 결단을 내렸다. 아이들 소꿉장난용 대문짝을 내다버리기로 한 것이다. 큰놈(9세)에 이어 작은놈(4세)까지 근 7~8년간 우리 집 거실에 떡 버티고 있었다. 아이들이 이 밑을 기어다니면서 깔깔대고 놀았던 장난감이다.

가히 짐작했던 대로 마눌님은 강철 심장이다. 그러나 최종적으로 쓰레기장에 버리는 것은 내 몫이다. 이건 전혀 예상하지 못했다. 무게가 꽤 나가기 때문에 남자가 운반해야 한다는데 피할 방법이 없다.

버리고 돌아서는 마음이 참 거시기하다. 조침문을 지은 유씨 부인의 심정이 왈칵 와닿는다. 물건도 사람이나 동물과 같이 만나면 언젠가는 헤어지거니와, 자식들과 연관이 있는 물건과는 헤어지기가 참 어렵다. 유씨 부인도 그 바늘로 자식들(특히 손자들) 옷이라도 기워주셨더라면 훨씬 더 애통했을 거다.

## 그날

지난해 10월부터 올 4월까지 딱 두 번만 빼고 모든 촛불집회에 참가했다.(빠진 것 중 한 번은 제주에서 참가했으므로 정확히 말하면 한 번 빼 먹은 것이다) 1년 세월이 흐른 지금은 20여 차례에 이르는 모든 집회의 기억들이 거의 한 덩어리로 뒤섞인 채 남아 있다.

하지만 그중 딱 하나만 각별한 기억으로 남는 집회를 고르라면 나는 서슴없이 정확히 만 1년 전 12월 3일의 집회를 택하겠다. 아마도 대부분의 촛불 동지들이 동감할 것이다. 1백 몇 십만 이라던가, 최대의 인파가 몰린 그날, 촛불 시민들이 광화문광장에서 남대문로 중간까지, 말 그대로 입추의 여지없이 가득 메웠다.

나로서는 둘째딸과 손녀딸이 함께 해 더욱 뜻 깊었다. 시청역 지하철 입구에서 아이들을 만난 나는 손녀딸을 안거나 무등 태우고, 인파를 헤치며 광화문 쪽으로 진출하려고 발버둥을 쳤으나 몇 걸음 옮기지 못하고 프레스센터 옆길로 빠져 겨우 종로에 이르렀다. 인파 속을 발로 걷는 것이 아니라 둥둥 떠다닌다는 말을 그날 실감했다.

마침 어제 독일 에버트인권상을 수상할 대표단이 출국했다고 한다. 그러고 보니 내 손녀딸도 수상자 명단에 있다. 이 자식, 시상식장에 더 가까이 가려고 그랬는지, 지금 독일에 산다.

## 갑

독일에 있는 손녀딸이 크리스마스 카드를 보내왔다. 할머니가(할아버지는 덤으로) 만 8년을 사랑과 정성으로 키운 녀석이다. 그 은혜를 잊지 않고 있는 것이다.

동시에 우리 사이의 '갑'은 할머니 할아버지가 아니라 자기라는 것을 확실히 느끼고 있는 모양이다.

"내가 비록 한국에 없지만…."

자기가 할머니 할아버지의 행복의 원천임을 아는 것이다.

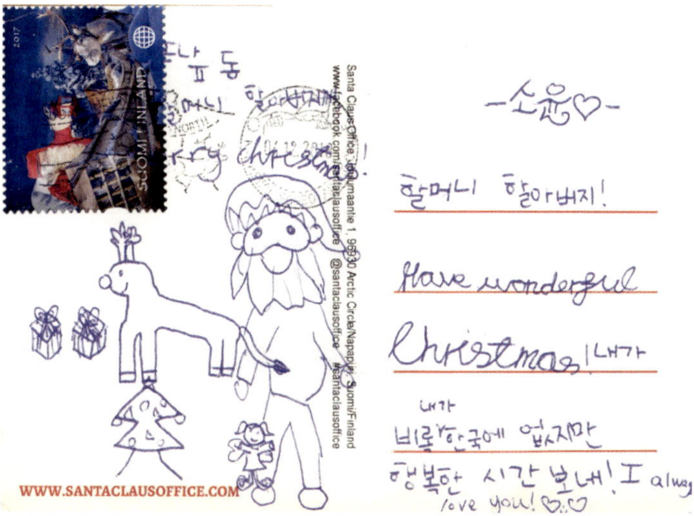
-소윤♡-
할머니 할아버지!
Have wonderful
Christmas!
내가 비록 한국에 없지만
행복한 시간 보내! I always
love you!
WWW.SANTACLAUSOFFICE.COM
SUOMI FINLAND

## 거리의 이별, 시간의 이별, 생사의 이별

음성파일을 뒤적이다 보니 언제 녹음했는지도 모를 녹취 하나가 툭 튀어 나온다. 계산해보니 두 살 난 손녀딸과 할머니의 짧은 대화다. 두 살 난 놈이 무슨 말을 하겠는가. 그저 할머니의 명령을 눈치로 알아듣고 높은 목청으로 "네~!" 하고 대답하는 게 전부다.

그것이 이뻐서 할머니는 계속 "조금만 기다려~어" 명령하고 애기는 또 계속 "네~!" 대답하는 거다.
문득 애기가 보고 싶다.

서울에 있으면 당장이라도 달려가서 보련만 지금 이 아이는 비행기 타고 열 시간을 가야 할 먼 곳에 있다. 그깟 열 시간, 정 보고 싶으면 지금이라도 당장 달려갈 테다. 그런데 3년을 건너뛰어 애기가 두 살 때 그 시절로 어떻게 돌아간단 말인가. 그 생각에 이르자 문득 눈시울이 더워진다.

내가 손녀 보고 싶어 이럴진대 세월호 참사, 태안화력발전소 비정규직 청년, 강릉 펜션 참변 부모들은 또 어떤 심정일까.

죄스러운 마음까지 쏟아진다.

# 제 3 부

# 불효자는 웁니다

# 유자식상팔자

## 미디어 교육가

미국에 살고 있는 큰딸이 시댁 행사에 참석키 위해 3년 만에 귀국했다. 다섯 살짜리 손자, 4년 전 포대기에 쌓여 있던 세 살짜리 손녀, 지금 포대기에 쌓여 있는 90일짜리 다른 손녀와 함께 왔다.

서울에 있는 한 달 동안 시댁과 친정에 반반씩 머물고 있는데, 우리 집에 올 때마다 손자들 건사하는 게 장난이 아니다. 위 큰애 둘이 둘째딸 소생 네 살짜리 손녀와 어울려 실내에서 방방 뛰어다니면 정신이 하나 없고 번갈아 목마를 태워주다 보니 경추 3번과 4번 사이에 이상이 생긴 모양이다. 무엇보다 한참 전 층간소음 문제로 크게 다퉜던 아랫집이 신경 쓰여 노이로제까지 생길 지경이다.

넌지시 큰딸에게 불만을 토로했다.

"야! 재하, 재인이가 전혀 얌전하질 않네? 다른 집 애들하고 똑같네."
"아빠가 우리 애들이 다른 집 애들하고 다르게 얌전할 거라고 생각한 근거가 뭔데?"
"네가 그동안 보내준 사진하고 동영상 보면 애들 엄청 얌전하던데…."

딸아이가 코웃음을 친다.

"아니 그럼 내가 애들 울고 떠들고 하는 사진이나 동영상을 어떻게 아빠한테 보내? 그럴 때는 내가 동영상 찍을 경황도 없거니와 설사 찍었다 하더라도 애들 좋은 모습, 이쁜 모습만 골라서 아빠한테 보내줘야 하는 거 아니야?"

그리고는 얄밉게 덧붙인다.

"아빠, 기자 출신 미디어 전문가 맞아?"

미디어를 전혀 공부한 적 없는 딸이 미디어의 속성을 정확히 깨치고 있는 것이다. 완전 한 방 맞았다.

(2013. 4. 30.)

## 돼지저금통

손자들과 함께 돼지저금통을 땄다. 큰딸이 귀국하면 손자들에게 주려고 지난 2년간 동전만 생기면 집어넣었던 저금통이다. 무려 19만 2,000원! 군자금을 마련한 우리는 지하철 타고 광장시장으로 고고 씽! 빈대떡도 먹고 순대도 먹고 애기들 반짝이 운동화도 샀다. 돼지 한 마리가 우리를 신나게 했다.

## 봉하마을

큰딸 내외가 애비의 봉하행에 따라나서겠다고 할 때 너무 기뻤다. 오랜만의 귀국길이어서 바쁜 일정임에도 꼭 봉하에 가서 대통령 4주기 행사에 참석하고 싶다는 것이다.

내가 보기에 이 아이들은 정치적 색깔이 전혀 없다. 사위는 공부하기에 바쁘고 딸은 3남매 키우느라 정신이 없다. 더구나 미국에 간 지 6년이 가까워 오니 국내 정치 상황에 대해서 대단히 어둡다. 그러나 이 아이들이 순수하고 정의롭다는 것만은 분명하다. 그래서 4년 전(2009년) 노 대통령의 급작스럽고 비극적인 죽음에 가슴 아파했고, 특히 그 후 지 애비의 슬픔과 분노를 고스란히 가슴에 담아두었던 것이 틀림없다. 이번 봉하 방문이 이 아이들에게 뜻 깊고 보람 있는 여행이었기를 빈다.

특히 사저를 방문했을 때 권양숙 여사께서 아이들에게 각별한 관심을 보여주시고, 문재인 아저씨께서도 따뜻한 미소로 맞아주셨던 것은 큰 추억으로 남을 것이다. 아이들은 어디를 왜 왔는지 알 턱이 없이 그 경황없는 중에도 대통령 사저 뜰에서 물놀이에 여념이 없다.

## 아빠보다 나은 딸

큰애에게서 또 아이를 가졌다는 소식을 듣고 적잖이 충격을 받았다. 솔직히 말하자면 화가 났다. 셋째를 가졌다고 했을 때는 당황하긴 했지만 이번처럼 충격을 받거나 화가 나지는 않았다.

물론 옛날에는 다섯도 낳고 일곱도 낳고 심지어 열 낳는 집도 흔했다. 영아 사망률이 높고 또 사람 하나 하나가 바로 집안 노동력으로 간주되던 농경사회의 영향 때문이었을 것이다. 여성을 아이 낳고 키우고 집안일 하는 종처럼 여겼던 이유도 있을 것이다. 하지만 지금이 어디 그런 시대인가.

내가 화가 난 것은 이제 내 딸이 자신의 성취보다는 아이들을 키우는 데 전념할 수밖에 없을 것이란 실망 때문이었을 것이다. 또한 넉넉지 못한 살림에 아이들 넷씩이나 제대로 키울 수 있을까 하는 염려 때문이기도 했다. 더 나아가 나는 아이들을 넷씩이나 키우고 보살핀 후 그 뒤를 안심하고 지켜봐도 될 만큼 이 세상의 현재와 미래가 평화롭고 아름다운 곳이라고 생각하지 않는다.

내 생각이 맞는지는 모르지만 나는 딱히 종교적인 이유가 아니라면 돈과 권력이 많거나 보수적이거나 낙관주의자일수록 자녀에 대한 욕심이 많을 거라고 짐작한다. 같은 맥락에서 이 암울한 세상을 버텨내기 위해 아예 결혼을 포기하거나, 설사 결혼했다 하더라도 자녀 낳기를 포기하는 적지 않은 젊은이들의 눈물겨운 상황을 가슴 아프게 이해하고 있는 바다.

따라서 낙관적(장기적)인 비관주의자(단기적)이며, 양심적 · 상식적인 개혁주의자를 자처하면서, 부자는 결코 아니지만 굶주린 적도 없고, 인생에 굳이 내세울 건 없지만 크게 후회하는 것도 없는, 남부럽지 않은 인생은 아니어도 남부끄럽지는 않은 인생을 살아왔다고 스스로 평가하는 나는, 내 아들딸들이 가질 적절한 자녀 수는 2명이라고 믿어왔던 터다.

그런데 가만. 딸과 사위는 내가 아니지 않은가, 그런 생각이 문득 들었다. 이 아이들은 자기들의 인생이 있는 것이고 자기들의 인생관이 따로 있는 것이다. 이 아이들은 나보다 훨씬 더 낙관주의자이며, 나보다 훨씬 더 좋은 직장을 갖고 더 많은 수입을 올릴 것이고, 나보다 더 긍정적으로 세상을 바라보고 있으며, 아이들을 키우는 것이 부담이 아니라 보람으로 생각하며, 세상에 대한 봉사라고 믿는 것인지도 모르겠다는 생각이 들었다. 무엇보다 둘이 합의해서 아이를 가졌다니 이보다 더 지극한 사랑의 증거가 어디 있겠는가.

생각이 거기에 미치자, 잠깐이라도 화를 냈던 것이 부끄러워 쥐구멍에라도 들어갈 정도다.  내가 또 꼰대짓을 한 것이다. 나는 딸과 사위의 결정을 믿어야 하며, 내 세대는 군말 말고 젊은 세대에게 이 세상을 맡겨야 한다.

## 알똥말똥한 심정

0.5세대 정도 차이가 나는 동네 (언론계) 후배와 어스름 저녁에 풍납동 고수부지~광진교~아차산 기슭을 왕복하는 산책길에 나섰다. 성실하고 착하기로 소문난 친구다. 오가면서 이런 대화를 나눴다.

"연휴 어떻게 지내셨어요."
"응, (둘째딸네) 아이들이 대구 친가에 가는 바람에 오랜만에 한가하게 책도 보고 널널하게 지냈네."
"명절도 아니고, 얼마 전에 효도여행도 다녀오셨다면서 또 친가에 가요?"
"이번엔 사돈어른 생신이라네."
"그러세요? 사위는 1년 몇 번이나 친가 내려간대요?"
"설 때 한 번, 추석 때 한 번, 부모님 생신 때 각 한 번씩, 그리고 가끔 여름휴가 때 어디 모시고 가는가 보던데?"
"어휴~ 효자시네요."
"자넨 몇 번이나 찾아뵙나?"
"저도 비슷하긴 한데 어머님 생신 때나 휴가 때는 못 챙기지요. 아~ 참, 추석 앞두고 벌초한다고 한 번 더 내려가는 게 있네요."

그리고는 느닷없이 "설이나 추석 중에 하나는 없어졌으면 좋겠어요" 하면서 웃는다.

부모님 뵈러 가는 부담감 이해 못할 바 아니다. 다만 일주일 내내 돌보던 손녀딸들인데도 금요일 밤 지들 부모따라 가자마자 휑하니 빈 가슴으로 일요일 밤을 기다리는 내 심정은 후배가 결코 이해 못 할 거다. 지 아들딸 시집 장가보내서 손자 손녀 낳아봐야 알똥말똥할 거다.

## 기일과 생일

봉하에서 울산으로 왔다. 큰딸 소생 큰 손자 녀석의 생일을 축하해주기 위해서다. 이 녀석 생일이 노무현 대통령 기일과 같다. 돌아가시기 정확히 1년 전인 2008년 5월 23일 세상에 태어났다. 미국에서 태어났고, 지난해 8월 귀국할 때까지도 쭉 미국에서 살았기 때문에 할아버지가 제대로 생일 축하해 줄 기회가 없었다. 딱 한 번, 3년 전 5월 귀국했을 때 자꾸 봉하에 가고 싶다고 해서 내가 기사 역할을 하며 봉하를 방문했다가 부산에서 생일 파티를 한 적이 있다.

오늘도 울산역에 마중 나온 아이들과 함께 언양에서 식사하고, 작천정 계곡에 가서 운치있는 작은 케이크 파티를 열었다. 집에 돌아와 커피를 마시다가 딸이 2013년 가족 앨범을 가져왔다. 당시 봉하 방문 때의 기념사진들이 곱게 갈무리돼 있었다. 기특한 마음씨다. 딸이 "이젠 앞으로 아빠가 큰손자 생일 축하 자리에 빠지는 일은 없겠네?" 한다.

그렇겠지?

## 장모님 심정

어제는 종일 미국에서 온 손자들 데리고 어린이대공원 놀이동산에서 놀았다. 사위가 곧 직장이 있는 울산으로 내려가야 하기 때문에 내가 손자들하고 하루라도 더 재미있게 보내고 싶어 우기다시피 정한 일정이다.

아이들이 좋아하는 건 물론이고 사위마저 덩달아 이리 뛰고 저리 뛰며 더 신나하는 것이다. 대신 나는 놀이기구 한 번 못 타보고— 타라고 한다고 주책없이 타고선 꽥꽥 비명 지를 나이도 아니지만— 운전기사에서부터 보모, 식당웨이터, 사진기사 노릇으로 하루를 보냈다.

딸네 식구 어디 놀러 가는데 모시고 간다하면 한사코 손사래 친다는 장모님들 심정이 이해는 된다. 하지만 내 경우 또 가자고 하면 얼마든지 오케이다.

## 오래된 의문

미역국은 산모가 먹는 것이니 누군가의 생일이면 그 엄마가 먹어야 마땅한 것이거늘 왜 생일의 주인공이 미역국을 먹는 것인지, 오래된 의문이다. 그 의문을 품고 어쨌든 오늘 아침 미역국을 먹었다.

둘째 딸과 막내아들로부터의 생일 축하금은 각각 인터넷뱅킹과 예쁜 봉투에 담겨 어제 날짜 접수 완료됐는데, 어째 큰딸로부터는 소식이 없다. 지금이라도 귀띔을 해야 하나 말아야 하나 고민스럽다.

혹시 알려줬다가 '아빠~ 생일 축하해~' 말이나 문자로 때우면 어떡하지?

걱정이 태산이다.

## (언)해피엔딩

큰딸이 결국 거액의 생일 축하금을 보내왔다. 이번에도 페이스북 덕을 단단히 봤다. 내가 구차스럽게 어떻게 내 생일을 알릴까 머리를 굴릴 필요도 없었다. 큰딸이 페북 알리미를 통해 어제가 아빠 생일임을 알았고, 이어 내 포스팅을 통해 동생들의 선행과 아빠의 복잡한 심경을 눈치챈 것이다(내가 처음부터 페북을 이용한 작전을 펼 의도였는지는 굳이 밝히지 않겠다). 축하금 액수 산정에 있어서는 페친 한 분과 주고받은 댓글이 크게 주효한 듯하다.

> **페친** 선생님. 생신 축하드려요. 내내 건강하시면서 좋은 글 많이 올려주세요. 전화는 하지 마세요. 후에 알게 되면 덤도 생길 듯합니다. 호호.
>
> **나** 영 소식 없으면 손자들 생일에 보복할려고요
>
> **페친** 하하. 최고! 확실한 보복을 !!
>
> **나** 우리 큰딸은 아이가 넷이니 잘 계산해야 할 듯요 ㅋ
>
> **페친** 계산 착오 없게 하세요. 호호

아마도 페북에서 이 대화를 목격했을 텐데, 이번에 잘못 넘어가면 손자들에게 큰 불이익이 닥치리라는 걸 눈치 챈 것이 틀림없다.

문제는 이번에도 어김없이 마눌님이 개입했다는 것이다. 딸이 단톡에서 계좌번호를 보내달라는데 내가 체면 때문에 좀 망설이는 틈을 타 마눌님이 자기가 전달하겠다며 냉큼 자기 계좌번호를 불

러준 것이다.

이 돈이 내게 올 일은 결코 없을 것이다. 우리 집안 전체로 보면 해피엔딩이 분명한데, 나 개인으로 보면 어째 좀 언해피하다.

## 딸 사랑

중학 2년짜리 딸내미 하나 둔 새까만 후배가 있다. 말 그대로 무남독녀 외동딸이다. 얼마나 딸을 사랑하는지, 별로 내놓고 자랑하지 않는데도 그 사실이 내 귀에까지 들려왔다. 우연히 핸폰에 깔린 사진을 봤는데 과연 이쁘긴 이쁘다(안 이뻐도 제 딸 밉다는 놈이 세상에 있겠나). 엄마 닮은 것이 틀림없다. (물론 내가 그 엄마를 본 적은 한 번도 없다)

내가 내 생각이 나서 "시집보낼 때 많이 울겠네" 했더니, 느닷없이 "(사위감이) 우리 집에 오면 2층(5층이랬던가?)에서 던져버릴 거예요" 한다. 깜짝 놀란 내가 "그게 아니다. 시집보낸다고 딸을 잃는 것이 아니라 아들을 하나 얻는 것"이라며 사위가 얼마나 이쁜지 구구이 설명했다.

고개까지 끄덕이며 다소곳이 귀를 기울이던 후배 녀석, "그래도 던져버릴 거예요" 한다.

## 공평한 부모님 은혜

자식들이 결혼해 나갈 때는 다시는 부모한테 도움 청할 일 없을 줄 알았는데 결코 그렇지 않다. 맞벌이하는 둘째 딸은 아예 두 아이 양육을 맡겼었다.

지방에 사는 큰딸도 요즘 부쩍 지 엄마를 찾는다. 두루두루 워낙 욕심(의욕?)이 많은 터라 아이도 넷씩이나 낳아 혼자 씩씩하게 잘 키워왔는데 최근 무슨 사업을 시작해 놓고 보니 절대적으로 남의 도움이 필요한 거다. 지 엄마가 며칠씩 내려가 도와주고 올 때마다 엄마에 대한 애정과 존경이 넘쳐흐른다.

그걸 지켜보는 나로서는 좀 분한 마음이 들곤 한다. 엄마의 부재로 인해 아빠가 원치 않는 홀애비의 고통을 겪고 있는 데 대한 미안함은커녕 최소한의 고마움마저 보이지 않는 것이다. 법률적 용어로 '부작위에 의한 도움' 혹은 '미필적 고의에 의한 조력'이라고 할 수 있을까? 암튼 아빠도 간접적으로 도움을 주고 있으니 빈말이라도 고마움을 표시해야 마땅하지 않느냔 말이다.

내가 설거지 등 집안일을 돕기 시작한 것도 마눌님이 둘째 딸 소생 손녀 양육을 맡기 시작하면서 부터다. 그럼에도 둘째 딸 역시 아빠에게 고마움이나 미안함은커녕, "이쁜 손자 늘 곁에 두고 있으니 좋겠다"고 공치사만 했다.

오늘 같이 외식할 일도 없이 혼자 찬밥 데우고 있으려니 울화통이 배가 된다.

## 소녀가장

### 하몬

어제 둘째 사위 덕분에 모처럼 호강 좀 했다. 스페인에 출장 갔던 사위가 사 온 스페인산 하몬 안주에다 고급 와인까지 곁들여 즐겼다.

사위가 출장 떠나기 전 날, 벌써 20여 년 전에 스페인에 갔다 맛본 하몬 이야기를 했더니 이 친구, 그 말을 '꼭 하몬 사 와라'라고 받아들였던 모양이다. (이거 도대체 무슨 말을 못 하겠네 ㅋㅋ)

하몬은 말하자면 햄의 스페인 단어인 모양인데 돼지 뒷다리를 훈제한 후 몇 년이고 천정에 매달아놓아 기름을 쏙 뺀, 이베리아반도의 특제 햄인 셈이다.

그나저나 형편은 달라져도 입맛은 예전 그대로이니 큰일이다.

## 불효자의 불효녀

오늘 아침, 같은 아파트 단지에 사는 딸에게서 지 엄마한테로 전화가 왔다. 손녀딸하고 급히 미술학원엘 가야 하는데, 차 키가 있어야 할 곳에 없다는 것이다. 지 엄마가 깜빡 잊고 갖고 다닌 것이다.

마침 부엌일을 하고 있던 안사람이 TV 보고 있던 나에게 차 키 심부름을 시킨다. 그래도 바깥출입인데 파자마 입고 나갈 수야 없지 않은가. 부랴부랴 옷 갈아입고 나름 빠른 동작으로 나갔는데, 어느새 우리 동 문 앞에서 기다리던 딸이 뾰로통한 얼굴로 차 키를 홱 낚아채더니 급히 제 갈 길을 가버린다.

아침 내내 우울했다. 지가 기분 나쁘다고 죄 없는 아빠까지 기분 상하게 했으니 내 딸은 불효녀다. 불효자한테서 불효녀 나는 것이다.

아주 오래전 돌아가신 어머니 생각이 났다.
내 손녀딸은 불효녀가 되면 안 되는데….

(후기: 이 소식을 들은 딸이 토끼가 슬피우는 이모티콘과 함께 짤막한 카톡을 보내왔다. "불효녀는 웁니다")

## 사위의 사냥 본능

광화문에 있는 내게 집에서 급한 호출이 떨어졌다. 서해바다로 회사 낚시동호회 따라나섰던 사위가 대박이 났으니 빨리 귀가하라는 거다. 우럭만 열대여섯 마리, 쟁반만 한 광어에다 놀래미까지 한 무더기다. 식구끼리 둘러앉아 큰 것은 회로 먹고 작은 것은 매운탕 끓여 실컷 먹었다. 이게 바로 자연산의 위엄이다.

사위가 내내 완전 흥분 상태다. 뭔가 자기 손으로 직접 잡아 온 것을 온 식구가 즐겁게 먹는 것을 보니 봉급 갖다 줄 때의 흐뭇한 기분보다 훨씬 더 뿌듯하고 자부심이 넘친다는 거다. 원시시대 남자들의 사냥꾼 본능이 살아난 모양이다. 딸내미까지 아이답지 않게 즐겨 회를 먹으니 얼마나 좋겠는가. 지들끼리 뽀뽀도 하고 아주 난리가 아니다.

나도, 요즘은 못하지만, 오래전에 한동안 약수터에 가서 큰 통 여러 개 물 받아다가 식구들 마시게 하면서 뿌듯했던 기억이 새롭다.

# 애국의 길

우리 사위가 효자다. 장인 장모 모시고 4박 5일 제주도 여행 왔다. 우리 딸도 효녀다. 시부모 모시고 같은 날 제주도 여행 왔다. 비록 내가 처음부터 애국하는 마음으로 제주도에 온 건 아니지만, 효자 효녀 덕분에 결과적으로 애국하고 있다.

'김무성식 애국'은 참 즐거운 것 같다. 그는 얼마 전(2015년 6월 18일) 메르스 공포에 떨고 있는 국민들에게 "지금은 우리 모두 정상적으로 외출하고 행사를 하는 것이 진정으로 애국하는 길이자 우리 국민의 당연한 도리"라고 했다.

많은 국민들이 나처럼 불타는 애국심을 표현할 수단(무궁화 심을 땅, 애국가 4절까지 외울 기억력, '대한' '민국' '만세'라고 이름 지을 손자)이 없어 고민하고 있음을 헤아린 듯하다. 줄기차게 박근혜 '딸랑이'만 자처하던 인물이 무려 '애국' 수준의 발언으로 모처럼 여당 대표답다.

외출(해서 친구들 만나 한 잔)하고, 각종 세미나와 회의에 참석하는 것이야말로 내 전공 분야다. 이걸로 애국을 다할 수 있다 하니 고맙기 그지없다.

## 말고기

제주 여행 3일차인 오늘의 하이라이트는 단연 말고기다. 평생 제주도를 열 몇 차례 와봤으면서도 한 번도 먹어보지 못했다. 우선 어디에서 파는지를 몰라서 못 사 먹기도 했고, 제주 친구들 입장에선 손님께 익숙지 않은 음식이라 여겨져서 안 사줬을 것이다.

그런데 역시 정보화 시대의 개가다. 사위가 여행계획 짜면서 인터넷 붙잡고 며칠 끙끙댔다는 건 알았는데, 숙소 근처에 말고기 잘하는 집까지 찾아낸 줄은 몰랐다. 식도락가를 자처하는 장인을 위한 정성과 노고가 대단하다.

사시미와 육회, 찜, 구이 등을 코스로 시켰는데 전체적인 느낌으론 소고기와 크게 다를 것이 없다. 다만 생고기는 굉장히 부드러운데 구이와 찜은 질기고 뻑뻑하다. 손녀딸이 육회를 잘 먹는다. 지 애미가 저 나이 때 뭔지도 모르고 개고기를 잘 먹었는데 닮았나보다.

먹고 나서 카톡으로 자랑했더니, 우즈베키스탄 다녀온 마(馬)씨 성을 가진 선배가, 말고기는 원래 말렸다가 쪄먹어야 부드러운 맛을 즐길 수 있는 거라는 팁을 알려준다.

## 사위의 변신

"휴~ 오늘은 그래도 수월하다!"

점심 주문을 마친 사위가 저도 모르게 한숨을 내쉰다. 양가 부모 모신 제주 여행 4일째, 우도 관광 중이다. 볼 것, 먹을 것, 놀 것 등 모든 것을 기획한 사위가 여행가이드 역할까지 수행하면서 마음고생이 심했나 보다. 그렇지 않았다면 그게 오히려 이상하다.

나와 사돈은 나이 차이가 많고 정치 성향은 물론 거의 모든 취향이 다르다. 그럼에도 무려 4박 5일 동안 이곳저곳을 함께 구경 다녔고 함께 먹고 마시며 즐겁게 어울렸다. 모든 상황을 고려한 사위의 철저한 사전조사와 기획이 없었다면 전 가족이 100% 다 만족할 수는 없었을 것이다.

그러고 보니 이번 여행 중, 평소 살가운 줄로만 알았던 사위가 단호한 면도 있다는 것을 발견했다. 오히려 그것이 이번 여행이 성공을 거둘 수 있었던 요인이 아니었나 싶다. 가급적이면 처음의 계획대로 밀고 나가야지, 한 사람의 불만이나 요구에 귀 기울이기 시작하면 전체가 걷잡을 수 없이 흔들리게 마련이다. 그래서 사위는 여행 기간 내내 긴장했고 때때로 단호한 면을 보일 수밖에 없었던 것이다.

어떤 단위의 조직이든 리더가 때때로 독선적일 필요는 있다. 다만 독선적인 리더는 (전체 구성원의 최대 행복이 무엇일까에 대해) 비전이 있고, 이를 달성할 능력이 있고, 무엇보다 책임감이 있어야 한다. 비전도 없고, 능력도 없고, 책임감도 없는 인물이 리더인 경우는 재앙이다.

## 우도 섭렵

제주도는 어느 장소에서나, 어느 각도로나, 어딜보나 아름답고 독특하다. 오름도 좋고 부리도 좋고 코지도 좋다. 피맺힌 수탈과 핍박의 역사를 알고 나면 그 아름다움에 처연함까지 더한다.

제주 여행 4일째는 '제주도의 제주도'라 할 수 있는 우도를 한 바퀴 돌며 마음껏 절경을 감상했다. 1-1 올레길 칭호를 붙일 만하다.

하지만 너무 좁다. 한 바퀴 도는 올레길이 16km, 걸음 빠른 이라면 세 시간 거리에 불과하다. 본도에서 수돗물 연결된 게 고작 몇 년 전이고 그 전에는 집집마다 빗물을 받아놓고 사용했다 한다.

유일한 이발소인 '우도이발관' 주인은 월남 파병군인 출신인데, 25년 동안 유일하게 스포츠가리만 깎을 줄 안다고 한다.

반나절 관광지로는 좋으나 사는 이들은 참 답답하겠다.

# 가사 중노동

제주도 4박 5일 여행 중 아침 세 끼, 저녁 두 끼를 숙소에서 해결했다. 비용보다도, 갓난아이 포함 손녀딸 둘을 데리고 식당에서 먹는 것이 번거로웠기 때문이다. 특히 저녁 두 끼는 맛있는 자연산 회를 뜨고 매운탕 감을 사다가 비교적 저렴한 가격에 푸짐하게 먹었다.

숙소에서 야식까지 한 번, 여덟 명이 함께 한 식사여서 설거지가 만만치 않았는데, 어쩌다보니 내가 한 번도 설거지를 하지 않았다. 물론 내가 싫어서 안 한다고 꾀를 부리거나 거부한 것은 절대로 아니다. 첫날 저녁식사 후 내가 언제나 집에서 하는 것처럼 설거지를 하려고 일어섰더니 마눌님이 "쓸데없는 짓 하지 말라"는 강력한 눈빛을 보냈기 때문이다. 마눌님이 갑자기 천사가 된 것이 아니라는 것을 알기 때문에 슬그머니 다시 주저앉았다. (만일 천사가 돼서 그랬다면 내가 설거지를 하겠다고 끝까지 부득부득 우겼을 것이다)

마눌님은 나의 노동 강도보다도 연세가 나보다 열두 살 많은 대구 사돈께서 기겁하실 것을 염려했던 것이다! 결국 여행 처음부터 마지막까지 설거지는 두 안사돈이 오순도순 이야기를 나눠가며 다 해결했다.

며칠 설거지 안 하는 것이 이렇게 좋은 줄 몰랐다. 지난해 우리나라 여성이 집안일에 쓴 시간은 하루 평균 3시간 5분, 남자는 42분에 불과했다고 한다. 지난 5년간(2009~2014년) 여성은 3분 줄고 남성은 4분 늘

어났다. 나는 평소 우리나라 남성 평균에 비해 어마어마하게 가사 중노동에 시달리고 있는 셈이다.

보수 성향 사돈 덕분에 며칠 동안 평균처럼(혹은 평균 이상으로) 살다가 다시 일상으로 돌아왔다.

## 자연산

제주도 가서 온갖 좋은 음식 대접해가며 호강시켜주었더니 채 일주일도 안 돼 이번에는 속초로 여행을 떠난다. 아무리 동네 아줌마들과의 오래전 약속이라고는 하지만 좀 염치없는 행태라고 생각한다. 김치찌개를 한 냄비 가득 끓여놓고 갔지만 별로 고마운 마음이 없다.

그런데 회사 동호회 바다낚시 나간 둘째사위가 희소식을 전해왔다. 최근 두어 번 출조했으나 한 마리도 잡지 못해 풀이 죽어 있던 이 친구가 무려 45cm 짜리 우럭 2마리에 큼지막한 놀래미까지 잡았다는 것이다.

미안하지만 이젠 김치찌개 먹을 일 없다. 싱싱한 자연산 우럭+놀래미 모듬회에 매운탕까지 신나게 먹으면서, "속초에서도 자연산을 먹을 수 있을까?" 고소한 생각이 들었다.

## 참패(慘敗)

둘째딸 회사에서 차려 준 가족 캠프에서 사위, 아들하고 남자들만 셋이 볼링게임을 했는데 내가 참패하고 말았다. 3년 전 이 자리에서 사위하고만 처음 붙었을 때는 분명히 내가 완승했었다. 작년에 2년 만에 붙었을 때는 내가 지긴 했어도 아슬아슬하게 졌었는데 올해는 완전 참패다. 아들이 나한테 20점이나 접어주고 했는데도 졌다.

이유는 세 가지 중 하나다.

첫째, 세월 탓이다.
둘째, 술 탓이다.
셋째, 각자의 마눌님이 챙겨준 결과다.

3년 전, 사위는 나이 먹은 장인에게 지고 씩씩댔던 기억이 분명한데, 오늘 사위와 아들에게 참패한 나는 이상하게 기분이 좋다. 내가 산 맥주 맛이 기막히게 달다.

## 효녀

둘째 딸에게서 카톡이 왔다.

"아빠 오늘 저녁 약속 있어?"

난 어제 지 엄마가 지방에 사는 언니 방문하러 가는 바람에 홀로 남은 아빠 끼니 걱정하는 줄 알았다.

반색을 하며, "아니 없는데?"
조금 있다가, "점심부터 굶고 있을까? ㅋㅋ"

그런데 그게 아니었다.

**딸** "오홍. 그럼 오후나 저녁때 애기 한 세 시간만 봐줌 안될깡? 코스코 다녀올까 해서."
**나** "(흑흑) 난 저녁때 밥 사준다는 줄 알았징. ㅠㅠ"

그래도 우리 둘째 딸 효녀다. 두 부부가 애기 데려가도 좋은데 아빠 심심할까봐 배려한 거다. 내가 애기를 얼마나 사랑하는지를 앎으로. 둘째, 언제든 애기 맡길 수 있을 정도로 아빠가 성심성의껏 보모 역할 잘한다고 믿어주는 거다. 셋째, 엎드려 절 받기이긴 하지만 코스코에서 고기 사 와서 저녁때 구워준단다.

## 서툰 농부

둘째 사위가 집에서 차 몰고 10~15분 거리에 5평짜리 밭을 빌려 주말 농사를 짓는다. 평생 농사라고는 지어본 적이 없고, 꼼지락거리는 걸 극도로 싫어하는 나도 주말마다 열심히 쫓아다닌다. 순전히 손녀딸과 조금이라도 같이 있고 싶어서다.

그런데 가만보니 사위는 생각이 좀 다른 듯하다. 취미 차원을 넘어서, 가능한 한 야채만이라도 식구들을 직접 걷어 먹여야겠다는 의욕이 충만하다. 적극적 생산 활동으로 간주하는 것이다.

이건 남자의 '원초적 본성'에 충실한 것이다. 한 달에 한 번 정도 회사 동호회 따라 바다에 나가서는 우럭이며 주꾸미 등을 잔뜩 잡아 오거나, 봄여름 내내 상추며 깻잎들을 따와 식구(장인 포함)들이 맛있게 먹는 것을 흐뭇하게 지켜보는 모습을 보면 그렇다.

최근 사위가 장기 외국 출장을 나가니 내 어깨가 훨씬 무거워졌다. 만일 나까지 없었다면 여자만 넷이 텃밭에 나갈 엄두도 못 냈을 것이다. 늘 사위가 하던 운전 외에도 오늘 내게 할당된 일은 잡초 제거와 모종 옮겨심기다. 하지만 뭐 하나 자신있게 할 수 있는 것이 없다.

잡초 제거한답시고 잘 자라는 채소 싹까지 캐낸 것은 아닌지 걱정이고, 모종 옮겨 심는 걸 마치 꽃모종 심듯 정성을 다하다 보니 허리와 허벅지가 끊어질 듯 아프다. 내가 자신있게 할 수 있는 건 먹는 것밖에 없다. 삼겹살에 야채 쌈인데, 채소도 역시 싱싱한 게 맛있다.

밭일 끝나자마자 비 오는 것이 큰 기쁨을 준다는 건 초보 농부라도 알겠다.

●●

## 진짜 농군의 품격

요 몇 달 새 주말의 새로운 즐거움이 손녀딸 데리고 텃밭에 가는 것이다. 지난 주, 지지난 주 토요일은 지인들 혼사에 참석해야 하는 바람에 연달아 빼먹었다. 오늘 모처럼 손녀딸 손잡고 텃밭에 가보니 이건 채소밭인지, 꽃밭인지, 풀밭인지 구분이 안 간다. 사위가 주말마다 와서 열심히 챙긴다고 했는데도 1주일 새 이 모양이다.

우선은 잡초를 헤쳐가며 상추며 깻잎이며 양배춧잎 등을 충분히 먹을 만큼 따 담은 후 본격적인 잡초 제거 작업에 들어갔다. 내가 모종삽으로 잡초들의 밑동을 쳐가며 왼손으로 뽑아올리는 시늉을 하자 사위가 "아버님 그렇게 하는 게 아니고요, 이렇게 하는 거예요" 하면서 호미로 땅을 박박 긁어가며 잡초의 뿌리까지 드러낸다. 그래야 잡초가 쉽게 다시 자라나지 않는다는 것이다.

그런데 마침 그때 우리 옆을 지나던 땅주인 영감이 사위 하는 모습을 물끄러미 바라보더니 "거~ 어디 그렇게 해서 잡초를 없앨 수 있겠소?" 혀를 끌끌 차더니 작은 쇠스랑 하나를 가져와 시범을 보인다. 쇠스랑의 위력은 가히 호미의 몇 갑절은 되는 것 같다. 그 정도는 파내야 잡초를 없앨 수 있다는 것이다.

오면서 사위에게 듣자하니 농사짓는 사람은 반바지 입어서도 안 되고 모종삽 들고 설쳐서는 더더욱 안 된다는 것이다. 모종삽은 꽃모종 심을 때나 필요하지 농사 용구가 아니란 것이다. 괜히 따라 다니기 시작했다는 후회가 든다.

## 초보 농군의 하위 파트너

농사 짓는 건 좋은데 문제는 사위가 나를 (하위)파트너로 간주하는 것 같다는 점이다. 부려먹어도 보통 부려먹는 게 아니다. 여름 무더위로 방치해 놓았던 밭을 2주 전 갈아엎을 때는 탈진 직전까지 갔다.

"오늘은 그만하세" 아무리 호소를 해도 "조금만 더 하면 됩니다, 오늘 안 하면 가을 농사 망칩니다"며 끝장을 냈다. 결국 호미질 하던 오른쪽 엄지손가락 안쪽이 훌렁 까지고 말았다. 허리와 허벅지가 아파서 한참 고생했다.

추석 때는 고향에 내려가서도 계속 카톡 문자를 보내 밭에 물 주라고 성화다. 견디다 못해 오늘 아침 아들과 함께 밭에 나갔다. 사위에게 보고했더니 제 처와 함께 칭찬이 한 가득이다.

대구 내려가기 전에 주고 간 용돈 값은 했다.

## 불금의 사위

둘째 사위가 불금을 제대로 즐겼나 보다. 어제 아침에 손녀들 안아주러 딸집에 갔더니, 딸이 묻지도 않았는데 "어제 술 먹고 안경 핸드폰 다 잃어 버렸대" 볼멘소리로 이른다. 젊었을 적(사실은 불과 몇 년 전까지도) 몇 번 동일 행각이 있었던 나는 딸에게 동조하기보다는 내가 더 민망스런 면이 있었다.

이렇게 술 잘 마시는 친구가 한사코 나하고는 안 마시려 한다. 어떤 이는 "아무리 장인이라지만 늙은이하고 마시면 술맛이 나겠느냐", 또 어떤 이는 "회사에서 술 마셔야 하기 때문에 집에서는 자제하는 것 아니겠느냐" 등 위로 같지도 않은 위로를 하지만 나는 언젠가 말했듯 이 친구가 장모 눈치 보느라 그런다는 걸 잘 안다.

처음 그런 걸 눈치챘을 때는 부아가 치밀었지만 어제 아침에는 은근히 기분이 좋아졌다. 이 친구 역시 늙어서 사위하고 술 마시는 즐거움은 누리지 못할 것이라는 예감이 들었기 때문이다. (아는 사람은 알겠지만 아들보다 사위를 최고의 술친구로 꼽는 이들이 많다)

그래도 나는 마눌님에게 지청구와 함께 해장국 한 그릇은 얻어먹었지만 이 친구는 제 처에게 콩나물국 한 사발도 못 얻어먹었을 것이다.

## 성질 가족

내 둘째 딸이 한 승질 한다. 잘 나가다가도 별일 아닌 것 갖고 느닷없이 버럭! 하는 것이다. 식구들이 다 피해를 보지만 누구보다도 사위가 가장 심하게 당할 수밖에 없다.

화산이 터지려면 일단 연기가 오르는 법이다. 딸의 낌새가 이상하다 싶으면 사위가 얼른 지 마누라한테 인사한다고 한다.

"아이고~ 아버님~ 오셨어요~"

처음에는 무슨 소린지 몰라 어리둥절했으나, 곧 사위가 1타2매로 나까지 싸잡아 공격한 것을 알았다. 괘씸한 사위다. 이 친구가 제 처와 한바탕 하고 난 뒤 가끔 장모에게 하소연을 한다는데 장인에게는 단 한 번도 그런 적이 없다. 아마도 장모하고 동병상련이라고 생각하는 모양인데 제 장모도 한 승질 하는 걸 모르고 있는 것이 분명하다.

얼마 전 이 성깔있는 따님이 법륜스님 동영상 <행복한 3분 73화—다혈질 아내 때문에 힘들어요>를 제 페북에 링크를 걸었다. 저는 착한데 아내가 다혈질이어서 힘들다는 한 남자의 하소연을 법륜스님이 풀어주는 내용이다. 그러면서 제 신랑 이름을 태그해놓고 "나랑 살아서 재밌지??" 제목도 붙였다.

우리 부녀는 댓글을 주고받으며 "질문하는 사람(얼굴이 모자이크 처리됨)이 아무래도 김 서방 같다"며 낄낄대는데 사위는 묵묵부답 아무런 반응이 없다.(우리 세 사람은 다 페친임) "부전자전이다"면서 기가 막혀 할 수도 있지만, 이를 애교로 받아들여 속으로 "어라? 우리 마누라가 꽤 귀엽네?" 할 수도 있다.

우리 사위는 성질을 내는 적이 거의 없고 배려, 너그러움 등에서 확실히 장인보다 낫다. 내 딸이 남편을 대함에 있어 지 엄마보다 낫다는 것은 두 말할 필요도 없다.

## 자애로운 아빠

아빠가 얼마나 딸을 사랑하면 외국 나가 있는 딸의 술까지 챙겨줄까.

KBS에서 PD로 활동하다가 정년 퇴임하고 고향 순천 낙안읍성에 내려간 후배가 빚은 '납월홍매'라는 전통주 두어 병을 서울에 역출장왔다 돌아간 사위 편에 보냈다.

딸한테 술 보낸다니까 마눌님까지 덩달아 신이 났다.

화목한 집안이다.

## 술 익는 집안

독일서 살고 있는 둘째딸이 자기가 손수 막걸리 담았다고 자랑이다. 진짜 술꾼이다.

얼마 전 내가 서울에 출장 온 사위 편에 '납월홍매' 두 병을 보냈는데 그 맛에 홀딱 반한 모양이다. "아빠~ 이 술 어떻게 만드는 거야?" 묻길래 내가 들은 대로 "좋은 쌀, 물, 누룩, 딱 세 가지 재료로 담그는 거란다" 알려줬더니 어디서 누룩을 구해 결행에 옮긴 것이다.(쌀이야 서울에서 공수해 간 좋은 쌀이 있을 테고 독일 물도 마실 만하겠지)

문득 아주 옛날 쌀이 귀했던 시절, 술 좋아하시던 아버지를 위해 어머니가 항아리에 쌀 등 재료를 담아 아랫목에 이불을 덮어두고 술을 익히던 기억이 난다. 그때는 집에서 술 담그는 것이 적발되면 아주 혹독한 벌금을 내던 시절이었다. 그래서 밀가루로 만든 막걸리를 사서 마셔야 했는데 아마도 맛이 형편없었을 것이고 술꾼 아버지를 사랑하는 어머니가 가끔 모험을 감행하셨던 걸 거다.

딸이 남편이 아니라 저를 위해서 술 담그는 거지만 술맛을 아는 거나, 술 담그는 정성을 보면 격세유전이 분명하다. 딸이 보내준 동영상을 보면 술 익는 소리가 난다는데, 내 귀에는 딸이 입맛 다시는 소리가 더 크게 들리는 듯하다.

마침 아들 내외가 방문한다 해서 얼른 '납월홍매' 두 병을 구해 왔다. 비까지 부슬부슬 내리니 부침개 부쳐놓고 막걸리 마시기 딱 좋은 날이다.

서울과 독일에서 아빠, 딸, 아들, 며느리가 함께 달린다.

좋은 주말이다.

## 미션 임파서블

외국 지사에서 근무하는 사위가 서울에 짧은 역출장 왔다가 돌아가기 전날, 처가댁에서 저녁을 실컷 먹었다. 서울에서 구매해 처가댁에 맡겨놓았던 옷가지며 냉동식품 등을 큰 트렁크에 간신히 우겨넣고 호텔로 돌아갔는데, 그만 중요한 것 하나를 빼놓고 갔다. 어제 출장 마지막 날 무슨 치료(프라이버시)를 받고 며칠 먹어야 할 처방약을 소파 위에 놓아둔 채 그냥 간 것이다.

"여보, 김 서방한테서 카톡이 왔네?"
"그래? (가족) 카톡방엔 안 왔는데, 뭐래?"
"응, 약을 놓고 갔는데 좀 가져다 달라네. 이건가 보네."
"그러게. 근데 왜 지가 와서 안 가져가고…."

말은 그렇게 했어도 사위 마음을 짐작 못할 바 아니다. 다른 거였으면 몰라도 며칠 먹어야 할 꼭 필요한 약인데, 요란하게 허그까지 하며 이별식을 한 마당에 다시 처갓집 와서 덜렁 약만 들고 가기가 멋쩍었던 게다. 출국 전날인데 챙겨야 할 일들은 또 얼마나 많을까. 그래도 장인한테 갖다달라기에는 좀 어렵고 이물없는 장모에게 슬그머니 부탁한 거다.

그건 사위 생각이고, 자기한테 온 카톡을 눈 똑바로 뜨고 나한테 보여주는 마눌님 심사는 또 뭔가. 오랜 세월 단련된 눈치로 금방 상황을 눈치 챈 나는 "알았소. 내일 아침 내 나가는 길에 갖다 준다고 하시요" 할

따름이다.

오늘 아침 버스 타고 30분 걸려 엄청난 미션을 수행했다. 미안하기 짝이 없는 사위는 안절부절이지만 장인으로서는 의외로 성취감이 크다. 악수하고 돌아서는데 어떤 큰일을 해냈을 때보다도 더 큰 보람이 가슴을 가득 채운다.

동양예법이 대순가. 우리 집에서는 아들 딸 사위 며느리, 특히 손자들 앞에서 할바지는 언제나 준비된 톰 크루즈가 돼야 한다는 마눌님 예법이 최우선이다. 마눌님 예법을 따라서 손해나는 일은 거의 없다.

악마들과 행복 만들기

## 세습의 조건

### 번지수

지방서 직장생활 하기 때문에 매주, 혹은 격주로 주말에만 집에 오는 아들 녀석이 오늘도 새벽 1시나 되어 귀가했다.

친구들, 혹은 여자친구와 이른바 불금을 즐기고 온 거겠지….

그런데 심상치 않다. 마침 악몽에 시달리다 깨어 있던 내가 방 안에서 가만히 들어보니 이 친구 영 대문 비밀번호를 기억해내지 못하는 거 같다. 대여섯 번을 누르고 다시 누르고 한다. 아마도 자고 있을 부모님 배려한답시고 초인종을 누르거나 노크를 하지 않고 초인적으로 애를 쓰고 있는 거다.

문득 어머니가 생각났다. 돌아가시기 2~3년 전 어느 날, 내가 낮술을 좀 하고 돌아왔는데, 막 차에서 내려 아파트 우리 동 현관문 앞에 서니, 갑자기 비밀번호가 까맣게 생각나지 않는 거다.(맹세코 전무후무한 일이다) 많이 마시지 않았는데도 그랬다. 그 모습을 마침 외출했다 돌아온 어머니가 목격하신 거다.

아마 뒤에서 물끄러미 내 꼴을 지켜보신 것 같은데, 그날 우리 어머니 많이 우셨다. 결국 자식 걱정 충분히 못 풀고 돌아가신 셈인데, 오늘 새벽, 그날 우리 어머니 마음을 조금은 이해할 것 같다.

## 불효자

주말마다는 아니어도 2, 3주에 한 번씩은 집에 오던 아들녀석이 벌써 두 달째 코빼기도 안 비친다. 지방에서 회사 다닌다고는 하지만 엎드리면 코 닿을 거리인데도 그렇다. 지 애미에게는 가끔 전화라도 하는 눈치인데 내겐 문자메시지 하나 없다. 괘씸한 놈,이라고 하려다가 내가 아버지께 했던 짓이 생각나 얼른 주워 담았다. 대개 딸은 효녀가 많은데 아들은 대부분 불효자다. 지금은 안 그렇지만 예전엔 딸 안 낳고 이런 아들놈 낳으려고 환장들 했었다.

마눌님이 "그렇게 보고 싶으면 전화라도 하지 그러우" 한다.

싫다. 자존심 상해서.
사실 전화 해봤자 딱히 할 말도 없다.
우리 아버지도 그러셨을 거다.

## 미운 자식

손자들이 자식들보다 훨씬 이쁘다고 했다가 마눌님한테 한 말씀 들었다. 아무리 손자가 이뻐도 2촌이고 자식은 1촌인데 어떻게 손자가 더 이쁠 수 있냐는 것이다. 아무래도 자기 배 앓고 낳은 자식이라서 생각이 다른가 보다.

그래도 아들이 이쁘다는 건 절대 동의할 수 없다. 이 자식, 3주째 코빼기도 안 비친다. 전화 한 통 없다.

## 그러면 그렇지

페북이 세긴 센가 보다. 어제 아침 막내아들이 3주째 코빼기도 안 비치고 전화 한 통 없다고 '미운 자식'이라고 투덜댔더니, 아들이 저녁 무렵 댓글을 달았다. 중국에 출장 다녀오는 등 바빠서 그랬다며 사과의 표시로 중국에서 사 온 백주 한 병 진상하겠다는 거다. 그리고 한밤중에 정말 술을 갖고 왔다. 처음 보는 술이지만 도수가 50도인 것을 보니 좋은 술임에 틀림없다.

아무렴! 손자들이 더 예뻐서 그렇지, 자식이 미울 리가 있나.

# 미친 남자

8년 가까이 미국에서 살다가 귀국해 지금은 지방에서 사는 큰딸 내외가 4명의 새끼들을 이끌고 서울에 왔다. 휴일만 되면 두 딸과 함께 자기들끼리 재미있는 프로그램을 만드는 데 몰두하곤 하는 작은딸 내외가 이번에는 웬일로 부모들과 어울리는 시간을 대폭 할애한다. 막내아들이 누이들에게 자기 색싯감을 소개한다며 집에 데리고 왔다.

이리하여 올해(2016년) 어린이날~어버이날 연휴는 우리 집 역대 최대 성황을 이루었다. 3대가 모이니 장관이다. 큰아이들 데리고 영화보기, 어린이 축제 참가하기, 이리 튀고 저리 튀는 놈들 눈 안 떼고 감시하기, 점심 햄버거 사 먹이기, 둘째 손녀 텃밭 데려가기 등 모두 내 몫이다. 몸이 고단해도 대단히 유쾌하고 즐겁고 보람있는 연휴 기간이었다.

얼마 전 둘째 딸이, "자녀들이란 장가간 아들은 큰 도둑, 시집간 딸은 이쁜 도둑, 며느리는 좀도둑, 손자들은 떼강도", 그리고 '미친 여자 3인방'으로 "며느리를 딸로 착각하는 여자, 사위를 아들로 착각하는 여자, 며느리 남편을 아직도 내 아들로 착각하는 여자"라는 메모를 가족 카톡방에 올린 적이 있다. 우리 마눌님은 어떨지 모르겠는데, 내 경우는 좀 '미친 남자'가 될 가능성이 크다고 본다.

## 장가가는 아들에게 보내는 편지

아빠는 77년 12월 (주)문화방송·경향신문에 입사해 2년 번 돈으로 방 한 칸 얻어 79년 11월 결혼했다. 할아버지는 오래 전에 돌아가셨고, 그 때까지도 시장에서 채소장사하던 할머니는 금호동 단칸방에서 두 딸(고모)과 함께 살았다. 돈 벌어 좀 더 큰 집으로 이사 가면 모시겠다고 했다.

남들보다 조금 더 가난했지만 부끄럽지는 않았다. 뻔뻔하게도(?) 대여섯 평 좁은 신혼방에 회사 동료 10여 명을 불러 모아 두 줄로 앉혀놓고 집들이 하면서도 내 스스로 대견하다 생각했을 정도다.(그때 손님이 SBS 전 사장 우원길, 현 EBS 사장 우종범, <모래시계> PD 고 김종학 등이다) 그때는 야망의 세월이었다.

세월이 흘러 두 딸들을 시집보냈고, 오늘 막내아들 네가 장가를 갔다. 이제 자식 혼사는 손을 턴 것이다. 섭섭함보다는 기쁘고 후련한 마음이 크지만, 뭔가 회한이 밀려들기도 하는 복잡한 심경이다.

누이들도 그랬지만 너에게도 돈 한 푼 보태주지 못했다. 너희 셋 다 각자 번 돈으로 좋은 배필 만나 결혼하는 것이다. 너희들이 30 몇 년 전의 나와 비교하면 (부모가 그럭저럭 산다는 점에서) 오히려 형편이 나은데도 내 마음은 좀 미안하고 불편하다. 내가 아이들 키우며 살았던 시절은 야망의 시절이었으되 지금은 어느새 상속의 시대가 돼 버렸다는 것을 어렴풋이 알기 때문이다. 나 젊었을 때는 극소수 은수저

와 대부분 '은수저 아닌 사람들'만 있었지, 지금처럼 금수저에 흙수저까지 따로 있지는 않았다.

꼭 그렇지 않아도 돈 좀 벌어서, 모아서, 자식들에게 물려주고 싶은 것은 어쩌면 가장 자연스런 인간의 감정일 터다. 이명박이 같은 자들은 너무나 그 사실을 잘 알아서, 야망의 시절을 살면서 벌써 상속의 시대를 예비했지만(혹은 상속의 시대를 만들었지만) 나는 전혀 그렇지 못했다.

그래도 너희들이 대학 나오고, 정규직으로 취직하고, 결혼까지 제 나이에 하는 걸 보니 흙수저를 물려준 것은 아닌 것 같아 그나마 위로가 된다.(자식 둔 부모로서는 위로가 되지만, 기성세대로서 일반 청년들에게는 미안하기 짝이 없다) 굳이 말하자면 구리수저 정도이지, 부모(특히 아빠)가 특별히 잘해준 것은 정말 없다. 그래도 싹수가 있는 놈(들)이라면 부모(특히 엄마)에게 고마움을 느껴야 마땅하다.

고마움을 느낀다면, 앞으로 살아가는 데 있어 이것 하나만 명심해주면 좋겠다. 구태여 배곯으며 살 필요는 없지만, 저 배불리겠다고 나쁜 짓 하거나 남의 눈물 흘리게는 말라는 것, 굳이 빳빳하게 살 필요는 없어도 자식들 핑계대며 비굴하게 살지는 말라는 것. 그거, 절대 어려운 것 아니다. 최소한의 염치(廉恥)만 알면 된다.

지난 주 한겨레를 보니 영광 정씨 같은 명문 집안에서는 '물위역사죄인(勿爲歷史罪人, 역사의 죄인이 되지 말라)'이라는 큰 가르침이 내려온다는데, 바로 그런 뜻과 통하는 것이겠다. 워낙 한천한 우리 집 깜냥에 그런 큰 가르침이 가당키나 하겠냐마는, 이를테면 좀 싼 티가 나긴 하지만, '우리가 돈이 없지 가오가 없냐' 정도라고 보면 된다.

신혼여행 잘 다녀오라. 나는 옷 갈아입고 바로 대학로에 나갈란다.

(2016. 10. 1.)

## 보급품

장가간 막내아들이 다운파커 한 벌을 택배로 보내왔다. 사실은 나도 다운파커 한 벌이 있긴 있다. 20여 년 전에 구입한 것인데 너무 낡은 바람에 차마 버리지는 못하고 옷장 한구석에 처박아놓은 것이다. 후드도 어디론가 사라지고 없다. 오늘까지 엄청 춥다고 해서 그것이나마 입고 나갈까 했는데 아주 잘됐다.

페친인 아들이 내가 매주 토요일 촛불집회에 나가는 것도 잘 알고, 또 내 옷 사정도 잘 알고 있을 터이다. 그러므로 이 파커 선물은 추위에 떨면서, 혹은 남루한 차림으로 촛불을 들고 있을 애비를 걱정하는 효심의 발로이겠다. 그것이 아니고 더욱 열심히 촛불을 들라는 고무 격려의 뜻이라면, 나름 애비를 통해서라도 민주주의를 지키려는 민주시민의 의무감일 수도 있겠다.

날이 의외로 따뜻한 바람에 지하철 안에서 땀이 막 난다. 그래도 추운 것보단 훨씬 낫다. 싸움이 오래갈 것 같다. 뭐니 뭐니 해도 전쟁에는 보급이 제일 중요하다.

## 꿀팁

2주마다 집에 오는 아들이 제 처가 식탁 차리는 걸 도와주다가 독거노인이 겪고 있는 참상을 목격했다. 마눌님 딸 따라 독일로 떠난 이래 한 달 보름간 한 번도 쓰지 않고 매달아두기만 했던 행주 수건 안쪽에 날파리 알이 잔뜩 슬아 있는 것을 발견한 것이다. 아들은 약간의 지청구와 함께 여름철을 청결하게 나는 비결을 몇 개 전수했다.

첫째, 여름철 음식은 절대로 한꺼번에 많이 해서는 안 된다. 한두 끼, 많아야 하루 내에 먹을 만큼만 만들어야 한다.(나는 집에서 아침밥만 김치와 멸치볶음하고 먹기 때문에 이 팁은 별로 감동을 못 줬다)

둘째, 그래도 먹고 남은 음식물 쓰레기는 비닐봉지에 넣어 냉동고에 모아놓았다가 한꺼번에 버린다.(어떻게 음식 찌꺼기를 음식물 넣는 냉동고에 넣을 수 있느냐는 항변에 "먹을 것이냐, 먹은 것이냐의 차이일 뿐 음식물 자체에 아무 차이가 없다"는 거의 철학적 수준의 답변이 돌아왔다. 감동이다)

셋째, 창문을 다 열어놓고 사는 여름철에는 외부에서 (미세)먼지가 말도 못하게 날아와 쌓인다. 하루에 한 번은 몰라도 3~4일에 한 번은 물걸레질을 해줘야 한다.(독거한 지 한 달 만에 평생 처음 집에서 물걸레질을 했다고 으쓱했던 내가 부끄러웠다)

아들은 대학 이래 만 6년 반을 일본에서 혼자 살았다. 독거의 노하우가 보통이 아니다. 저번에 왔을 때는 쓰레기통이 온통 날파리 알로 뒤덮인 걸 발견하고 싹 치워주고 갔었다. 이젠 마음속으로 존경의 염을 담아 아드님이라고 불러야겠다.

## 아빠에게 건 전화

어젯밤, 후배들과 어울려 한참 신나고 있는데 아들에게서 전화가 왔다. 내 기억하는 한, 이 자식에게서 전화 받은 게 몇 년 동안 처음 아닌가 싶다. 전화기로 건네지는 분위기를 보자 하니 이 자식도 한참 친구들과 어울리는 모양이다.

내가 퉁명스럽게 "왜 전화했냐"고 물었더니, 혀 꼬부라진 소리로 "그냥~, 아빠 목소리 듣고 싶어서…"라며 "강기석~ 강기석~ 내가 강기석 아들이란 말이지~" 어쩌고 술주정 비슷하게 하며 헤헤거린다.

"듣기 싫어, 임마!"

전화를 끊고 나니 가슴에 뭔가 뭉클한 게 느껴진다. 갑자기 나도 아버지에게 전화하고 싶은데, 난 40여 년 동안 아버지가 없다.

# 불효자는 웁니다

어떤 가난한 농부가 늙고 병든 아비를 산에 버리고 왔더니 어린 아들이 마당에서 지게를 만들고 있었다.

"너 뭐하고 있는 거냐?"고 물었더니 "나도 나중에 아빠 산에 버리려면 지게가 필요할 것 같아서요"라더란다. 크게 느낀 바 있는 농부가 다시 산에 올라 가 아비를 모셔왔다는 이야기다.

그런 옛날이야기가 있다는 것이고 현실은 그렇지 않은 것 같다. 대체로 효자 자식에 불효자 없고, 불효자 자식에 효자 없는 현상이 크게 두드러지고 있는 가운데, 효자라는 존재 자체가 급격히 사라지고 있는 것이다.

우리 집만 봐도 그렇다. 아들 내외가 한 달 가까이 코빼기도 안 비치더니 조만간 지들끼리 외국여행 간다는 소리를 풍문으로 들었다. 누이들이 외국에 나갔거나 먼 지방에 있는 고로 가까이 있는 지들이 더 부모를 챙겨야 하는 데도 이 모양이다.

누굴 탓하랴! 모두가 내가 불효자였던 탓이다.(내가 아무리 불효자였다 하더라도 난 젊었을 적 어디 멀리 가게 되면 반드시 어른들께 미리 알렸고, 갔다 오면 큰절을 올렸었다)

며느리도 마찬가지다. 대를 이은 효자-효자, 불효자-불효자 공식(나는 돌연변이다)을 대입하면, 우리 며느리의 시어머니도 결코 효부가 아니었기 때문에 이 모든 것이 자업자득이라고 할 수 있다. 혹시 며느리는 '아직도 정정하고 멋진 시아버지가 시어머니 잘 챙겨주실 거라'고 믿고 그러는지도 모른다. 마찬가지로 아들도 '아버지는 엄마가 잘 챙겨주시잖아. 옛말에도 열 효자가 악처 하나만도 못하다잖아'란 생각일 터다.

아마도 지네 부부가 그럴지는 모르겠다. 그러니 요즘 세태는 위에서 아래로 배우는 것이 아니라 지들 편한 데로 갖다 붙인다.

오늘 무슨 바람이 불었는지(아마도 성탄절?) 정확히 한 달 만에 아들 내외가 방문해 주신다고 한다. 섭섭하기 보다는 기쁘고 들뜬 마음에 한 번 투덜거려 본 것이다.

## 부자지간

직장 농구팀에서 센터로 활약하는 아들 녀석이 얼마 전 가족 카톡방에 짤막한 동영상을 올렸다. 종로 YMCA에서 가진 경기에 대패하고 근처 피맛길 한 식당에 밥 먹으러 갔는데 아저씨 아줌마들이 대낮부터 무대에 올라 노래 부르고 난리치는 것이 너무 웃긴다는 것이다.

그런데 가만 보니 식당 분위기가 눈에 익은 거라, 곰곰 생각해보니 근 1년 전 후배가 함경도식 가자미식해며 순대 사준다고 데리고 간 바로 그 식당이다. 북한 출신 새터민들이 협동조합식으로 운영하는 식당이라고 하는데 인테리어가 너무 북한풍인 데다 무대에 노래방 시설까지 갖추고 있어 신기해 했던 기억이 생생하다.(결국 나도 노래 한 곡 뽑았지) 그 후 한번 또 가야지 가야지 하면서도 결국 못 가봤는데 아들이 어떻게 알고 그 식당에 가서 (아빠처럼) 흥이 많은 아저씨 아줌마들이 노는 걸 목격한 것이다.

더욱 놀라운 것은 아들이 내가 앉았던 의자에 앉아 있다는 사실이다. 옛날 그 식당에서 내가 찍은 사진들을 본 식구들이 "거참 신기하다"고 입을 모으는데 사실 나로서는 별 신기한 일도 아니겠다. 부자지간(그 아비에 그 아들) 아닌가!

## 가정교육의 비결

다른 집 아이들은 땡깡 부리고 싶으면 "나 밥 안 먹어!" 그러는 모양인데, 우리 집에서는 결코 그런 일이 없었다. 두 딸이야 워낙 착해서 땡깡을 시도조차 안 했는데, 막내아들은 땡깡을 놓으면서도 "너 그러면 밥 안 준다!"는 지 엄마의 공갈을 극도로 두려워했다.

엄마는 밥 안 주는 전 단계로 흠씬 두들겨 패기도 했는데, 나는 오늘날 우리 아들이 번듯하게 잘 자란 것은 결코 단식투정을 용납지 않는 지 엄마의 그런 엄한 가정교육 덕분이었다고 굳게 믿고 있다.

별 것 아닌 일로 단식투쟁하는 정치인들은 대개 가정교육을 잘못 받은 것이다.

## 세습

부모가 자식에게 직업을 물려주는 것은

첫째, 자식이 자신의 재능을 물려받았기 때문(그만큼 그 직업에서 성공할 가능성이 크다)
둘째, 자신이 쌓아놓은 명성과 인맥 등 무형의 재산을 물려주려고
셋째, 해보니 이 직업이야말로 가장 고귀하고 보람있는 일로, 대물림은 생물학적 · 사회적 이유 이상의 철학적 · 영적인 의미가 있기 때문이다.

나는 대형 교회 목사님들이 사회적 지탄을 무릅쓰고 자신의 직업과 지위를 자식에게 물려주려는 것은 결단코 세 번째 이유일 것이라고 믿는다. 신부나 중이 그러하지 못하는 것은 (각각 업체 소유구조와 영업 방법이 다른 이유도 있지만) 그보다는 물려줄 자식이 없(어야 하)기 때문이다.

내 경우 자식 3남매 중 기자직을 택한 아이가 하나도 없는데, 아쉽기는커녕 참 다행이라고 생각한다. 위 세 가지 이유 중 하나도 해당되는 것이 없음을 일찌감치 깨달았기 때문이다.

# 제 4 부

# 세월은 간다

# 덧없는 세월

## 겨울의 나무

본격적인 겨울의 초입에, 아파트 단지 나무들이 잎사귀 다 떨구고 잿빛 우울한 하늘을 배경으로 묵묵히 서 있다. 좋은 카메라와 사진 찍는 실력이 있다면 한번 예술사진에 도전하고 싶을 정도로 가슴에 와닿는 정경이다. 이 겨울에 새삼스럽게 잎을 달고 열매 맺고 싶은 욕심이 생긴다면, 아마 이 나무들은 죽고 말 것이다. 계절뿐 아니라 인생이나 시대가 다 마찬가지일 게다. 이 불운한 시대, 나 역시 잎사귀 다 떨구고 묵묵히 살아가야겠다는 생각을 다시 해본다. 아직 60도 넘지 않은 나이가 억울하기는 하다.

(2013. 12. 5.)

## 회갑 여행

"아빠! 어디 근사한 데 가서 식구들끼리 식사라도 해야 하는 거 아냐?"

얼마 전까지만 해도 둘째 딸이 그럴 때마다 손을 훼훼 내둘렀다. 요즘 세상이 워낙 젊어진데다 나 자신 60이란 나이에 별 큰 의미를 주고 싶지 않았기 때문이다. 그런데 막상 날이 다가오니 왠지 그냥 보내기가 아쉬워지는 거다. 비록 동방삭이에 견주어보면 고작 그의 3,000분의 1밖에 살지 않은 거지만 60년, 한 갑자를 살아온 것이 어디 그냥 아무렇지도 않게 넘길 일인가? 그런 생각이 슬그머니 들었다.

그래서 꾸며낸 것이 손녀딸과의 회갑 여행이었다. 맞벌이 딸 부부 대신 할머니가 돌봐줘야 하는 입장이기도 했지만 내가 워낙 이놈을 사랑해서 언젠간 꼭 한번 여행을 같이 가고 싶었다. 어디로 갈까 궁리하다가 전라북도 부안 변산반도를 택했다. 내가 기자질을 하면서 평생 빨빨거리고 안 돌아다녀 본 곳이 거의 없는데 희한하게도 이 명승지만은 가본 적이 없었던 거다.

일단 부안을 가기로 결정하고 보니 너무 잘한 선택이다. 가는 길에 내 고향 충남 서천 들러서 아버님께 인사드리고("아버지! 저 환갑이네요. 증손녀하고 인사드립니다. 아버지! 아버지가 늘 곁에서 보살펴주신 덕분에 남부럽게는 못 살았어도, 남부끄럽지는 않게 살았습니다."), 내가 서울 올라오기 전 초등 1년까지 다녔던 군산에 들러서 게장정식 먹고, 그 유명한 변산반도 채석강 해넘이를 했다.

2일째는 어시장에서 사 온 싱싱한 백합으로 죽을 끓여 아침식사를 하고 천년고찰 내소사를 구경했다. 저녁엔 격포항 군산식당에서 '충무공 정식'을 먹었는데 꽃게탕, 굴비, 갑오징어무침, 바지락죽까지 한상 가득하다.

다음 날 고창 선운사에 들러 복분자에 장어구이를 먹고 서울 올라오는 길에 예산에 들러 수덕사 말사 보덕사에 들렀다. 비구니들이 도를 닦는 이곳은 나와 아주 각별한 인연이 있는 곳이다. 정확히 40년 전 대학 1년 때까지 정신 못 차리고 방황하던 내가 휴학하고 짐 싸들고 들어와 1년을 꼬박 거처하며 새사람이 된 곳이다. 그 후 복학하고서도 매년 방학 때면 이곳에 와 두세 달씩 머물며 공부했던 곳이다. 내가 거처하던 방 앞 툇마루에 손녀딸과 앉아 사진을 찍으니 참으로 감개무량했다.

그러고 보니 내 인생은 서해안도로 인생인 셈이다. 서천에서 태어나 군산에서 자라고 청년 때는 예산에서 공부했으니까 말이다. 60년 만에 다시 한 바퀴 돌았다. 3세와 함께.

인근 남연군 묘소에도 들렀다. 대원군이 이곳에 자기 아버지 묘를 이장하기 위해 '대덕사'라는 절을 불태우고 탑 있던 자리에 남연군을 묻었다는데, 나중에 고종이 왕위에 오른 후 대원군이 미안해서 그 근처에 절을 지어준 것이 '보덕사'라는 사실을 이번 여행길에 처음 알았다.

(2014. 2. 22.)

## 계노록(戒老錄)

"(단원고 2학년 김동협) 학생이 하고 싶었던 많은 일을 생각하니, 오래 살아 하고 싶은 일 다 하고 노년을 잘 지낼 생각이나 하고 있었던 나 자신이 추악하게 느껴졌다."

그저께 한겨레에 실린 김선주 선배의 칼럼 한 구절이다. 아마 김 선배는 칠십이 채 안 됐을 것이다. 반면 어제는 팔십 가까운 늙은이들이 주일대사, 동계올림픽 조직위원장에 임명될 것이라는 뉴스를 들었다. 좀 그렇다. 마음이 심란하다. 늙은이들을 주변에 포진시켜 놓아야 마음이 편안해지는 대통령도 문제지만, 자리만 주면 덥석덥석 받아먹는 늙은이들 자체가 더 문제다.

일본의 멋진 여성작가 소노 아야코(曾野綾子)는 <나는 이렇게 나이 들고 싶다(戒老錄)>라는 책에서 "평균수명에 오르면 공직에 오르지 않는다. 평균적으로 70세 이상이면 솔직히 언제 죽을지 모른다. 이념이 아무리 높고 깨끗하다고 해도 정치처럼 책임이 큰일은 나서지 않는 게 본인이나 다른 사람을 위하는 길이다. 자신만 모르는 치매기가 있을 런지 곰곰이 생각해보기 바란다. 50이 넘으면 젊은 나이가 아니므로 항상 젊은이들에게 양보하는 자세가 필요하다"라고 썼다.

아야코 여사의 연세는 여든 셋인가 넷인가 된다고 한다. 주일대사 내정자 등이 한겨레를 구독할 리 없지만 소노 아야코 여사의 책도 읽어보지 않았음이 분명하다.

겉으론 화려해도 속으론 추한 인생이다.
염치없는 인생이고 경멸을 받을 만한 인생들이다.

## 잘난 척

이순(耳順)이 되니 좋은 게 하나 있다. 젊었을 때는 이념의 잣대를 들고 설쳐야만 되는 줄 알았는데, 이젠 오로지 상식과 양심으로 세상일을 판단해도 크게 어긋남이 없는 듯하다. 마치 법관이 법과 양심으로만 재판에 임하는 것과 같다. 이젠 종심(從心)의 경지는 과연 어떤 것인가, 기대하게 될 정도다.

그런데 많은 이들이 나이 먹어가면서 오히려 양심이 무뎌져서 상식을 잊고 사는 것 같다. 잘난 척하지만 말고 크게 경계해야 할 일이다.

## 아버지의 걱정

내가 봐도 부러운 탄탄한 몸매의 내가
수영장에서 멋진 포즈로
물 속으로 다이빙해 뛰어들더니
건너편까지 잠영으로 유유히 헤엄쳐 간다.
여전히 멋진 수영 솜씨이고 숨도 하나 안 찬다.

물 속에서 누군가 부르는 듯한 느낌이 있어
물 밖으로 솟구쳐 나와 돌아보니
내가 뛰어든 곳에서 아버지가 손짓을 하며 날 부르고 있다.
한복을 입고 계신다.

이번에는 평영으로 다시 출발점으로 돌아오니
아버지가 느닷없이
"너 요즘 용돈 궁하지? 신문(?)도 사 봐야 하고…" 하신다.
그리곤 용돈도 받기 전에 꿈에서 깼다.

꿈속 느낌으로는 한 십만 원 주실 것 같았다.
그런데도 든든하기 짝이 없었다.
깨고 나서도 뿌듯한 느낌이 진하게 남아 있다.

아버지 돌아가신 지 거의 40년이다.
오랜만에 꿈속에서 뵌 모습이 현실의 나보다 젊은 듯하다.

4년 전 돌아가신 어머니는 가끔 생각이 나도
아버지는 별로 생각나지 않았는데,
아버지는 여전히 늙은 자식 걱정이 많으신가 보다.

좀 더 자야 하는데 영 잠이 안 온다.

## 정신 상태

하도 뺀돌거리며 건강검진을 안 받으려 하니까, 마눌님이 작심하고 예약까지 해놓고 나를 병원으로 끌고 왔다.

"아니, 나라에서 공짜로 해준다는 데 왜 안 받으려 해요?"

본격적인 검진 전에 문진이란 걸 하는데 한참 답변을 달아가다 보니 "48년생(만 66세)만 답변하시오" 하면서 이런 대목이 나온다. 나는 물론 아직 해당이 안 되기 때문에 그냥 넘어가려다가 슬쩍 엿보았는데 3-1에서부터 3-3까지의 질문이 턱 하니 걸린다.

3-1. 요즘 들어 활동량이나 의욕이 많이 떨어지셨습니까.
3-2. 지금의 내 자신이 아무 쓸모없는 사람이라고 느끼십니까.
3-3. 지금 자신의 처지가 아무런 희망도 없다고 느끼십니까.

글쎄, 딱 나한테 하는 질문 같은데 자격이 없어 답변하지 못했다.
그러면서 드는 생각.

66세가 이른바 '생애전환기'라서 이런 질문을 던지는가 본데 그렇다면, 대한민국 99%의 사람들(큰 자산이라 할 게 별로 없는 사람들), 그보다 좀 범위를 좁히면 80%의 사람들(별 자산도 없고 근로소득도 별로 않은 사람들), 더 범위를 좁히면 비정규직 사람들(적어도 600만 명), 아주 최대한 더 좁혀서 일하고 싶은데 일자리를 못 찾는 사람들 중에서 이들 문제에 대해서 '아니요!'라고 우렁찬 소리로 답할 수 있는 사람이 과연 몇이나 있을까?

내 생각엔 이 문제들은 생애전환기 나이에만 물을 질문이 아니라는 생각이 들었다.

## 대물림

아버지가 쉰넷에 날 낳으셔서 내 매형이 나보다 스물세살이나 많으시다. 군인이었던 매형은 장인, 그러니까 내 아버님을 무척 존경하고 어려워하셨다. 매형은 젊었을 때 좀 거칠고 툭하면 싸움질이던 나를 앞에 두고 "아버님은 너그럽고 인자하셨는데 넌 왜 그 모양이냐"는 투로 타이르곤 하셨다. 하지만 내가 보기에 매형도 보통 성질이 아니셨다.

한번은(사실은 여러 번) 이런 얘기를 들려주셨다. 매형이 대위일 때, 그러니까 아직 서른이 채 안 됐을 때 아버님이 장교 복장하고 어디 좀 같이 가자고 하시더라는 것이다. 일단 따라 나서면서 여쭤보니 집안 먼 친척에게 돈을 좀 빌려주었는데 도무지 갚지를 않는 데다 연락마저 두절됐다는 것이다. 이리저리 이사 간 집을 알아냈는데 아버님 혼자 가서 채근하면 무슨 봉변을 당할지도 모르겠으니 자네가 좀 지켜봐 줘야겠네 하시더라는 것이다.(아마도 장교 복장의 매형을 동행해서 위세를 떨치면 좀 쉽게 돈을 받아낼 수 있을 거라는 생각도 있으셨을 거라고 부언하셨다)

해서 매형은 "이놈 잡히기만 해봐라. 단단히 혼을 내주겠다(그래서 사위의 본분을 다하겠다)"고 벼르면서 그 친척집을 찾아갔더란다. 꼬방동네에 도망가 살던 친척이 아버님을 보고, 또 아버님 옆에 버티고 있는 매형을 보더니 모든 걸 포기한 표정으로 방 아랫목으로 모시더란다. 자기는 윗목에 등 돌리고 앉아 한숨만 내쉬는데, 아버님 역시 줄 담배를 피우시면서 암 말없이 역시 한숨만 내쉬시더라는 것이다.

일부러 호랑이 눈을 치켜뜨고 앉아 아버님 분부만 떨어지면 한바탕 패대기칠 만반의 태세를 갖추고 있던 매형이 지쳐갈 무렵 이윽고 아버님이 부수수 자리에서 일어나시더니, "이보게, 내가 아주 죽게 생겼네" 한마디 하시면서 두루마기 속 호주머니에서 주섬주섬 몇 백환 꺼내 방바닥에 놓으면서 매형더러 "이제 그만 가보세" 하시더란다.

내가 꽤 오래전에 빌려준 몇 푼의 돈을 돌려받을 요량으로 며칠 전 친구를 만났다. 내가 오랜만에 만나자고 했으면 무슨 용건인 줄 눈치챘을 테고, 돈 갚을 형편이 되면 날 만나자마자 돈부터 갚았을 텐데 커피 한잔 마시면서 이런저런 얘기를 한참 해도 돈 갚는다는 얘기가 없다.

결국 돈 얘기는 입 밖에 꺼내지도 못하고, 내가 먼저 술이나 한잔 하자고 친구 소매를 잡아끌었다. 술값을 내면서 재산이나 체질뿐 아니라 기질도 대물림한다는 것을 절감했다.

## 임아 그 강을 건너지 마오

둘째 딸이 표까지 예매해 줄 정도로 강추하는 바람에 등 떠밀려 전혀 비자발적으로 영화를 보고 막 들어왔다. 나는 결혼생활 10년이 넘으면 관습에 의해, 20년이 넘으면 습관에 의해 사는 줄 알았는데 결혼한 지 70년이 훨씬 넘은 이들이 사랑으로 사는 경우도 있음을 알았다.

"나 이제 가오. 추워도 꾹 참고 있으소."

돌아섰다가 차마 발길을 멀리 떼지 못하고 무덤가 눈밭에 주저앉아 가늘고 길게 호곡하는 할머니의 모습에 나도 그만 터지고 말았다.

## 자기위로

몇 년 전만 해도 지하철에서 자리 양보를 받으면 엄청 당황하고 서운하기도 했는데 지금은 그렇지 않다. 앞에 앉은 젊은이가 벌떡 일어나면 "음! 아직 미덕이 살아 있구만!" 하면서 기꺼이 앉아 주고, 양보하는 기색이 없으면 "음! 내가 아직 젊어 보이는구만" 생각에 기쁘다.

오늘 아침의 경우는 후자다.

## 노약 혹은 노익장, 아니면 노환

사육신에 관해 쓴 글에 올릴 사진을 직접 찍기 위해 노량진 사육신 묘지로 출동했다. 경내에서 한참 사진을 찍다보니 묘지 건너편 한 빌딩 옥상에 올라가 찍으면 한강과 북한산을 배경으로 근사한 묘지 전경을 찍을 수 있겠다 싶었다.

가서 경비원에게 부탁하니 옥상은 평소 폐쇄돼 있는데 지금은 키가 없어 열어줄 수가 없다는 것이다.(귀찮아서 그랬겠지) 굳이 찍으려면 빌딩 옆 외벽에 붙어 있는 비상계단으로 올라가서 찍으라는 거다. 공적인 일도 아니고 누구 따로 부탁할 사람이 있는 것도 아니어서 그나마 감지덕지 비상계단을 오르기 시작했다.

그런데 이게 보통일이 아니었다. 한 층씩 올라갈수록 다리가 후들거리고 눈앞이 아득해지는 정도가 점점 더 심해지는 거였다. 계단이 무너지면 어떡하나, 심지어 갑자기 강풍이 불어오면 어떡하나, 벼라별 생각이 다 떠오르는 거였다. 엘리베이터만 타고 다녀서 드러나지 않았지만 그 사이 내게 고소공포증이 생겼는지도 모른다.

살아온 날보다 살날이 훨씬 더 많았던 젊은 날에는 웬만한 절벽도 거침없이 오르내리던 나다. 살아온 날보다 죽을 날이 훨씬 가까운 지금 무엇이 아까워 이렇게 겁이 많아졌다는 것인가, 순간 비감한 마음까지 들었다.

겨우 10층까지 올라가 부들부들 떨며 사진을 찍고 벽에 딱 붙어 간신히 내려오니 마치 어마어마한 모험이라도 하고 난 느낌이었다. 아무래도 어버이연합회나 국가정상화추진위원회 같은 데라도 가입해서, 나보다 죽을 날이 훨씬 가까워 보이는 그들의 용기(혹은 만용)는 도대체 어디에서 오는 건지 배워야 할 모양이다.

아무튼 내가 처음 겪은 노약이나, 저 사람들이 늘 과시하는 노익장이나, 둘 중 하나는 노환의 한 증세임이 틀림없다.

●●

## 젊은 오빠의 치매 끼

종로3가 지하철 구내를 가는데 행사 요원인 듯한 젊은 여성이 내 소매 깃을 잡는다. 그러더니 금방 얼굴을 붉히며 "어머, 죄송해요" 한다.

"왜요?"
"아직 젊으신 것 같아서요."
"그래요?"

기분이 급 좋아져서 그때에서야 무슨 행사인가 살펴보니 '종로구치매지원센터'에서 하는 치매 예방 캠페인이다.

"그래도 안내물이나 줘봐요" 해서 브로슈어와 선물용 휴지를 받아 오는데, 문득 "기분 좋다고만 하지 말고 본격적으로 상담 한번 받아 볼 걸 그랬나?"는 생각이 들었다.

## 애국심과 외시 탈락의 추억

존경하는 한인섭 교수가 어제 한겨레에 <'애국심'과 사시 탈락의 추억>이란 칼럼을 썼다. 우선 한 교수께서 81년 사시에 탈락한 덕분에 판사나 변호사 대신 교수가 되어 훌륭한 후학들을 키워낼 수 있게 된 것에 대해 기쁜 마음 금할 수 없었다. 그런데 내게도 '애국심'과 관련해 한마디 안 할 수 없는 옛 사연이 하나 있다.

나는 지금 외교장관하는 윤병세라는 자와 중학 동창인 동시에 76년 제10회 외무고시 동기이기도 하다. (윤병세가 이런 사실을 아직도 기억할 리는 없으리라 생각한다. 좌고우면 안 하고 출세하기에 워낙 바빴을 것이므로) 윤병세는 뒤늦게 중학에서 공부를 잘해 경기고로 진학한 후 서울대학 다닐 때 외시에 합격했다. 나는 윤병세보다는 공부를 못 해서 그냥 그 고등학교에 동계 진학한 후 간신히 건국대학교에 합격했다. 그때에서야 비로소 철이 들어 뒤늦은 공부를 시작했고 그 녀석과 같은 해(대학 3학년)에 말석이나마 외시에 합격했던 것이다.

그런데 문제는 그 전전해 74년에 내가 학교에서 유신반대 시위를 주동했다는 이유로 20일간 광진경찰서에서 구류를 산 전과가 있었다는 사실이다. 민청학련 사건에 연루된 학생들은 사형까지 선고받는 삼엄한 시기에 내가 고작 구류만 받은 것은, 내가 특정한 어느 학생운동 조직에 속한 것이 아니었기 때문이다(그때 서울의 학생운동 조직은 주로 서울대, 연대, 고대, 이대, 성대 정도에 있었던 것으로 안다). 그렇기 때문에 평소 학교 기숙사 연구실에서 열심히 공부만 했던 모범생이라는 것을 모교 교수님들이 열과 성을 다하여 경찰에 해명해주신 덕분이었다.

사실이 그랬다. 내가 유인물을 준비하고 아침 일찍 강의실에 나가 어리둥절한 동급생들을 운동장으로 끌고 가 애국가를 부르고 교문까지 진출해서 연좌하고 구호를 외친 것은 순전히 '쪽 팔림' 때문이었다. 그때쯤이면 서울대, 연대, 고대는 물론 서울 시내 대부분의 학교에서 집회나 시위가 한 번 쯤은 유행처럼 벌어지고 있었다. 그런데 우리 학교만 조용했던 것이다. 나는 그것이 못내 부끄러웠다.

'쪽 팔림'을 참지 못한 대가는 혹독했다. 너무 오래된 일이기 때문에 한인섭 교수처럼 면접 때 무슨 이야기가 오갔는지 기억은 안 나지만 면접이 끝나기도 전에 '틀렸구나'라는 절망감이 들었던 기억은 지금도 너무 또렷하다. 내가 데모 주동을 하고 구류까지 살았던 사실을 면접관들이 너무도 명확히 알고 있었다. 그때 조일문 총장 등께서 청와대와 외무부에 선을 대 열심히 구명 활동을 했다는 소리는 들었는데 결국 3차 시험에서 떨어지고 말았다.(2차 합격자 30명 중 3차 면접 탈락자는 딱 나 하나!)

불합격이 확정된 후 낙담한 나머지 금호동 산꼭대기 집에서 쓸쓸히 술 마시고 있던 나를 중앙정보부 직원이 찾아왔다. 그가 (제법 다정한 목소리로) "기석이, 이 일을 교훈 삼아 좀 더 애국심을 갖고 열심히 노력해서 내년에 합격하면 내가 최종 합격을 꼭 보장하지"라고 달래던 기억이 난다. 그 사람이 당시 건국대 담당 중앙정보부원으로 김만복이라는 이름을 가진 사나이였을 거라고 친구들이 나중에 말해줬는데 확실치는 않다.

아무튼 이렇게 공무원시험에서 '애국심'이라는 것이 인재를 뽑는 데 유용한 개념이 아니라 인재를 배제하는 데 더욱 유용한 개념이라는 것은 나 자신의 경험이 확실히 보장한다. 내가 한 교수 판사 안 된 걸 축하한다고 했는데 나 역시 외교관 안 되고 기자된 것을 지금까지도 후회하지 않는다. 다만 내가 지금 외교장관이 됐다면 윤병세보다는 훨씬 애국적으로 잘했을 것이란 점에서 아쉬움이 남는 것만은 사실이다.

## OLD & WISE

이제 하루만 지나면 한 살 더 먹는다. 해 바뀌면 2016년, 만으로 63세가 되니 이젠 빼도 박도 못하는 영감이다.

경복궁 서쪽(서촌) 자하문로7길 입구 우리은행 바로 앞에는 'OLD & WISE' 간판을 단 카페가 있다. 아직 들어가 술 한 잔 한 적 없지만, 가끔 이 간판을 볼 때마다 상호에 굳이 'OLD'란 단어를 쓴 주인이 어떤 사람일까 궁금해진다. 나도 기왕 늙을 거면 저 간판처럼 현명한(old & wise) 사람이 되고 싶다.

하지만 현실에서 '늙고 현명한 사람'이란 말은 형용모순이다. 온 세상에 '늙고 어리석은(old & stupid)' 이들이 워낙 차고 넘치기 때문이다.(어버이연합, 엄마부대) 어떤 이는 늙어서 추잡하고(old & dirty), 심지어 어떤 이는 늙어서 사악하기(old & evil)까지 하다.(김기춘, 김종인, 서청원, 김지하, 이문열)

그러므로 나는 'old but wise'가 좋다. 늙었음에도 불구하고 현명한 노인이 되고 싶은 것이다. 내일 아침 산에 올라 해맞이하면서 비는 소원은 "올 한 해도 건강하게 살게 해주십사"는 것으로 족하다.

늙어서도 현명하게 살게 해달라는 간절한 기원은, 오늘 밤 광장에서 촛불을 켜고 비는 것이 제격이다.

## 계란의 추억

정유년(2017년) 첫날 점심에 달걀프라이가 상에 올랐다. 물론 날 위한 건 아니고 손녀딸들을 위한 할머니의 배려였지만 나도 하나 얻어 먹었다.

둘째 날인 오늘은 후배 둘과 김치찌개를 점심으로 먹었는데 계란말이를 따로 시켰다. 요즘 달걀값이 많이 올랐다던데 이 식당 주인은 여전히 5,000원 받는다. 오히려 내가 걱정을 했더니 주인 할머니 말씀이 "남는 것이 없어 그렇지 손해는 안 본다"고 한다. 착한 식당이다. 연이틀 달걀 요리를 먹으니 부자된 느낌이다.

나 어렸을 적에도 계란이 부의 척도로 기능했다. 첫 기준은 도시락 밥이 시커먼 애, 하얀 애. 그 다음이 도시락 반찬이 장아찌인 애, 멸치볶음인 애, 소시지인 애, 소고기장조림인 애. 그리고 도시락밥 위에 달걀프라이가 덮인 애, 맨밥인 애. 물론 도시락 자체를 가져오지 못하는 애들도 몇 있었다. 나도 그중 하나였다.

내 평생 달걀프라이 하나가 각별한 이유다.

## 청소 엄마 만세!

마눌님의 명령으로 딸네 집에 가서 빨래 널고 오는 길이다. 운동 삼아 엘리베이터를 타지 않고 계단으로 내려오는데, 오늘따라 벽에 이런 문구가 쓰여 있는 것을 발견했다.(이 계단을 수백 번 오르내렸는데 오늘 처음 눈에 띈 것은 무슨 조화인가!)

'청소하는 엄마에게'

순간 가슴이 뭉클했다. 언제, 어떤 청소 아줌마에게 어떤 아이가 쓴 낙서일까. 이 아이는 '청소하는 엄마'에게 무슨 말을 하고 싶었던 걸까. 더 이상 쓰지 않았어도 나는 얼마든지 알 것 같다. 내 어머니도 내가 대학생 때 건물 청소를 잠시 했기 때문이다. 나는 장학생으로 학교 기숙사에서 먹고 자고 공부했지만 어머니는 두 여동생을 건사해야 했다. 내게는 절대 비밀로 했지만 어쩌다 알게 됐다. 나 역시 '알고 있다'는 것을 내색치 않았지만 가슴이 찢어질 것 같았다. (어머니는 그 후 금호동 금남시장에 작은 노점을 얻어 채소 장사를 시작하셨다)

그러나 우리 어머니는 당당하셨다. 우리 어머니 역시, 아무리 센 놈(년)일지라도 얼척 없는 짓을 저지르고도 뉘우침없이 고개 빳빳이 세우고 다니는 놈(년)을 목격할라치면 얼마든지 "염병하네"를 날리셨을 분이다.

기개가 넘치는 우리 청소 엄마들, 만세다. 만만세다.

## 택시운전사

83년 9월부터 1년간 캐나다 토론토대학에서 연수를 했다. 당시 나는 스포츠 기자였기 때문에 88년 서울올림픽을 대비한 취재 기법 및 영어 공부를 위한 연수였다. 가족과 함께 살면서 토론토 교민들의 보살핌을 많이 받았다.

어느 날 현지 교민신문을 발행하는 한 교민으로부터 저녁 초대를 받았다. 식사 후 차담을 나누다가 집주인은 남자 손님들만 안방으로 따로 모셨다. 예닐곱 명 됐던 기억이다. 집주인은 80년 광주사태(그때는 그렇게 불렀다) 관련 영상이라며 비디오를 틀어 주었다.

영상을 보며 충격을 받았다. 시위 시민들을 개 패듯 하는 광경, 리어카에 시체를 싣고 다니는 광경, 상무대인가 어디 강당에 즐비한 관들 앞에서 울부짖는 가족들, 도청 청사에서 시체를 질질 끌고 가는 광경, 겁에 질린 시민들을 뒷짐 지우고 굴비 엮듯 묶는 광경…. 바로 오늘 본 영화 <택시운전사>의 주인공인 독일 사진기자 위르겐 힌츠페터가 죽음을 각오하고 찍은 영상이었다. 비디오를 다 본 우리는 눈동자가 벌겋게 충혈된 상태로 주먹을 흔들며 전두환을 규탄했고 증오했다.

그 전까지 나는 비록 신문기자였으나 광주에 대해 별로 아는 것이 없었다. 광주를 취재한 선배는 회사에서 잘렸고, 다른 많은 선배들(특히 호남 출신)도 사태에 대해 뭔가 알기는 아는 것 같았는데 입을 꾹 다물고 살았다. 그러니 일개 3~4년차 스포츠 기자가 중뿔나게 광주에 대해 알려고 나설 이유가 없었다. 그렇게 시간이 흐르다가 캐나다 연수 기회를 얻어 다행히 남들보다 빨리 진실에 접근할 수 있었던 것이다.

그날 그 비디오를 본 이후, 그리고 그 영향으로 황석영의 <죽음을 넘어 시대의 어둠을 넘어> 등 광주항쟁에 관한 많은 저작들을 구해 읽으면서 내 언론관은 물론 인생관, 세계관, 역사관까지 100% 달라졌다고 분명히 말할 수 있다. 오늘 내가 <택시운전사>를 보면서 특별한 감회에 젖은 이유다.

영화를 보는 내내 너무 긴장했던 나머지 온몸이 뻐근하다. 이 영화는 택시운전사에 관한 이야기가 아니다. 택시운전사의 눈을 빌린 언론과 기자에 관한 영화임이 분명하다.

(오늘 영화는 아들 내외와 함께 관람했다. 두 아이는 85년생, 87년생이어서 광주민주화운동이 그야말로 역사다. 그러므로 며느리가 시아버지의 사연을 알 턱이 없지만 시아버지가 좋아할 것이 틀림없다고 생각해 2주 만의 시댁 방문 때 함께 보기 위해 선택한 영화다. 틈만 나면 손녀딸 보고 싶다고 징징댔더니 며느리가 이런 이벤트도 만들어 준다. 얼마 전 친구가 "아들네가 자주 찾아오느냐"고 묻길래 "한 달에 두 번밖에 안 온다"고 툴툴댔더니 "팔자 좋은 소리 하고 있다"고 핀잔을 준다. 효자라면 최소한 매주 한 번은 찾아봬야 하는 것 아닌가?)

## 눈 오는 날

<김용민의 뉴스브리핑> 중에서도 이완배 기자의 「경제의 속살」과 정선태 교수의 「오늘을 읽는 책」은 꼭 다운받았다가 시간이 나는 대로 듣는다. 「오늘을 읽는 책」을 듣다가 정 교수의 다음과 같은 말에 가슴이 콱 막힌다.

> "눈이 오면 고향도 생각나고 아버지도 생각나고… 그렇습니다. 아버지가 혼자 묻혀 있을 무덤을 생각하면 가슴 한쪽이 선뜩하기도 하고 미안하기도 합니다. 아버지가 돌아가신 나이가 가까워질수록 그런 게 착잡하게 밀려옵니다."

문득 나도 슬픔이 밀려와 창밖 눈 덮인 공원을 내다보며 어머니를 생각한다. 어머니를 6년 전 3월 어느 날 경기도 여주 어느 공원묘지에 묻었을 때도 봄눈이 엄청 왔었다. 꺙꺙 언 땅을 파내고, 흰 무명천에 둘둘 만 어머니 시신을 묻고, 흙을 덮고, 인부들이 발로 자근자근 밟을 때까지는 눈물도 나지 않았다. 그 대신 돌아오는 버스 안에서 얼마나 눈물이 쏟아지던지….

그런데도 눈이 오면 나만 추운 줄 알고 있다가 정 교수가 깨우쳐 줘서야 비로소 눈에 덮여 추운 어머니가 생각난 것이다. 불효자다.

문득 50년 전의 어느 겨울날도 생각난다. 중학 2년 때였는데 단짝 친구가 방과 후 저하고 어디를 좀 같이 가자고 한다. 눈이 펑펑 쏟아지는 날이었다. 버스를 갈아타며 한참을 따라 가보니 경기도 광주 어디쯤 영락교회 공원묘지였다. 한겨울이어서 벌써 어두컴컴해진 속에서 이리저리 찾아 헤매다가 드디어 어느 한 무덤 앞에 섰다.

지난여름 바다에 빠져 죽은 한 학교 친구가 묻혀 있는 곳이었다. 알고 보니 이 친구가 그 죽은 친구의 사촌이었고 김민기 형도 친척이었다. 김민기 형이 지은 <친구>가 이 친구의 죽음을 기리는 노래라는 사연도 그때 들었다.

> 검푸른 바닷가에 비가 내리면
> 어디가 하늘이고 어디가 물이요
> 그 깊은 바다 속에
> 고요히 잠기면
> 무엇이 산 것이고
> 무엇이 죽었소 (…)

우리는 눈이 소복이 덮인 무덤 앞에서 아주 잠깐만 묵념하고 돌아왔다. 우리가 추우니 땅속의 그 친구도 춥지 않을까? 그런 생각을 잠시 했었다. 나와 같이 갔던 그 친구도 작년에 암으로 죽었다. 그 친구의 무덤도 지금 눈에 덮여 있을 것이다.

눈이 오면 낭만이 아니라 죽음을 생각하는 나이가 되었다.

## 이마

지하철 건너 자리에 앉은 이의 이마가 유난히 좁(아 보인)다. 이마가 좁으면 좀 답답한 인상을 주나 보다. 문득 나 어렸을 적 외아들 이마가 좁다고 속상해하시던 부모님 생각이 난다.

우리 부모님은 신언서판의 신봉자여서 남자가 출세하려면 무엇보다 인물이 훤칠해야 하며, 인물이 훤칠하려면 무엇보다 체격이 크고 이마가 넓어야 한다고 믿으셨던 것 같다. 어렸을 적 사진첩을 잃어버려 이제 와서 어렸을 적 이마가 그런대로 괜찮았다고 우길 증거는 없지만 암튼 부모님이 만족스러울 만큼 넓었던 건 아니었던 게 분명하다.

아주 어렸을 때는 어머니가 실을 꼬아 이마와 머리털 사이에 난 솜털들을 주기적으로 뽑아 주셨는데 무지하게 아팠다. 좀 커서는 세수하고 나서 삼베수건으로 이마를 수십 번씩 밀어 올리라는 엄명을 받았다.

두 분 돌아가신지 이미 오래됐다. 지금 살아 계셔서 나를 보면 만족하시려나. 하지만 지금 내 이마가 어머니가 솜털을 뽑아주시거나 아버지 명령대로 수십 번씩 수건으로 밀어 올려 탄생한 것이 아님은 물론이다.

유전이다! 연로한 아버지가 유전에 대해 잘 모르셨을 뿐이다.

## 신앙고백

내가 고교(미션스쿨) 졸업과 함께 더 이상 예수를 믿지 않게 됐지만, 그래도 성탄절만 되면 달콤한 추억처럼 예수를 생각하게 된다. 사실 예수를 믿지 않는다는 것은 어폐가 있는 말이다. 난 그저 기독교니 천주교 같은 종교가 만든 교회를 다니지 않을 뿐, 예수를 믿지 않는 건 아니기 때문이다.

내가 중고교 때 성경을 통해 배운 예수는 사랑을 가르쳤고, 사랑을 실천했으며, 그 지극한 사랑 때문에 십자가에 못 박힌 이였고, 나는 그것을 믿는다.

다만 오늘날 교회(특히 대형교회)에서 예수 사랑을 설파하는 자들이 교회를 자식에게 세습하고, 여신도를 성추행하고, 재난을 하느님의 뜻으로 왜곡하고, 세속 권력에 아부하고, 세금마저 내지 않으려고 발버둥치는 모습이 혐오스러워 교회를 다니지 않을 뿐이다.

이런 교회를 다니며, 이런 자들에게 사랑을 배우는 대부분의 '믿는 자'들이, 예수 사랑의 진정한 뜻을 알고, 예수 사랑을 실천하기 위해 교회에 다니는 것이 아니라는 것을 나는 안다.

이런 자들이 예수의 존재를 회의케 하고, 교회를 혐오하게 만든다. 사랑은 말구유에 깃들었다는데, 오늘날의 교회는 보석으로 치장한 왕궁이 돼버렸다.

## 국가에 대한 5대 의무

문재인 대통령이 "여성 삶을 억압하지 않는 게 저출산 근본 대책"이라고 말했다. 전폭적으로 동감한다.

나는 "아들 딸 구별 말고 하나만 낳아 잘 키우자"는 구호가 요란했던 시절에 딸딸아들 셋을 낳아 잘 키웠다. 이것이 내가 마눌님의 삶을 억압하지 않으며 살아온 것과 상관이 없을 수 없다.

이제 인구절벽을 크게 우려하는 시대가 됐다. 그럼에도 시집간 큰딸이 아들딸딸아들 무려 넷을 낳았고, 둘째 딸도 딸딸을 낳아 그런대로 시대적 의무를 다한 것도 여성들의 삶을 억압하지 않는 우리 집 가풍 덕이라고 생각한다. (오히려 딸들이 지들 남편의 삶을 억압하지 않는가 하는 느낌이 들 때가 많다)

그러므로 나는 우리나라 남자들이 국가에 대한 4대 의무 외에도 여성의 출산 및 양육의 어려움을 나눠 질 의무, 나아가 여성들을 행복하게 해 줄 의무도 있다고 굳게 믿는다.

# 나이

나이가 들면,
점점 더 많이 베풀게 되고,
(많이 가져봤자 저승으로 지고 갈 게 아니므로)
더 너그러워지고,
(하루라도 더 살았다는 것은 그만큼 주변의 신세를 더 졌다는 의미이므로)
언제든 죽음을 각오할 만큼 용감해지고,
(기왕에 살 날이 짧아졌으므로)
명예욕도 없어지고,
(지난날 살아온 걸로 이미 내 명예가 확정됐으므로)
젊은 세대들이 더 기꺼워지고,
(앞으로 나 대신 살아갈 세대이므로)
통찰력이 많아져야 한다.
(그만큼 더 지식과 경험을 쌓았으므로)

그러나 현실은, 나이가 들면 들수록 오히려
점점 더 인색해지고,
점점 더 신경질을 많이 부리게 되고,
점점 더 비겁해지고,
점점 더 옛날얘기 해가며 잘난 척하고,
영원히 살 것처럼 안달을 하고,
젊은 세대들을 버릇없다고 비난하고,

저만 옳다며 편협해지기 쉽다.

나이는 저절로 벼슬이 되는 것이 아니다. 부단히 노력하고 경계해야 한다. 열심히 한 살 더 잘 먹어야겠다. 내년에도 더 베풀고, 너그러워지고, 용감해지고, 고집 부리지 말고, 양보하며, 젊은이들에게 더 가까이 가야겠다. 무엇보다, 마눌님이 나더러 사진 찍을 때만 웃는다고 하는데, 평소 길 걸어가면서도 늘 웃도록 노력해야겠다.

## 다시 쓰는 버킷리스트

죽기 전에 꼭 한 번 하고 싶은 것들의 목록을 버킷리스트라고 한다. 나는 한동안 내 버킷리스트에서 빼놓았던 '백두산 구경 가기'를 어제부로 다시 올렸다. 다른 여행보다도 유난히 북한 관광 복이 없었던 나이지만 그래도 비교적 일찍이 1999년 배를 타고 가 금강산 구경은 한 적이 있다. 그밖에 평양도 가보고, 개성도 가보고, 묘향산도 가봐야겠지만, 무엇보다 가보고 싶은 곳이 백두산이다.

백두산이야 지금도 만주를 통해 얼마든지 올라갈 수 있는데 무슨 버킷리스트에까지 올릴 필요가 있느냐고? 그러나 나는 구태여 비행기 타고 중국에 가서, 버스 타고 천지까지 오르고 싶지는 않은 거다.

기차를 타고 북녘 땅을 가로 질러 백두산에 가고 싶다. 부득부득 천지에까지 오를 필요도 없다. 캠핑을 해도 좋고, 비박을 해도 좋고, 몇날 며칠이고 임꺽정이 천왕동이 남매를 만났던 백두산 원시림 속을 노니면서 곰도 만나고 호랑이 울음소리도 듣고 싶다. 그것이 내 버킷리스트 중에서도 제일 위에 놓인 소망이다.

버킷리스트는 상상만 할 수 있는 것들의 목록이 아니라, 아무리 힘들어도 마음만 먹으면 할 수 있는 현실의 꿈이어야 한다. 내가 이명박근혜 정권 9년 동안 내려놓았던, 그리고 지난 1년 더욱 아득해졌던 그 꿈을 어제 비로소 다시 내 버킷리스트에 올린 이유다. 어제 김정은의 신년 연설이 내 꿈을 되살려 놓은 것이다.

올해 느낌이 좋다. 그래, 때때로 비틀거리고 쓰러져서 피 흘리더라도 한 걸음 한 걸음, 기어서라도 가면 언젠가는 도달하는 것이다.

(2018. 1. 2)

백두고원

곽효환

그 여름의 절정이었다
백두고원, 거기서 끝이었어도 좋았다
칠흑의 새벽을 가르는 칼날바람을 타고
천지는 신비를 벗고 검푸른 남색 얼굴을 드러내고
무두봉 너머 펼쳐진 장엄한 운해를 뚫고 오르는 해
보름을 막 지난 새벽달은 수줍어
그를 맞는 게 더없이 수줍어 마주 서서 얼굴을 흐리고
멀리 소백산 포태산으로 가없이 펼쳐진 백두고원에서
침엽수림의 진한 초록의 푸르름을 숨쉬는
통일을 염원하는 아니 통일을 여는 그 새벽
우린 사슴이 되고 곰이 되고 산양이 되고 살쾡이가 되고
또 호랑이가 되어 달렸다
베개봉을 뛰어넘어 삼지연에서 맑은 물을 마시고
거침없이 백두폭포를 거슬러 올라
이깔나무 가문비나무 분비나무 가득한 밀영계곡을
달리고 또 뛰어올랐다

장군봉과 향도봉이 하늘을 떠받친 개활지에서
통일되어 다시 이곳에서 만나자던
그 새벽의 의연한 아름다움
그 새벽의 장엄한 서사
그 새벽에 펼쳐진 빛의 협연
거기서 끝이어도 좋았다
백두대간의 시원
산맥이 시작되고
압록강과 두만강을 가르고
광활한 북방 대륙을 꿈꾸는
그곳에서 통일을 보았다
분단과 시간의 벽을 넘어선
새로운 시작의 서곡을 목 놓아 불렀다
다시 시작이었다
본래 하나였듯이 다시 하나였고 하나가 되었다
분명 하나였고 시작이었고 통일이었다

## 인생은 간다

내겐 손위 누이가 셋 있(었)다. 큰누나가 나보다 28살, 막내누나가 20살이 더 많다. 배다른 누이들이다.

셋 모두 내 어머니보다 오래 사셨다. 보령에 살던 둘째 누나가 작년에 89세인가로 돌아가셨고, 서산에 살던 큰누나가 3일 전 93세로 돌아가셨다. 여한 없이 오래 사신 턱이지만, 그래도 염습하는 광경을 지켜보며 좀 울었다. 뒤늦게 생긴 남동생을 평생 금이야, 옥이야, 새엄마보다 더 보살펴준 누나들이다. 누이들이 어머니보다 나이가 많으니 당연히 몇몇 조카는 나(삼촌)보다 나이가 많다.

둘째 누나 큰딸의 외동딸, 그러니까 내 사촌 외손녀가 시집을 가는데 할아버지가 주례를 서줘야 한다고 조카가 하도 졸라서 오늘 주례 서려 광주에 가는 길이다. 늦장가 가는 40살 손자사위가 나주 토박이다. 3일 전에는 서산에 가서 큰누나 저세상에 보내고, 오늘은 그다음 다음 세대 결혼 주례 서려 광주에 가는 것이다.

이렇게 인생은 물결처럼 간다.

## 세상에 가장 추웠던 기억

오래간만에 한강 고수부지 산책 나가 보니 한강이 꽁꽁 얼었다. 날씨가 춥긴 추운 모양이다. 우리 어렸을 적엔 훨씬 더 추웠던 것 같다. 집이나 학교 교실의 난방이 시원찮았던 데다 옷차림이 부실했던 탓이 크긴 하지만 기온 자체가 지금보다 훨씬 낮지 않았나 싶다. 한강이 얼었던 날도 많았고 그 얼음판 위에서 썰매도 타고 스케이트도 탔다.

내가 중학 1년 때인가, 2년 때인가, 이문동에서 살 때인데 어느 몹시 추운 일요일 내가 다니던 교회에서 얼어붙은 중랑천에서 스케이트대회를 열었다. 예배 끝나고 형님 누나 친구들이 우루루 몰려가는데 나만 빠지기 뭐해서 따라 나선 것이 화근이었다. 다른 이들은 외투며 잠바 하나라도 걸쳤는데 내가 입은 것이라고는 내복에 합성섬유 스웨터 한 장, 그리고 무명 교복이 전부였다. 참 징그럽게 가난한 때였다.

다행히 주최 측에서 강둑에 드럼통을 갖다놓고 모닥불을 피웠다. 나는 응원이고 뭐고 다 집어치우고 그저 모닥불 옆에 딱 붙어 서서 추위를 피했다. 그래도 시간이 흐르면서 점점 추위가 엄습하고 온몸이 사시나무처럼 떨리기 시작하는데 무엇보다 얇은 천으로 만든 검정 운동화 신은 발이 얼어붙어 도무지 견딜 수 없게 됐다. 결국 추위에 얼이 빠진 나는 주변에 인사를 하는 둥 마는 둥 냅다 집으로 뛰었다. 한 20분 걸렸을까, 오는 도중에도 추위를 견디지 못한 나는 결국 울음을 터뜨리고 말았다. 눈물마저 얼어붙는 느낌이었다.

집에는 아버지 혼자 계셨다. 어머니는 아무리 추워도 식구들 먹여 살리려고 장사 나가셨을 것이고 동생들은 어디 갔었는지 모르겠다. 그다지 따뜻하지도 않은 단칸방 아랫목에 이불을 무릎에 덮고 계시던 연로한 아버님이 엉엉 울고 들어오는 날 보고 어이없는 웃음을 지으시더니 윗저고리를 치켜 올리며 내 손을 당신 옷 속으로 집어넣으라는 것이다. 꽁꽁 언 손은 사람 체온으로 녹여야 후유증이 없다는 것이다.

나는 아버지에게 미안하다는 생각도 없이 얼음덩어리 같은 내 손을 아버지 옷 속 배 위에 올려놓고 하염없이 녹였다. 그 때를 생각하면, 천국에 온 것 같은 안온한 느낌이 지금도 내 손등, 손바닥에 남아 있는 듯하다. 내 평생 가장 추웠던 날의 기억이지만, 동시에 찢어지게 가난한 속에서도 아버지의 사랑을 흠뻑 받았던 행복한 기억도 함께 한다.

## 운칠기삼

어제(2018. 3. 14.) 경향신문 '노동조합 창립 30주년 · 독립언론 출범 20주년' 기념행사에 참석했다. 둘 다 내게는 인생의 전환점이 될 만큼 중요한 사건이었다. 88년 경향신문에 노조가 만들어지면서 나는 비로소, 제대로 해왔느냐 와는 별도로, 참언론인의 길을 지향하는 기자가 됐다. 노조가 없었다면 나는 아마도 평범한 체육부 기자로 살았을 것이며 두 번 해고 당하고 한 번 감옥을 갔다 올 일도 없었을 것이다.

98년 경향이 사원주주회사로 독립하면서 오랜 관영언론(73~89년), 재벌언론(90~97년 한화)의 굴레를 벗어던지지 않았다면 나는 결코 기자들이 투표로 선출하는 편집국장이 되지 못 했을 것이다. 경향신문 (직선)편집국장은 내 일생의 가장 소중한 직책이다. 그러므로 나의 운명은 나 개인의 운명이 아니라 경향신문이란 조직의 운명과 궤를 같이한다.

그런데 경향 노조는, 그 전해에 터져 나온 시민혁명(1987)의 와중에서 지방에 배달하기 위해 서울역에 대기하고 있던 경향신문 4만여 부가 시위대에 의해 불타버린 데 충격을 받은 젊은 기자들에 의해 조직된 것이다. 또한 경향신문이 98년 독립한 것은 그 전해에 벌어진 IMF 사태와 연이은 국민의정부 탄생이 아니었으면 불가능했을 것이다. 그렇게 보면 경향신문은 또한 나라의 운명과 깊이 연결된 것이다.
나는 경향신문을 떠나 신문유통원장(2005~2008)을 지냈고, 이명박 근혜 치하 9년을 쉬고, 이제 다시 뉴스통신진흥회 이사장이란 막중한 직책을 맡게 됐지만, 그것들이 경향신문에서의 경력, 참여정부—이명박근혜—문재인 민주정부 등 정권의 뒤바뀜에 따른 결과가 아니라고 할 수 없다. 결국 내 운명은 경향 사람들, 모든 촛불 시민들과 연결된 셈이며, 그렇다면 나의 삶은 나의 능력이나 뜻보다는 내 주변의 모든 사람들로부터 영향을 받고 있는 것이다. 운칠기삼도 아니고 운구십구기일 정도 될 것이다.

이제부터는 또 연합뉴스사와 연합뉴스 종사자들과 맺은 운명의 끈이 나에게 더 많은 영향을 미칠 것이다. 나를 위해서라도 연합을 모든 국민들로부터 사랑과 신뢰받는 언론으로 만드는 데 매진해야 할 분명한 이유가 있는 것이다.

어제 기념식에 나온 소주병에 '경향처럼'이란 라벨이 붙어 있었다. 경향 사람들의 자긍심이 느껴졌다. 내가 아직까지는 그렇게 잘못 살아온 것은 아니라는 뿌듯한 생각도 들었다. 앞으로 10년쯤 후, 연합뉴스의 어떤 행사가 있을 때 '연합처럼'이란 라벨을 붙인 소주가 제공된다면 참 좋겠다는 생각도 했다.

## 노인 학대

공적인 자리를 맡으니까 여기저기 참석해 달라는 초청이 많다. 오늘은 제2회 노인 학대 예방의 날 기념식에서 축사를 했다. 처음 초청받았을 때는 '이게 무슨 뚱딴지같은 행사에 나를 부르는가' 했는데, 아뿔싸! 가만 생각해보니 어느새 내가 노인의 초입에 들어선 것 아닌가. 기꺼이 가서 다음과 같은 축사를 했다.

제가 이 행사에 초청 받았을 때, 문득 떠오른 이야기가 하나 있었습니다. 젊었을 때 영어공부하면서 읽은 아주 짧은 이야기인데 오늘따라 그 의미가 새롭습니다. 'Wooden bowl(나무 그릇)'이란 제목의 이야기입니다.

젊은 부부가 늙은 (시)아버지를 모시고 살게 됐습니다. 효자, 효부이지요. 그런데 아버지의 건강이 나빠지면서 점점 식사 자리가 괴롭게 됐습니다. 눈도 어둡고 귀도 잘 안 들리고 손이 덜덜 떨리는 아버지가 음식을 흘리고 우유를 쏟아 식탁을 더럽히는 겁니다. 늙은이가 음식 먹는 소리는 또 얼마나 귀에 거슬립니까.

"아버지! 그러지 좀 마세요!"

소용없는 투정입니다. 생각 끝에 젊은 부부는 아버지용 작은 식탁을 한쪽에 마련해놓고 아버지를 거기서 식사하게 했습니다.

어느 날 아버지가 손아귀에 힘이 빠져 그릇을 놓치는 바람에 그릇을 깨고 말았습니다.

"아버지! 아버지는 앞으로 이 나무 그릇으로 식사하세욧!"

가족들이 식사할 때 아버지를 보면 언제나 짓무른 눈가에 눈물이 맺혀 있었습니다. 아참! 이 가족에게 네 살 먹은 꼬마가 있었다는 말을 깜빡 잊고 안했네요. 이 모든 것을 이 꼬마가 지켜보고 있었던 모양입니다.

어느 날 젊은 부부가 외출에서 돌아와 보니 이 꼬마가 마루에서 나무 조각을 들고 낑낑대며 무언가를 만들고 있었습니다.

"애야~ 뭘 만들고 있니?"

아빠가 세상에서 가장 상냥한 말투로 묻자 꼬마가 역시 세상에서 가장 상냥한 어투로 대답합니다.

"제가 컸을 때 아빠 엄마가 식사할 그릇을 만들고 있어요."

젊은 부부는 이 대목에서 통곡을 합니다. 자신들의 잘못을 깨달은 겁니다. 아버님을 다시 제대로 된 식탁에 모셔서 가족이 모두 함께 식사를 했겠지요?

그렇습니다. (노인학대 예방 프로그램에 참여하는) 여러분들이 하는 일이 바로 이 네 살 난 꼬마가 한 일입니다. 맹자는 사람이 나면서부터

착하다는 증거 네 가지(4단)를 들었습니다. 수오지심(부끄러워하는 마음), 사양지심(사양하는 마음), 시비지심(옳고 그름을 분별하는 마음), 그리고 측은지심(불쌍해하는 마음)입니다.

여기서 측은지심의 예로 '우물가의 아기'를 들고 있습니다. 아기가 우물가를 기어가는 위태로운 상황에서 누구라도 아기를 보호하기 위해 뛰어가서 아기를 안아들지 않겠느냐는 이야기이지요.

보호해야 하는 것이 아기들뿐일까요. 스핑크스는 인간의 인생을 네 발로 기는 단계, 두 발로 걷는 단계, 지팡이 짚고 세 발로 가는 단계로 나누었습니다. 맹자의 말씀은 두 발로 걷는 사람이 마땅히 네 발로 기는 아기를 보호해야 한다는 것이지만 어디 아기들 뿐일까요. 세 발 노인도 보호해야 합니다. 노인이 지금 세 발로 가고 있지만 조만간 네 발로도 기어가지 못해 드러누울 날이 올 것입니다. 이런 노인들을 학대하다니요.

맹자는 4단이 없는 사람은 사람이 아니라고 했습니다. 그러므로 (노인 학대 예방 프로그램에 참여하는) 여러분이 하는 일은 사람이라면 마땅히 해야 하는 일이며, 여러분이야말로 지금 '사람 사는 세상'을 만들고 있는 것입니다.

여러분, 존경합니다.

## 착각

내일(2018. 6. 21.) 독일 사는 손녀딸들이 1년 만에 한 달 머물 계획으로 서울 온다. 아이들 편안하게 지내도록 집 안 정리에 몰두하던 마눌님이 드디어 서재에 있는 낡은 서가 하나(폭 70cm 높이 2m)를 처치하기로 결심했다. 서가에 꽂혀 있던 20~30권은 버리고 20~30권은 사무실로 가져가고 나머지는 큰 서가로 옮기기로 했다.

이제 서가를 분리수거장으로 옮기는 건 내 몫이다. 곰곰 궁리 끝에 내가 등에 지고 마눌님이 뒤에서 균형을 잡아 주기로 했다. 서가 뒤쪽에 등을 댄 채 쭈그리고 앉아 아이 업듯 맨 아래를 잡고 불끈 일어서니 무게 때문에 상체가 앞으로 확 꺾인다. 마눌님이 뒤에서 균형을 잡아주는 덕분에 기신기신 한 200m를 가는데 이거 보통일이 아니다.

그래도 나름 여유를 보인답시고 "여보, 이거 십자가 매고 골고다언덕 올라가는 예수님 같지 않아?" 어쩌고 하면서 간신히 수거장에 도착했는데, 아뿔싸! 그만 차량 후진 방지턱에 오른발이 걸려 나뒹굴고 말았다. 분명히 턱이 있는 걸 보고 피하려 했는데 발이 말을 안 들은 것이다.

다행히 크게 다치지는 않고 무릎만 살짝 까였는데 체면이 말이 아니다. 전 같았으면 마눌님이 "눈앞에 뭐가 있는지 보지도 않고 가오?" 지청구가 먼저였을 텐데, 다행히 오늘은 바지를 털어주며 "아픈 데 없느냐"며 걱정이 태산이다. 가만 보니 나를 나만 아직 젊었다고 생각한 것이 아니라 마눌님 생각도 그랬나 보다.

## 사랑의 거짓말

독일로 되돌아갈 날이 며칠 남지 않은 손녀딸들 데리고 롯데월드에 갔다. 한 5, 6년 전 왔을 때는 나부터 놀이기구를 하나라도 더 타보려고 기를 썼는데 이젠 딱히 그렇지 않다. 그래도 큰손녀딸 기분 맞춰주려고 일부러 재미난 척, 신난 척, 무서운 척하면서 손녀딸 따라 열심히 놀이기구 순례를 했다.

그런데 후룸라이드 입구 안내양이 나를 딱 막아선다.

"저~ 죄송한데요~ 혹시 연세가 어떻게 되세요?"

엉겁결에 "예순넷인데?"

순순히 답은 했어도 순간 기분이 굉장히 언짢다. 조금 전 딸이 "아빠~ 내년이면 타고 싶어도 못 타~ 오늘 손녀딸 데리고 열심히 놀아~" 그래서 만 65세 이상은 놀이기구 탑승이 금지된다는 걸 알긴 했지만 막상 내 외모가 그 나이 근처로 보인다는 사실에 확 속이 상했던 것이다. 그러고 보니, 미처 인식하지 못했는데, 오늘 롯데월드 입장객 중 내가 최고령자 아닌가 싶다. 50대, 심지어 40대도 잘 눈에 띄지 않는다. 나도 모르는 새 내가 롯데월드 물을 흐려놓은 것 같다. 새삼 내가 혹시 젊은 사람들 눈살 찌푸리게 만든 건 없나 되돌아본다.
기특한 건 손녀딸이다. 시무룩하게 순서 기다리는 나를 보고 생끗 웃으며, "할아버지~ 내년에 나랑 여기 또 와도 예순넷이라고 해~" 그런다.

할아버지는 저한테 거짓말 하지 말라고 가르쳤는데 저는 할아버지에게 거짓말을 가르친다. 그만큼 이 녀석의 할애비 사랑은 깊다.

## 전성기

"600만 년 전. 대형 유인원과 현생인류(호모 사피엔스)의 공통 조상이 혈연 단위를 넘는 집단생활을 시작했다. 200만 년 전. 아프리카에서 인류의 초기 조상인 호모(Homo) 속이 등장했을 당시 지구에 빙하기 건조기가 닥쳤다. 약 40만 년 전부터 초기 인류는 본격적으로 큰 동물 사냥에 나섰다. 약 15만 년 전 호모 사피엔스가 등장했다."

아프리카에서 기원한 인류가 전 세계에 흩어져 살기 시작한 것이 수십만 년, 혹은 수백만 년 전이다. 그런데 왜 공자, 석가, 소크라테스 등 인류의 대스승들은 BC 5~6세기 100년 언간에 동시적으로 나타났을까?

하나하나의 인간은 유아기~청소년기~청년기~장년기~노년기를 거치면서 육체적으로나 정신적으로 거의 같은 발달 수준을 보인다. 그렇다면 인류 전체도, 아무리 전 지구적으로 흩어져 살아도, 시대별 거의 같은 정신적 발달 수준에 이르는 것이라고 나는 이해한다.

요즘 국내 정치권이 '올드보이 전성시대'라고 한다. 더민주당 대표 이해찬, 평화민주당 대표 정동영에 이어 바른미래당 대표로 뽑힌 손학규까지 모두 11년 전 대통령선거 민주당 후보 경선에 나섰던 인물들이다. 거기에 김병준 자한당 비대위원장 역시 그 당시 민주당 쪽으로 잘나갔던 인물이었다는 사실이 총체적으로 '올드보이의 귀환' 현상으로 비치는 모양이다.

그런데 이들의 또 다른 특징으로는, 46년생 손학규 대표만 빼고, 모두 54~52년생 거의 동년배라는 점이다. 신통하게도 문재인 대통령도 53년생이다. 이낙연 총리도 52년생이다. 그렇다면, 손 대표야 그렇다 치고, 아직 칠십 되기에도 한참 남은 이들 정치 지도자들을 '올드보이'라고 함부로 싸잡아 폄하할 수 있을까?

70년대 초반 이철승, 김대중, 김영삼 등 동년배들이 박정희의 공작정치에 맞서 '40대 기수론'의 기치를 높이 들었었다. 지금은 세상이 바뀌어 우리 정치 상황이 이들처럼 중후한 연령대의 정치인들을 필요로 하는 때이기 때문에 이들이 대거 등장한 것일 뿐('60대 기수론'까지는 아닐 지라도)이라고 너그럽게 받아들일 수는 없을까? 이들이 장차, 2500년 전 공자, 석가, 소크라테스가 인류의 정신세계를 몇 단계 고양시켰던 것처럼 한국의 정치 수준을 단박에 몇 단계 높여줄 것이라고 기대할 수는 없을까?

어이쿠! 그러고 보니 나도 어느새 이들과 같은 연령대일세.

전성기일세.

# 젊어서 노세

## 사형에 해당되는 죄

설(2015년)과 내 생일(양력 2월 23일)을 동시에 맞이하여 딸 내외, 아들하고 함께 식사하고 나니까 싱크대에 그릇이 한 가득이다. 생일이라고 설거지를 봐주지는 않을 것이다. 그러나 결코 무섭거나 싫지가 않다.

한참 전, 잘 알지 못하는 사람들 스무 명 남짓하고 어울려 산에서 하룻밤 잔 일이 있다. 주방시설과 화장실, 난로 등이 구비된 커다란 비닐하우스 안에서 텐트를 치고 잤다. 식사 후 내가 선뜻 나서서 팔 걷어 부치고 설거지를 시작했더니 모두들 놀라는 눈치였다. 게다가 내 숙달된 설거지 솜씨에 더욱 감탄하는 눈치였다. 그날 난 큰 칭송을 받았다. 나이로 보나 뭘로 보나 설거지할 분이 아니라는 것에서 더 큰 점수를 얻었다.

모르고 하는 소리였다. 이게 다~ 일찍이 해본 일이기 때문에 할 수 있는 일이다. 내가 옛날부터 설거지를 한 건 아니고, 마눌님이 손녀딸을 키우기 시작하면서 "이거 아무일 안 하고 빈둥거리고 있다간 언젠가 일 치룰 수도 있겠다"는 자각이 들면서다. 지금은 가사일 중에서 쓰레기 버리기, 일주일에 두 번 청소기 돌리기와 함께 설거지는 완전 내 전담이다.

해 본 사람은 알겠지만 설거지, 이게 그리 간단한 게 아니다. 식사하는 사람 수에 비해 그릇 수가 기하급수적으로 늘어난다. 지금은 안(못) 그러지만 나 젊었을 적엔 가끔씩 직장 동료들, 친구들 10여 명씩 불러서 집들이를 하곤 했다. 자정 때까지 실컷 먹고 마시고 이튿날 시치미 뻭 떼고 출근하는 게 일쑤였다. 오늘에 와서 생각하면 참 야만적이었다. 지금이라도 '명절에 고스톱 치고, 먹고 마시기만 하며, 설거지와 청소 안 하는 남성들'은 다 사형에 해당되는 죄로 다스려야 한다고 믿는다.

앞으로 나에게 남은 집안일이 손녀딸 우유 먹이기, 요리하기, 빨래하기 정도인데 요리하기는 절대로 안 시킬 것 같다. 손녀딸 우유 먹이기는 열심히 하면 될 것 같기는 한데 빨래하기는 이상하게 싫다. (특히 빨래 널기와 마른 후 분류 및 정돈하기) 이것도 사형죄에 해당되려나?

## 하기 싫은 일 즐겁게 하는 방법

**#1** 장보는 마눌님 따라 다니는 것은 아주 쉬운 일이면서도 가장 하기 싫은 지루한 일 중 하나다.

**#2** 손녀딸 보기는 가장 행복한 일이면서도 대단히 힘든 일의 하나다.

**#1**과 **#2**를 동시에 수행하면 두 작업의 단점만 나타날 줄 알았는데 전혀 반대였다. 지루하고 힘들기는커녕 시간 가는 줄 모르고 행복하기만 했다.

우렁 한 봉지 사자고 졸라서 오늘 저녁 우렁된장에 쌈밥은 보너스다.

## 금연

새해(2014년) 들어 도전한 담배 끊기가 어느 정도 성공을 거둔 듯하다. 그동안 단 한 대의 담배도 피우지 않았다. 여세를 몰아 설부터는 술에 대한 도전을 시도해볼 생각이다. 아주 끊는다는 건 아니고 당분간 1주 2회로 우선 술자리를 줄이고, 마시는 양도 한 번에 소주 1병+맥주 2병을 넘지 않아볼 요량이다. 그것만 해도 1/4을 줄이는 것이다.

나는 첫째, 시간을 정해놓고 마시며
둘째, 술을 보면 안주가 생각나는 것이 아니고 음식을 보면 술이 생각나는 타입이며
셋째, 술 생각이 나서 친구 부르는 것이 아니고 친구 만나고 싶어 술 마시는 것이며
넷째, 술 약속 없는 날이 오히려 기쁠 때도 많으며
다섯째, 절대 혼자서는 마시지 않는 등으로 볼 때 알코올중독자일리 없다고 자신했는데, 며칠 전 재미삼아 알코올중독 자가진단을 해봤더니 영락없는 중증 중독자에 해당한다는 사실을 알고 충격을 받았다. (24점 이상이면 중독인데 난 30점이 나왔다.)

담배를 끊어보니 금연이나 금주나 그나마 건강이 버텨줄 때 실행하는 것이 정답이라는 사실을 다시 한 번 절감했다. 내가 결코 폐가 아파서 금연을 시도한 것이 아닌데, 금연 한 달이 넘어서도 가래가 나오고 가끔씩 가슴이 뻐근한 증상이 남아 있는 걸 겪으면서, 나도 모르는 사이 내 폐가 상당히 망가져 있었다는 사실을 알았다.

"그때 담배를 안 끊었으면 어찌 됐을꼬…."

술도 마찬가지다. 지금 내 간이나 위장, 신장, 뇌 등은 나도 모르는 사이 많이 망가져 있을 것이다. 수전증이 생기고 가끔 필름이 끊어지는 것이 그 증거다. 지금이라도 절주하지 않으면 나중에 크게 후회할 것 같다.

조지훈의 <주도유단>에 따르면 내가 탐주(耽酒)하는 주호(酒豪.3단)이거나 폭주(暴酒)하는 주광(酒狂.4단)정도에 해당될 듯싶은데 다 반납하고 그저 초단(愛酒하는 酒徒) 정도로 스스로 몸을 낮춰볼 요량이다.

그나저나 담배는 혼자의 결단으로도 끊을 수 있지만 술 줄이는 건 친구들의 도움이 절대적일 것 같은데 내 친구들이 기꺼이 도와줄라나….

모르겠다.

## 무전취식

최근 아주 큰 봉변을 당할 뻔했다. 우리 동네에 전국에서 두 번째로 맛있는 족발집이 있다고 자랑했더니 몇몇 후배들이 관심을 보였다. 그 중 마음에 드는 몇 놈을 골라 이 족발집에 초대했다.

술자리가 거의 파할 무렵, 혹시나 이놈들 중에 기특한 놈이 있어 지가 계산한다고 난동 부릴까봐 화장실 간다고 슬그머니 나와 내가 먼저 계산했다. 그리고는 한참 더 있다 즐겁게 술자리를 파하고 우리는 헤어졌다.

열흘쯤 지났을까? 마눌님이 귀갓길에 족발 좀 사 오래서 그 집엘 들렀다. 그런데 가게 들어서자마자 분위기가 심상치 않다. 종업원들과 주인 내외가 서로 눈짓을 주고받더니 종업원 한 사람이 "혹시 며칠 전 여기서 족발드시고 계산 안 하고 가신 거 아네요?" 한다. 깜짝 놀란 내가 "아니요. 딴 사람도 아니고 내가 직접 계산하고 갔는데요?" 했더니, "술 취해서 기억이 안 나실지 몰라요. 틀림없이 계산 안 하셨을 거예요" 아주 확신에 찬 목소리로 다그친다.

당황한 내가 아무리 허우적거리며 계산 당시의 정황을 설명해도 이 사람들 들은 척도 않는다. 나를 보는 눈들이 아주 경멸에 차 있다.

"어라? 내가 이 나이 먹도록 어디가서 무전취식할 정도의 인상은 안 주었을 텐데…."

이들이 확신에 찬 이유를 곧 알았다. CCTV를 봤다는 거다. CCTV를 보니 우리 일행 4명이 나가면서 누구도 계산을 안 하더라는 것이다. 정말 미치고 팔짝 뛴다는 얘기를 그때 처음 실감했다.

내가 먼저 계산한 사실을 얘기하고 CCTV의 앞부분을 볼 수 없겠느냐고 했더니, CCTV 녹음한 건 1주일밖에 보관이 안 된다며 "됐습니다!" 그러는 거다. 우와~ 환장하는 줄 알았다. 돈을 낼 수도 없게 됐다. 돈을 내면 일단 무전취식 피의자임을 인정하는 것이 되고, 시치미 떼고 범행장소를 살피러 갔다가 잡힌 것이 되는 거다.

타협안을 냈다. 내가 이 자리에서 즉시 돈을 못 내는 이유를 설명하고, 집에 가서 영수증을 찾아보겠다고 했다. 주인은 내가 몇 번 가게에 들른 동네 사람인 걸 어렴풋이 알고 있었기 때문에 "그러시라"고 나를 풀어줬다. 아마도 속으로는 '그러시든지…' 하면서 비웃었을 지도 모르겠다.

모멸감과 자괴감, 까닭모를 서러움 같은 것으로 범벅이 된 채 정신없이 귀가했다. 그런데 집에 와서 아무리 찾아봐도 아뿔싸! 영수증이 없는 거다. 절망의 나락이었다. 그런데 곰곰 궁리해보니 신용카드 회사에 혹시 기록이 남아 있을지 모른다는 생각이 들었다.

역시 있었다! 내가 그 날, 그 시간, 그 집에서 계산한 기록이 낭랑한 여인의 목소리로 들려오는 거다. 득달같이 그 가게로 뛰었다. 나는 분노에 가득 찬 목소리로 의기양양하게 "그 날 7시 28분 51초에 계산한 것이 확인됐소! 이젠 당신이 확인할 차례요"라고 소리쳤다.

약간 당황한 주인은 비로소 자기 가게가 거래하는 카드사에 연락하더니 그날 판매한 일체의 계산 내역을 다운받았다. 수십 개에 이르는 계산 내역 중 하나에 7시 28분 51초 거래 사실이 분명히 떠 있었다.

내 카드번호와 일치하는지를 확인하기도 전에 주인의 얼굴은 하얗게 변했다. 종업원들은 어디로 도망가고 주인은 "죽을죄를 졌다"고 백배 사죄하는데 이상한 건, 처음엔 아주 식당을 박살내버리겠다고 씩씩대던 내 분노가 진상이 확인되는 순간 봄눈 녹듯 사라지는 거였다.

한참 전 일이고 그 이래 싹 잊어버렸다. 느닷없이 오늘 그 일이 생각나는 건, 탈북자 출신 서울시 공무원을 간첩으로 만들기 위해 증거를 위조한 사건 때문이다. 누명이란 건 참 억울한 건데, 증거가 누명을 씌우기도 하고 벗기기도 한다. 난 증거(CCTV) 때문에 죽을 뻔하다 증거(카드 기록) 때문에 살아났는데, 그 사람은 위조 증거 때문에 죽을 뻔했다. 그 위조 증거를 국가기관이 만들었단다.

세상에! 우리 동네 족발집보다 못한 국정원이다.

## 악몽

내겐 악몽의 단골 주제가 몇 개 있다. 대학원 다니면서 수강 일수를 못 채워 고민하는 것, 예비군 훈련에 가야하는데 예비군복이 없어서 고민하는 것, 나쁜 놈과 주먹다짐하는데 도무지 주먹에 힘이 들어가지 않는 것, 언덕길 내려가는데 갑자기 절벽이 나타나든가 높은 빌딩에서 뛰어내려야 하는 상황 등등이다. 짧게는 10년, 길게는 20년도 더 지난 일들인데 주책맞게 지금 당장 일들인 것처럼 꿈속에서 나를 괴롭힌다.

어젯밤은 예비군 훈련하는 날이었다. 깨고 나서 나의 주책맞음에 헛웃음을 짓다가 문득 국가 강제동원 체제가 개인 삶에 남기는 상흔에 대해 생각해봤다.

## 나의 '주(색)잡기'

내 주변엔 온갖 '잡기'에 능한 사람이 몇 있다. '잡기'라고는 근처에도 안 가본 사람도 많이 있다. 두 경우 다 그다지 본받을 만한 사람들이라고는 할 수 없다. 대부분의 사람들은 그저 적당히 한두 가지 '잡기'를 적당히 즐길 뿐이다. 이 부류라고 또 다 훌륭한 이들은 아닐 것이다. 자제심이 강한 이들이란 건 대략 맞을 텐데, 계산속이 빠른, 어떻게 보면 좀 약삭빠른 이들이기도 하다.

내 경우는 어떨까. 난 어떤 '잡기'가 됐든 처음 접할 때는 미친 듯이 탐닉하다가 어느 선을 넘으면 딱 끊는 스타일이다. 총각 때는 직장 선배들에게 포커를 배워 어울리다가 결혼 자금까지 털어먹은 적이 있다. 포커는 물론 고스톱을 치면서 밤을 꼴딱 꼴딱 샌 경우도 이루 헤아릴 수 없다. 노름을 하면 따야할 텐데 잃는 경우가 더 많았다. 잃으면 잃을수록 더 빠져드는 게 노름이라는데 나는 어느 날 딱 끊어버렸다. 그 이래 고스톱 안 쳐본 지 20년이 넘었다.

다른 '잡기'들도 마찬가지다. 그래서 내 '잡기' 실력도 그게 무슨 종목이 됐든 늘 중하(혹은 하상?) 수준이다. 바둑은 한 8급 정도, 당구는 120 정도, 골프는 핸디 20 정도?(이마저도 안 해본 지 바둑 25년, 당구 30년, 골프 10년)

담배도 그렇다. 많이도 아니고 평생 하루 12~13개비 정도 피웠다. 그걸 딱 끊은 지 지금 만 6개월이다. 무슨 건강에 이상이 생기거나 생활에 부담이 있어서 그런 건 아니다. 그렇다고 내게 무슨 대단한 절제력이 있는 것도 아니다. 그저, "이건 내가 죽어라고 해야 할 짓이 아니야"라는 자각이 들면, 그 즉시 그만두는 쪽으로 결정했을 뿐이다.

그럼에도 최근까지 '주(색)잡기'('색'에 ( )처리한 것은 전혀 해당이 안 되기 때문) 중에서 딱 하나 안 되는 것이 '주'라고 생각하고 포기 상태로 왔는데 오늘까지 닷새나 술을 안 먹었다. 무슨 특별한 결심이 있었던 건 아니고 그저 술 약속이 없었을 뿐이고, 내가 부득부득 술친구들 불러낼 마음이 안 생겼을 뿐이다.

부쩍 자신감이 든다. 그래서 오늘 서동구 사장 모시고 후배하고 셋이서 점심하는 자리에서 내가 자랑을 좀 했다. 그런데 앞에 앉은 서 사장께서 우리 둘 사이 오간 말을 잘못 들으셨다. 경탄하는 후배에게 "뭐라고? 강 국장이 다섯 주나 술을 안 마셨다고?" 깜짝 놀라신다.

"아니요. 닷새요" 했더니 피식 웃으신다. 아무래도 본격적인 자랑을 하기에는 좀 더 시간이 필요할 듯싶다.

# 하몽하몽

경상남도 어딘가였다. 일행은 먼저 상경하고, 시간이 남은 나는 창원 구경을 하고 올라가기로 했다. (왜 하필 창원이었을까?) 기차 타고 가면서 한참 동안 바깥 구경을 했다. 멀리 숲이 무성한 들도 지나고, 황량한 황무지도 지나고, 공장지대도 지나고, 강을 넘기도 했다. 결국 창원까지는 못가고 어느 한적한 시골 역에 내렸는데, 서울 가는 막차 시간을 확인해보니 8시 30분 차. 다섯 시간의 여유가 있었다.

기차표 파는 여인에게 "여기 어디 구경할 데가 없나요" 물었더니, 관광안내 지도를 펴놓고 자세히 설명해준다. 체구는 자그마하고 안경 낀 가냘픈 인상의 여인. 딱히 미인이라고 할 수는 없지만 상냥하고 정감이 있다.

그러다가 그 여인 갑자기 "제가 같이 가면서 직접 안내해 드려도 될까요?" 한다. 멀리 있던 남자 직원에게 가서 뭐라 뭐라 설명하고 핸드백을 챙기는 사이, 난 그만 잠이 깨고 말았다.

잠에서 깬 지금도 가슴이 두근거린다. 술 마시고 기절하다시피 잔 한여름 밤의 꿈(夏夢)이 대박이다. 마누라에게 들킬까 두렵기는 하지만, 오늘도 한잔 먹고 자야겠다. 잠들자마자 꼭 표를 물러야겠다.

## 전두엽

세월호 특별법 제정을 촉구하는 집회에 참석하고 오는 길. 칠십이 가까워 오는 선배가 느닷없이 "나이 들면서 너그러움, 현명함, 정신적 여유, 이런 것들을 기대했는데, 주변을 보니까 오히려 더 염치가 없어지고 강팍스러워지는 것 같아. 나도 그런가?"라고 한탄한다.

만물박사를 자처하는 오십대 중반의 후배가 냉큼 "그거 전두엽 때문에 그래요"라고 단정한다. 어린아이가 아직 전두엽이 발달되지 않아서 사리분별 못 하고 떼를 쓰는 것처럼, 나이 들수록 전두엽이 퇴화하면서 똑같은 현상이 빚어진다는 것이다. 다만 사람에 따라 편차가 있는데, 깨끗한 공기, 물을 마시며 건강한 생활을 유지하고, 술 많이 먹지 말고 생각을 많이 하는 사람일수록 오랫동안 염치를 지킬 수 있다는 것이다. "SNS 활동은?" 내가 물었더니, "도움이 되겠지요. 단 좋은 친구들하고 좋은 이야기들만 나눠야겠지요" 한다.

평소 셋이 만나면 다섯 병 마시던 우리는, 그날 세 병만 마시고 헤어졌다.

## 오늘은 내가 일등

어젯밤 컴퓨터 끄기 직전 페북에 들어간 것이 행운(불운?)이었다. 한 페친이 올린 "내일 새벽 동해 일출 구경 갈 사람 모여라"라는 광고성 포스팅에 그만 낚이고 말았다. 돌이켜보니 무려 25년 만에 본 동해안 일출. 오늘만은 내가 오늘의 태양을 제일 먼저 본 사람의 하나이겠다. 내일의 태양은 또 따로 있겠지만….

늙어가면서 가끔씩은 이런 호사를 누려도 용서받을 수 있지 않을까 생각한다. 주문진 회시장에서 술 한잔 걸치고 거나하게 취한 채 서울 올라가는 길, 피곤하긴 해도 아직 충동적인 젊음을 확인한 기꺼움의 여운이 남아 있다.

## 냉면 수업

오늘 점심은 오장동 함흥냉면이다. 그제는 일이 있어 의정부에 갔다가 점심을 의정부 평양냉면집에서 먹었다. 그 사실을 안 마눌님이 눈을 흘기는 바람에 오늘 오장동에 온 것이다.

마눌님이 오장동을 선택한 것은 특별히 함흥냉면을 먹고 싶어서가 아니다. 이 냉면집에서 막내아들이 다섯 살 때(25년 전!) 두 그릇+사리를 뚝딱 해치운 추억이 있기 때문이다. 덕분에 나는 이틀 상관으로 평양냉면과 함흥냉면을, 그것도 원조집에서 연달아 먹은 셈이 됐다.

내가 평생 맛이란 걸 좀 알고 산 사람이라고 자부하지만 사실 냉면 맛은 잘 몰랐다. 냉면은 한 끼 식사로 뭔가 부족한 느낌을 주는 데다 특히 술과 어울리기엔 대단히 부적합하다는 점에서 별로 즐겨하지 않았다. 그런데 한참 전 한 후배가 점심을 산다면서 을지면옥에서 1시쯤 만나자는 것이다.

"하필이면 냉면인가. 낮술도 못하게…", 그런 못마땅한 생각이 없지 않았지만 얻어먹는 주제에 이것저것 가릴 수도 없는 처지 아닌가. 그런데 그날 우리는 셋이 만나 편육 세 접시, 냉면 세 그릇에 소주 일고여덟 병을 마셨다. 내가 드디어 냉면의 세계에 눈을 뜬 것이다. 그 이래 걸핏하면 낮술에 냉면을 찾는다. 아마도 나이 친화성이 가장 강한 음식중 하나가 냉면 아닌가 싶다.
찬찬히 음미하면서 먹어보면 평양과 함흥, 두 냉면 맛이 사뭇 다르다는 걸 느낄 수 있다. 평양은 면발이 굵고 잘 끊어지는데 함흥은 가는 대신 질기다. 국물 맛은 평양이 밍밍하고 함흥은 좀 강한 것 같다. 평양 쪽은 마실 물도 메밀 삶은 물을 주는 데 반해 함흥냉면은 뜨뜻한 육수를 준다. 그 이유를 금방 알게 됐다.

두 냉면 맛을 비교해보려고 물냉면을 시켜먹다가 마눌님 몫인 회냉면을 몇 가닥 얻어먹었는데, 역시 함흥냉면은 회냉이나 비냉을 시켜 따끈한 육수로 매운맛을 달래가며 먹어야 제 맛인 듯하다. 나 개인 취향으로는 물냉은 평양, 비냉이나 회냉은 함흥이 맞는 것 같다.

## 나의 주도

기자 생활 30년 포함, 40여 년 줄기차게 마시다보니 내게도 술 마시는 요령 같은 것이 생겼다. 얼마 전, 꽤 오래 내 술친구였던 후배 하나가 여전히 내 술 마시는 스타일에 대해 궁금해 하길래 잘난 척하면서 몇 자 요약해 보내준 적이 있다.

요즘엔 내 젊었을 때와 달리 술 잘 마시는 것이 자랑이 아니라 숨겨야 할 일처럼 돼버렸다. 그래도 마실 수밖에 없는 일이라면 최대한 '잘' 마시도록 노력은 해야 할 것이다.

술 마시는 것도 기사 쓰기와 같아 육하원칙이 중요한 것 같다. 언제, 어디서, 누구와, 왜, 어떻게 마시느냐에 따라 취흥의 격이 다르다. 주종불문, 두주불사까지는 좋다. 하지만 아무때나, 아무나 불러놓고, 아무 의미도 없이, 안주도 시원찮은 깡소주를 들이켜는 것은 나이 들수록 삼가야 할 일이다. 공짜 술 기웃거려도 추한 일이다.

좋은 술자리는 꼭 금준미주 옥반가효가 아니라도 좋다. 비싼 양주, 와인에 소갈비, 봄 도다리, 여름 민어 아니면 또 어떤가. 봄여름이면 진달래꽃 가득 핀 산기슭이나 강바람 시원한 강변에서, 비오는 날이면 정자 밑에서, 달 밝은 밤이면 너른 공원 풀밭 위에서, 눈 오는 겨울이면 김이 서리는 창가에서, 기질 맞는 지인들과 둥그렇게 둘러앉아, 두런두런 이 얘기 저 얘기 나누며(가끔 시도 낭송하고 노래 부르는 이도 있더라만) 마시는 술은 소주폭탄도 금준미주요, 족발에 골뱅이도 옥

반가효가 되는 것이다.

실제 늘 그렇게는 못 해도 술자리마다 늘 그런 정도의 상상력을 갖도록 노력해야 "한 잔 먹새 그려~ 또 한 잔 먹새 그려~ 곳 것거 산 노코 무진무진 먹새 그려~"의 경지에 이를 수 있는 것이다.

그런 식으로 가까운 친구는 한 달에 한 번, 아무리 친한 친구도 한 달에 두 번 정도만 어울려야지 늘 반갑고 흥겨운 법이다. 그렇게 마셔야 비로소 "어~ 그 친구, 참~ 오~래, 참~ 자~알 마시다 갔어~" 소릴 들을 수 있을 것이다.

## 1차

가장 친한 고등학교 친구들을 오랜만에 만났다. 그중 한 녀석 개인 사무실에서 만나 주문 배달한 음식과 술을 마셨다. 꽤 넉넉히 마셨는데도 다른 한 녀석이 2차 가자며 호기롭게 나선다. 우우 몰려가는 뒤를 따르다가 난 언제나처럼 슬그머니 옆길로 빠졌다. 누가 본 놈이 있어도 굳이 붙잡지 않았을 거다. 1차로만 끝낸다는 게 내 오랜 원칙이라는 걸 알기 때문이다.

술자리를 경계하는 말 중에 사람이 술을 먹고, 술이 술을 먹고, 술이 사람을 먹는다는 말이 있다. 정확히 1차 2차 3차에 해당되는 상황이다. 호랑이가 됐다가, 돼지가 됐다가, 원숭이가 된다는 말도 마찬가지다.

모두 다 알코올이 뇌를 마비시켜서 발생하는 일이다. 뇌가 제 역할을 못 하니 한 말 하고 또 하고, 결국에는 아직도 하지 못한 말들이 많이 남았다고 착각하는 걸 거다. 장기 중에서 유일하게 뇌와 연결된 것이 위장이라고 한다. 술을 마시면 이 연결망이 끊어지니 위에 아무리 많은 음식이 채워져도 뇌는 계속 먹고 싶은 것이라고 한다. (이건 의사 친구한테 직접 들은 이야기)

1차로 끝내기로 결심한 것은 13년 전 편집국장 할 때이다. 직책상 거의 매일 술을 마셔야 하는데, 어느 날 이대로 2차, 3차까지 계속 어울리다간 제 명대로 못 살 것 같다는 느낌이 왔다. 하지만 아직도 2차 향하는 친구들에게 등 돌리고 온다는 것이 영 아쉽기도 하고 미안하기도 한 그런 복잡한 심사가 있다.

그걸 이겨내지 못하면 결코 오늘처럼 개운한 아침을 맞지 못한다.

## 하늘의 기운, 사람의 기운

우리 동네에도 벚꽃이 흐드러지게 피었다. 이맘때가 되면 내 18번은 버스커 버스커의 <벚꽃 엔딩>인데 사람들이 잘 믿지 않는다. 친구들 중에는 "벚꽃은 알겠는데 앤딩은 뭐냐", 심지어 "버스커 머시기가 뭐 하는 거냐"고 묻는 자들도 있다.

하지만 나와 한 번쯤이라도 노래방에서 놀아본 아주 가까운 사람들은, 적어도 벚꽃이 피는 동안만은 내 18번이 <벚꽃 엔딩>이라는 사실을 잘 안다.(물론 비 오는 날이면 박인수나 장사익의 <봄비>를 더 즐겨 부른다) '봄바람 휘날리며~' 대목의 끝부분 '며~'를 부를 때 워낙 고음이라서 어려움을 겪긴 하지만, 무릎을 꺾었다가 벌떡 일어서면서 약간의 가성을 섞으면 90%까지 올라갈 수 있다.

그나저나 <벚꽃 엔딩>을 아무 때 아무 데서나 부를 순 없으니 노래방엘 가야 하고, 노래방 가려면 한 잔 걸쳐야 하고, 한 잔 걸치려면 친한 친구가 있어야 하는데 아무 때나 친구한테 전화 걸어 '야~, 술 먹고 노래방 가자'고 할 수는 없는 노릇 아닌가.

자고로 노래 한 곡 뽑는 것도 하늘의 기운과 사람의 기운이 맞아야 한다는 걸 알겠다.

●●

## 낮술의 맛

벌건 대낮에 맛순례 하며 낮술에 취했다. (내가 낮술을 꽤 하는 편이지만 아무리 해도 수주 변영로 선생 발뒤꿈치에도 못미친다) 마포 공덕초교 옆 골목 무삼면옥에서 시작했다. 한참 전 이 집 냉면 맛을 극찬하는 오마이뉴스 이한기 전 국장 페북 포스팅을 보고 회가 동했다. 오랜만에 후배 얼굴도 볼 겸 이 집에서 낮술 한잔 하기로 약속을 잡은 것이다.

평양냉면, 함흥냉면, 두루 유명 냉면집 맛은 거의 다 맛봤지만 확실히 이 집만의 특별한 맛이 있는 듯하다. 이 국장으로부터 그의 고향 연천으로부터 시작된 서울의 평양냉면 유례를 들으면서 먹으니 더욱 각별하다.

먼저 돼지고기 편육에다 소주 한잔 걸치고 있는데, 친구들과 먼저 와 있던 한겨레 정혁준 기자가 용케 알아보고 잠시 합석했다. 그러고는 내가 자기 구역에 온 손님이라면서 선뜻 우리 먹은 것까지 지불하고 간다. 내가 한겨레 창간 독자여서 미안한 마음은 없고, 고마운 마음만 든다.

둘 다 꽤 취했고 배가 부른데도, 이 국장이 자기가 맛있는 음식 얻어먹었으니(원래 냉면 값은 내가 내기로 했다) 이번에는 자기가 꼭 모시고 가야 할 곳이 있다면서 앞장을 선다. 마포역 불교방송 뒷골목까지 한참을 걸어 한 횟집에 당도했다. 가는 길에 이 국장이 설명하기를, 동아일보 사진기자를 잠깐 했던 이가 주인 겸 주방장인데 최상의 재료만을 고집하는 집이라고 한다. 조금만 달라고 신신당부해서 아주 작은 한 접시 민어회를 떠 왔는데 과연 맛이 대단하다. 민어회 둘레로 흑산도 홍어회도 몇 점 올렸는데, 맛도 맛이지만 단골손님을 대접하는 정성이 더욱 각별하다.

낮술을 2차까지 했지만 내가 (조지훈의 주도유단에 따르면) 주도 5단 격인 주선(酒仙, 주도 삼매에 든 長酒家)까지는 아니고 탐주(耽酒)하는 주호(酒豪. 3단) 정도는 된다. 어제는 좋은 후배들 덕분에 2급 수준 반주(飯酒, 음식 맛을 더하기 위해 마시는 사람)에 머무른 감이 없지 않다. 사실 낮술을 과하게 하면 나머지 하루를 작파하기 때문에 주변에 미안한 마음이 들기도 한다.

이를테면 "남들은 툭 하면 30년 해외에서 민족 혁명을 하였느니 40년 독립운동을 하였느니 대성질호(大聲疾號)하는 이 판에 내 무삼 할 일 없이 50 남짓한 나이로 40년을 호리건곤(壺裏乾坤)에 부침하단 말가"라고 자탄한 변영로 선생의 심정 비슷한 거다.

## 소주 숙성 돼지

시 잘 쓰는 어떤 시인은 어느 날 아침 일어나 보니 유명해졌더라 하던데 나는 오늘 아침 깨자마자 내가 돼지가 돼버린 걸 발견했다. 술이 덜 깬 돼지다. 어젯밤 와인을 마셨으면 제대로 와인 숙성 삼겹살이 될 뻔했다. (내가 볼 때) 대가리에 피도 안 마른 놈에게 개돼지 취급을 받는 것이 억울하긴 하다.

하지만 술 처먹다 느닷없이 천황폐하 만세를 부르는 놈,
서울 한복판에서 벌어지는 자위대 창설 기념행사에 참석하겠다는 놈(년)들,
기어이 사드를 들여오겠다는 놈(년)들,
나랏돈을 몇 조 원씩이나 사기쳐먹는 놈들,
전관예우로 1년에 100억이 넘는 돈을 꿀꺽 해먹는 놈들,
진즉 쥐덫을 놓아 잡아야 할 놈은 멀쩡히 놓아두고 지가 먼저 '쥐덫'에 걸리는 박근혜 등등,
세상이 온통 '개판'인데 나만 개나 돼지가 아니랄 수 있겠나 싶어 그냥 포기하기로 했다.

'개판'은 진짜 개나 돼지들이 만드는 것이 아니라
깨닫지 않고, 뭉치지 않고, 저항하지 않고, 싸우지 않고,
투표조차 제대로 하지 않는 99%가 만든다는 사실에도 동의하지 않을 수 없다.
내가 그 99%에 속한다는 것을 부인할 수 없으니 개돼지 취급받는 걸 피할 도리가 없다.

개보다는 돼지가 낫고, 술은 소주가 제일 좋으니,
돼지 중에서도 소주 숙성 돼지로 머무르련다.

## 막걸리 숙성 돼지

오마이뉴스 구영식 기자가 집에서 담근 막걸리가 잘 익었다고 불러 한걸음에 달려갔다. 난 장수막걸리 맛에 길들여져 있는데, 구 기자 집 막걸리는 금방 좋아진다. 약간 세긴 한데 시큼하고 털털한 맛이 아주 제대로다. 이걸 가양막걸리라 해야 하나, 수제막걸리라 해야 하나. 민어찜과 김치전을 안주로, 오마이뉴스 황방열 기자, 채화칠 장인 최성관 선생과 함께 실컷 마셨다.

구 기자가 기르는 스피츠 녀석이 끼고 싶어서인지 자꾸 상 주변에 얼씬거린다. 그래 와라, 같이 먹자. 너나 우리나 같은 신세.

## 물 폭탄

방사능 치료는 온몸을 굽는 것과 같다고 한다. 얼마나 힘들까. 그러므로 방사능 치료를 견디기 위해서는 고기 등 단백질을 많이 섭취해 체력을 유지해야 한다고 한다. 그런데 이상하게 한국 사람들은 암환자가 고기 먹는 것을 극도로 꺼린다고 한탄하는 의사 말을 들은 적이 있다.

방사능 치료를 불 폭탄이라 한다면 음주는 물 폭탄이 아닐까 싶다. 과도한 음주 다음 날이면 지독한 숙취는 물론 온몸이 무엇에 두들겨 맞은 듯 여기저기 아프고 쑤시기까지 한다. 힘이 하나도 없고 구역질도 난다. 불 공격이냐 물 공격이냐의 차이가 있지만 증상은 같지 않을까 싶다.

한 주에 3번 이상 술 먹는 이들이 술 안 먹는 이들보다 두 배 이상 자살 충동을 느낀다니 그게 맞을 것이다. 방사능 치료 받는 이들도 자살 충동을 느낀다지 않던가. 그러고 보니 술 먹을 때 안주 잘 챙겨 먹어야 한다는 충고도 같다.

예부터 화재보다 무서운 것이 수재라 했다. 불난 집에서는 뭐라도 건질 게 있는데 물에 잠겼던 집에서는 하나도 건질 게 없다는 얘기다. 그럼에도 술꾼들이 매일 물 공격을 자청하면서도 근근이 버틸 수 있는 것은 안주로 고기를 충분히 먹는 덕분이 아닐까 싶다.

불금 다음 날 아침에는 곳곳에서 물 폭탄과의 전투에 대한 전황 보고서가 난무한다. 대개 자신의 전과를 뻥튀기하는 전승 보고서 투성이다. 하지만 오랜 세월 물 폭탄을 맞아본 백전노장들은 안다.

"술 앞에 장사 없다."

## 더위 사냥

현재 외부 기온은 30 몇 도.

5층 아파트 앞면 뒷면 창문 다 열어놓으면 지나가는 바람이 -3도. 웃통 벗고 있으면 -3도. 선풍기 틀어 놓으면 -3도. 수박화채 -2도, 냉수 샤워 -2도, 돗자리 깔고 온몸 구르기 -2도, 책 읽기 -2도….

이 정도 계산이면 에어컨 안 돌려도 견딜 만하다. 구태여 계곡 찾아갈 일도 없다. 문제는 더위가 절정이라는 이번 주에 점심 약속이 4번이나 몰려 있다는 것이다. 낮술은 마실 때는 -5도인데 마시고 나면 +5도가 된다.

## 주범과 공범

국제시장조사기구 유로모니터가 보고서를 냈는데 한국은 음료수에 의한 칼로리 섭취량이 하루 평균 1인당 44cal인 데 반해 술에 의한 칼로리 섭취량은 168cal로 조사 대상 24개국 중 가장 높았다고 한다.

168cal는 맥주 500cc 한 잔 정도라고 한다. 난 어제도 소주 1병(360cc) 반에 맥주 2병 마셨다. 소주는 20도이므로 맥주로 환산하면 2,100cc 정도이고, 맥주는 1,280cc(640cc×2) 마셨으므로 총 3,380cc, 칼로리로는 최소 1,000cal 이상 마신 셈이 된다.

내가 한국을 세계 1위로 이끈 주범이 아닌가 하는 자괴감이 밀려온다. 둘째 딸도 일찍 퇴근한 남편이 아이들 돌보는 가운데 회사 사람들과 술 마신다는 소식을 전해왔다. 평소 실력으로 보건데 아마도 내 2/3 정도는 마셨을 것이 틀림없다.

공범이다.

## 소통을 위한 혼밥

독거노인이 집에서 혼밥 하는 것이야말로 '마음의 병이고 사회적 자폐'(황교익) 현상일 수도 있다고 생각한다. 그런데 나는 점심 약속이 없는 날에도 밖에 나가 혼자 점심을 먹는다.

물론 이 삼복더위에 일부러 혼밥 외식하려고 외출하는 건 아니다. 종로 YMCA 낮 수영 시간이 12시 10분~1시 30분이기 때문에 11시쯤 나가 헬스도 하고 사이클도 타다가 수영을 한다(수영은 내가 제일 선호하는 건강 비법이다). 직장 다니는 사람들이 함께 어울려 점심을 먹는 동안 나는 체력을 관리하는 것이다. 웬만하면 점심보다 저녁 술자리를 선호하는 나로서는 점심 혼밥이 나름 더욱 활발한 교류와 소통을 위한 고육지책인 셈이다. 이런 적극적인 의미의 혼밥을 마음의 병이요, 사회적 자폐 현상이라 할 수는 없을 것이다.

하루는 육개장, 하루는 냉면, 맛있는 것 마음대로 골라 먹을 수 있고 서로 돈 내겠다고 싸울 일도 없다. 1시 훨씬 넘어 점심을 하니 탑골공원 뒤 맛집 유정식당에서 줄 안 서고도 4,000원짜리 맛있는 설렁탕을 먹을 수도 있다.

## 맛의 법칙

새터민들이 운영하는 식당에서 먹은 가자미식해가 엄청 시다. "그래서 사람들이 처음 호기심으로 먹어봤다가 두 번은 잘 안 먹는다"는 것이 이 식당 단골인 후배 김진호의 설명이다. "그러면 발효를 좀 덜 시키면 되지" 했다가 문득 한 10여 년 전(2006년) 일이 생각났다.

둘째 딸 대구 시댁을 방문해 저녁상을 받았다. 안사돈께서 정성스럽게 차린 식단의 메인 디쉬는 먹태찜이었다. 한 점 먹는 순간 엄청난 실수를 저지르고 말았다. 나도 모르게 "앗! 짜!"라는 소리가 터져 나온 것이다. 주의 깊게 내가 식사하는 모습을 지켜보시던 안사돈께서 얼굴이 홍당무가 돼 어쩔 줄 모르신다.

나중에 딸 이야기를 들어보니 안사돈께서 그 먹태찜에 유난히 정성을 기울이셨다고 한다. 며느리를 옆에 불러놓고 "야~ 야~, 이거 간 좀 봐라. 좀 싱겁지 않나~. 싱거우면 맛이 덜 할 텐데~" 하시면서 하염없이 소금을 넣더라는 것이다. 며느리를 통해 내가 좀 싱겁게 먹는다는 것을 알면서도 그러시더라는 것이다.

그래서 대구 음식은 짜고(맛없고), 북한 가자미식해는 시고, 전라도 음식은 어딜 가나 맛있는 것이다. 각 지방 음식맛이 하루아침에 변할 리 없다.

## 마지막 모기 사냥

올해(2017년)는 무더위에도 모기 발생수가 예년에 비해 훨씬 적었다고는 하지만, 내가 모기 한 방 맞지않고 여름을 난 것은 평생 처음인 것 같다. 그것이 별 기이한 것도 아닌 것이, 온전히 혼자서 여름을 난 것이 평생 처음이기 때문이다. 창문마다 방충망을 설치해 놓은 데다, 집을 들락거리는 것은 나 혼자이고, 내가 외출해 있는 동안 거의 하루 종일 누가 창문을 열었다 닫았다 할 일이 없는 것이다.

그게 3일 전까지 일이다. 그제 밤에는 새벽녘에 정강이와 발목 부근이 가려워 잠을 설쳤다. 꿈결에도 모기의 장난이라는 건 알겠는데도 워낙 피곤해 발바닥으로 가려운 곳만 쓱쓱 문지르고 그냥 잤다.

아침에 정강이가 두세 군데 벌겋게 부어오른 것을 발견하고 모기 행위임을 확인했지만 잠시 이 놈이 어떻게 집안에 침투했을까 궁금했을 뿐 별 다른 조치를 취하진 않고 금새 잊어 먹었다.

다시 어제 저녁 잠자리에 들면서 모기 생각이 나 걱정을 하긴 했으나 신통하게도 그 날은 별 다른 일이 벌어지지 않았다. 이 놈이 아직까지는 배가 부른데다, 또 까불다가는 결코 좋은 일이 벌어지지는 않을 것임을 본능적으로 눈치챘음이 틀림없다. 부당한 일을 당하면 무슨 짓을 해서라도(모기 경우 밤을 세워서라도) 반드시 보복하는 내 성질을 알았는지도 모르겠다.

그런데 오늘 아직 해가 남아있는 초저녁에 이 녀석이 출몰했다. 아마도 배가 엄청 고팠던 모양이다. 소파에 앉아「비밀의 숲」을 열공하고 있는 내 무릎에 앉아 있는 것을 발견한 내가 슬그머니 오른손을 치켜들자 휘리릭 날아가 버린다.

곧바로 추격에 나설 것인가, 잠복근무에 들어갈 것인가, 추격을 해 봤자 방법이 없지 않은가, 잠복했는데 안 나타났다가 잠든 후 나타나 괴롭히면 어떡하지?, 온갖 생각으로 고민하고 있는데, 어랍쇼! 이 놈이 금방 다시 나타나 무릎 근처에서 어른거리는 것 아닌가. (배가 고프기는 어지간히 고팠던 모양이다. 놈의 시체만 봐도 알 수 있다)

순간 나는 번개같이 박수를 쳐서 놈을 잡고 말았다.(내가 비록 고기는 좋아해도 벌레 하나 죽이는 걸 꺼려하는 온건한 사람인데 파리 바퀴 모기 등은 결코 아니다) 약을 쓴 것도 아니고 얼떨결에 맨손으로 모기를 잡고 나서 기분이 굉장히 업됐다. 모기나 파리를 맨손으로 잡아 본 사람은 알겠지만 이게 고도의 민첩성과 모기나 파리가 날아 갈 방향에 대한 예리한 판단력, 시력의 날카로움 등을 겸비해야만 해낼 수 있는 일이다. 한 마디로 나는 아직 늙지 않았다는 명백한 사실을 모기 한 마리를 통해 스스로 증명해 낸 것이다! 그런데 의기양양하게 놈의 시체를 (인증)사진 찍다가 문득 이런 생각이 들었다. "내가 아직 안 늙은 게 아니라 이 놈이 가을 문턱에서 힘이 빠진 거 아녀?"

암튼 이 놈이 내가 올해 만난 처음이자 마지막 모기임은 분명하다.

## 좌마늘 우술

연휴 첫날인 그제는 후배들과 어울려 낮술 한잔 하고 오랜만에 당구를 한 게임 쳤다. 여섯이서 둘씩 팀을 이뤄 4구를 쳤는데 우리 팀이 2등을 해서 횡재를 했다. 3등 팀이 게임비를 내고 1등 팀이 더 비싼 2차를 냈기 때문이다.

이날 낮술과 당구로 명절맞이를 함께한 후배들도 그렇지만 내 당구 실력은 아주 형편이 없다. 120 정도다. 나랑 같이 고교 때 당구를 배웠던 친구들 중에는 학교 다닐 때 벌써 3~400 치던 놈들도 있다.

당구뿐 아니다. 바둑이 7, 8급 정도, 볼링 에버리지가 120 정도이고, 골프도 20여 년을 쳤는데 끝내 핸디캡 20을 넘지 못하고 10년 전 채를 던졌다. 도박으로 돈도 꽤 잃었는데 어느 날 거짓말처럼 딱 끊었다.(돈을 잃을수록 더 매달리는 것이 도박이다)

이처럼 내 '잡기' 편력은 그게 무엇이 됐든 늘 초보 수준에 머무는 것이다. 싫증이 나거나 게을러서가 아니라, 이게 과연 내 인생에 도움이 될까 하는 자각이 드는 순간 단호하게 끊어버린 것이다. 담배도 끊은 지 4년 돼 가는데 아직 한 대도 안 피웠다. 이런 단호함이 있어 이쁜 색시 얻고, 밥 안 굶고, 한뎃잠 안 자며, 세 아이 잘 키워 좋은 배필 짝지워서 쫓아낼 수 있었을 것이다.

주(색)잡기는 늘 함께 다니는 것인데 문제는 술이다. 이놈만큼은 도

무지 어찌해볼 도리가 없다.(술 마시는 것을 다른 잡기로 환산하면 바둑 7단, 당구 6~700, 골프 언더파 수준이다) 술만 안 마셨으면 더 크게 출세했지 않았을까 하는 생각이 전혀 안 드는 건 아니지만, 그렇다고 더 이쁜 색시 얻어, 고대광실에서 떵떵거리며 살고 있을 것 같지는 않다.(책 읽는 시간이 더 많았을 것만은 분명하다)

그저 좋은 친구들과만 마시도록 애쓰며, 술 취해서 헛소리하지 않고, 과하게 많이 마셔서 건강 해치지 않을 정도로 살살 달래가면서 평생 데리고 살 생각이다.

좌마눌 우술로.

## 선육후면

LA에서 동포신문을 발행하는 후배(황덕준)가 냉면을 먹고 싶다고 해서 오늘 점심은 편육+랭면에 소주를 곁들였다.

저녁 때 들으니 이번 주 금욜 청와대 점심 특식도 냉면이란다. 판문점 남북정상회담 때(2018. 4. 27.) 판문점에 가지 못하고 후방 지원했던 직원들의 불만 무마용이라는 것이다. 당연히 판문점에서 먹은 '멀리서 왔다고 하믄 안 되갔'는 냉면과는 맛이 다를 것이다. 대신 편육이나 듬뿍 내놓았으면 좋겠다.

원래 '선육후면'이란 겨우내 영양가 없는 메밀만 먹은 소작농들이 봄철 논일에 나섰다가 영양실조로 픽픽 쓰러지는 걸 보고 지주들이 가끔 돼지를 잡아 나누어준 데서 유래했다는 말이 있다.

한반도 운명을 쥔 일꾼들이 픽픽 쓰러져서야 되겠는가.

## 오동닢

지난 한 주 잡혀 있는 술자리를 피하지 않았고 출장가서 특강도 하면서, 내색은 안 했지만 사실 감기에 걸려 고생 좀 했다. 거짓말 같지만 지난 10여 년 한 번도 감기에 걸려본 적이 없어 좀 당황했다. 감기는 체력이 떨어질 때를 노린다던데,

그럼 늘어난 술자리 때문?
(하지만 대신 양을 줄였기 때문에 전체적으로 마시는 양은 비슷하다)
10년 만의 출근의 고단함?
(하지만 엔돌핀이 그 고단함을 상쇄하고 남는다)
미세먼지?
(최근 들어 더 심해진 것도 아니고 나만 영향 받는 것도 아니다)
그렇다면?
나이 때문이다. 부인할 수 없다.
(부인해서도 안 된다)

오동잎 한 잎 떨어지면 천하에 가을이 온 걸 안다더니, 기침 한 번으로 드디어 강 아무개의 청춘도 기울기 시작했음을 알겠다. (가만 보니 두 살 아래 손석희의 목소리도 심상치 않다)

## 반주

무교동 북어해장국집은 내 35년 단골집이다. 장구한 세월 내 쓰린 속을 달래주었다. 1990년 경향신문에서 해고당하고 프레스센터 언론노조 사무실에서 농성하며 100일 출근투쟁할 때는 거의 매일 아침을 여기서 해결하기도 했다.

오늘 누가 시키지도 않은 특근하다가 우리 회사 이명재 국장하고 점심을 여기서 먹었다. 나 못지않게 술 좋아하는 국장이 "반주 한 잔 하시죠?" 제안했을 때 난 택도 없는 소리말라며 단호히 고개를 저었다. 반주가 싫어서가 아니다.

"이 집에서는 술 안 팔아!"
"아닐 걸요? 팔 걸요?"
"무슨 소리! 내가 40년 가까이 이 식당서 밥 먹으면서 단 한 번도 술을 마신 적이 없다네! 다른 손님들 마시는 걸 본 적도 없고…."
"술 달라고 안 해서 그랬겠죠. 난 오랜만에 오긴 했지만 전에 분명히 소주 마신 기억이 있는 걸요!"

오래 왈가왈부할 일도 아니다. 서로 반주를 마다할 사람들이 아니니 술 한 병 시켜보면 될 일이다. 그런데 내가 졌다. 소주 한 병을 시키니 바로 가져다 준다.

이 식당 출입 경력이 나보다 최소 10년은 짧은 국장이 알고 있는 걸 나는 왜 몰랐을까. 가히 청출어람이요, 후생가외가 아닐 수 없다. 그건 아마도 처음부터 이 식당은 술 먹는 데가 아니라는 선입견이 내게 작용했을 것이다.

원래 북엇국 하나로는 술 먹기에 적합한 음식이 아니라는 내 취향 탓도 있을 것이다. 나 말고 다른 손님들도 이 식당에서 술 먹는 걸 한 번도 본 적 없는 것이 이제 와서 새삼 신기한 노릇이다.

가져다준 소주 마시며 속으로 계산해보니 내가 이 식당에서 술 파는 걸 몰라서 못 먹은 술이 아무리 보수적으로 따져도 얼추 소주 350병(반병×1년 20번×35년)은 될 듯싶다. 몇 년 전에 알았더라면 좀 억울하고 분한 생각이 들었을지 모르지만 오늘에야 안 것이 다행이라는 생각도 든다. 차라리 영영 모르고 있었던 게 낫지 않았을까? 내가 많이 약해진 것 같다.

# 나의 음악 감상법

오늘은 송년회를 빙자한 술자리 말고, 클래식 음악을 들으며 교양을 좀 쌓기로, 힘든 선택을 했다. 연합뉴스TV가 주최하는 송년음악회 표가 생겨 고심 끝에 딱 오늘 하루만 술 대신 음악을 즐기기로 한 것이다. 그 단상은 다음과 같다.

1. 음악회에서 중간(인터미션)에 빠져 나오지 않은 것은 오늘이 처음 아닌가 싶다. 원래 음악회가 됐든 뮤지컬, 오페라가 됐든 2부가 1부보다 짧게 편성돼(특히 음악회의 경우) 인터미션 때 슬그머니 빠져 나와도 별 부담이 없었는데 오늘은 반대로 1부 시간이 2부의 1/3밖에 되지 않았다. 도저히 1부 20분만 듣고 나올 수가 없었다.

2. 내가 클래식에 약한 것은 무엇보다 서너 시간씩 음악을 듣는 참을성이 없기 때문이다. 오늘도 서너 시간 걸리는 교향곡 9번 중에서 고작 한 시간 제4장 듣는 것도 좀이 쑤셨다. 어쨌든 오늘 난생 처음 제4장을 통째로 들었는데 문득 옛날 형제 많은 입사 동기가 평생 통닭 한 마리 혼자 먹는 것이 꿈이었다고 했던 말이 떠올랐다. 이 친구 첫 월급 받아 통닭 한 마리 통째 먹고 난 기분이 이랬을 것 같다.

3. 공연이 됐든 영화가 됐든 그림이 됐든 초보들은 역시 '대작'부터 시작해야 한다. 베토벤 교향곡 9번은 과연 대작이다. 9번 전체는커녕 9번 중 제4장도 잘 모르는데 처음 연주가 시작되자마자 확 끌어당기는 힘이 있었다. 음악회 자리를 끝까지 지켰음에도 억울한 생각보다 만

족감이 더 컸다. 대부분 관객이 다 그런 것 같다. 또 하나, 녹음보다는 역시 생음악이 좋다.

4. 베토벤은 진짜 천재다. 어떤 악기에서 어떤 소리가 나는지, 언제 어떻게 그 소리들을 합쳐야 아름다운 하모니가 이루어지는지 공부만 해서는 알 수가 없을 것이다. 더구나 귀먹은 사람이 저런 음악을 만들어내는 건 눈먼 사람이 그림 그리는 것과 같이 거의 불가사의에 가깝다. 그런데 베토벤은 음을 알 뿐 아니라 시도 알고 철학도 안다. 그냥 놀라운 사람이다.

5. 듣는 내가 이리 힘이 드는데 연주자들은 얼마나 힘이 들꼬. 또 평생 얼마나 연습해야 저 경지에 이를 수 있을까. 특히 한 시간 내내 쉬지 않고 몸을 흔들며 팔을 휘젓는 지휘자는 악보를 외워야 할 뿐 아니라 체력 훈련, 상체 근육운동도 해야 하지 않을까?

6. 저 맨 왼쪽 구석에 앉아 있는 세 사람(배코 친 남자와 여자 둘)은 연주 내내 무료하게 앉아 있다가 연주 막판 두세 번 일어나 심벌즈와 트라이앵글을 치는 게 전부다. 월급은 얼마나 받을까?

7. 음악회 끝나고 나오는데 마눌님이 만족 반, 홀가분 반의 표정으로 "'노예들의 합창' 한번 잘 들었다"고 한다. 내가 즉각 "'노예들의 합창' 아니라 '환희의 합창' 아니야?" 하니 잠시 침묵. 뒤늦게 마눌님이 "내가 순간적으로 착각했네~" 하면서 "그런데 4장 전체가 '합창'이고 노래 부분은 '환희의 합창' 아니라 '환희의 송가' 아닌가?" 한다. 막상막하인가, 역시 마눌님이 한 수 윗길인가. 내가 이러다 뒤늦게 <보헤미안 랩소디>의 '퀸'에 이어 베토벤까지 좋아하게 되는 것 아닐까?

## 건강비법

지난 5, 6년간 페이스북에 올렸던 개인적인 글들을 뒤적이는 중에 2014년 7월에 쓴 <나의 '주(색)잡기'>라는 글이 눈에 띈다. "나는 어떤 '잡기'가 됐든 처음 접할 때는 미친 듯이 탐닉하다가 어느 선을 넘으면 딱 끊는 스타일이다. 그래서 내 '잡기' 실력도 그게 무슨 종목이 됐든 늘 중하(혹은 하상?) 수준이다. 바둑은 한 8급 정도, 당구는 120 정도, 골프는 핸디 20 정도?" 라고 썼다.(이마저도 안 해본 지 바둑 25년, 당구 30년, 골프 10년이라고 했는데 지금까지도 전혀 손을 안 대고 있다)

포커나 고스톱 등 도박도 딱 끊었는데 결정판은 담배다. 당시 담배를 딱 끊은 지 만 6개월이라고 했으니 지금은 만 5년째 금연이다. 무슨 건강에 이상이 생기거나 생활에 부담이 있어서 그런 건 아니다. 그렇다고 내게 무슨 대단한 절제력이 있는 것도 아니다. 그저, "이건 내가 죽어라고 해야 할 짓이 아니야"라는 자각이 들면, 그 즉시 그만두는 쪽으로 결정했을 뿐이다. 내가 이 나이까지 돈은 전혀 벌지 못했지만 그나마 가족들 굶지 않게 하고, 제대로 교육시키고, 내 자신 사회적으로 제 역할을 할 수 있을 만큼 할 수 있게 된 것은 그 덕이라고 생각한다.

오늘 돌이켜 보니 내 인생이 담배와 잡기 등을 '딱 끊은 것' 만으로는 부족했지 않았을까 하는 생각이 든다. 특히 건강문제에서 그렇다. 나는 85년에 당뇨가 생겼으므로 당뇨 병력이 무려 34년이 넘는다. 10년 전부터는 자동적으로 고혈압이 따라왔다. 그런데도 아직까지 큰 합병증 없이 비교적 건강하게 잘 지내고 있다. 내가 당뇨환자라고 하면 놀라는 이들도 많다. 그것은 내가 담배 등을 '딱 끊은 것' 이상으로 어떤 것을 '꾸준하게 해 온 것'에 덕 입은 바 크다.

첫째가 운동이다.

금연이 내 건강에 큰 도움을 준 것만은 틀림없지만 그건 고작 지난 5년 동안이다. 내가 운동을 본격적으로 시작한 건 81년인가, 82년 직장 예비군 훈련 갔을 때부터다. 당시는 전두환 일당이 정권을 탈취한 지 얼마 되지 않아 예비군 훈련마저 군기가 꽤 엄정할 때였다. 훈련 중에 교관이 무슨 생각이 들었는지 훈련장 야산을 오르라고 명령을 내렸는데, 나 포함 기자들만 진짜 10m도 채 오르지 못하고 나뒹글었다. 이래서는 오래 못 살겠다는 자각이 들었다. 다음날 종로YMCA에 등록한 이래 지금까지 출장 등 불가피한 경우를 제외하고는 1주 3~4차례는 체육관에 가서 헬스도 하고 실내 자전거도 타고 수영도 한다. 체육관에 가든 안 가든 하루 1만보 걷기는 기본으로 깐다.

둘째가 녹즙 마시기이다.

89년 어느 날 내가 출퇴근하는 광화문 길목에 전통찻집이 생겼다. 내가 평소 찻집에 들어앉아 차 마시는 것을 즐겨하지 않지만 길 가다가 만난 친구와 이야기 나눌 마땅한 장소를 찾지 못해 이 집에 들어갔는데 주인이 차 아닌 녹즙을 권하는 거다. 신선초라고도 하고 선삼초라고도 하는 불로장생의 영약이라는 것이다. 귀가 솔깃해(내가 원래 귀가 얇다) 한 잔 마셔봤더니, 세상에!, 내 취향에 딱 맞는 것이 아닌가.(반면 대부분의 사람들이 맛이 어떻다, 냄새가 어떻다며 잘 마시지 못한다고 한다) 그 후 얼마 안 있어 원래 찻집이 재개발로 없어졌는데 나는 같은  주인으로부터 계속 녹즙을 배달받아 지금도 마시고 있다. 심지어 직장에 나가지 않을 때도 집에서 배달을 받았다. 딱 30년이다.

셋째가 오일 풀링이다.

이건 6년 밖에 안됐는데 평소 건강을 엄청 챙기는 한 선배가 단톡방에 올린 정보를 따라 해 온 것이다.(다시 한 번, 나는 귀가 얇다) 아침에 일어나자마자 참기름을 한 숟가락 입에 물고 15~20분 쯤 우물거리다가 뱉고는 따뜻한 물로 양치를 한다. 당초 이를 소개한 선배는 이것이 만병통치 요법이라고 떠들어 댔지만 그런 정도까지는 아닌 것 같고 다만 이비인후가 놀랄 만큼 시원해지는 것은 충분히 느낄 수 있다. 가래란 가래는 몽땅 끌려 나오는 느낌인데, 미세먼지가 걱정되는 사람이라면 시도해 볼 만한 요법이다.

마지막으로, 꾸준히 하는 것 중에 하나가 술마시기이다.

50년 가까이 줄기차게, 지치지도 않고 해 오는 것인데 이것을 딱히 건강비법이라고 소개하는 것은 무리가 있다. 그렇다고 '딱 끊어야 하는 것'인데 못 끊는 것도 아닌 것 같다. 다만 많은 사람들이 적당히만 하면 오래 할 수 있다거나 혹은 오래 하고 싶으면 적당히 하라고 하는 충고에 좀 더 귀를 기울여야 한다는 생각은 하고 있다. 그렇다면, 술도 못 마시는 인생이 무슨 의미가 있느냐는 인생관부터 바꿔야 한다.

## 여권 소회

여권을 갱신했다. 당장 어디 나갈 계획은 없지만, 구 여권 유효기간이 거의 다 된데다 마침 내일 모레가 내 65세 생일이어서 '지공거사' 기념으로 새 여권을 만들었다.

세상 참 좋아졌다. 이번의 경우 외교부가 친절하게 여권 만료기간이 다가온다는 것을 통고해 줘서 여유롭게 여권을 갱신할 수 있었다. 그렇지 않았다면 외국 나갈 일이 생겨야 비로소 유효기간이 지나버린 여권을 들고 허겁지겁했을 것이 분명하다. 여권 갱신하는 것도 그렇게 어렵지 않아 직장 가까운 종로구청에 가서 구 여권과 여권용 사진 한 장, 수수료 5만 3천 원을 내니 단 3일 만에 여권이 나왔다.

내가 처음 외국에 나간 것은 80년인데 그 때는 여권 내기가 하늘의 별 따기처럼 어려웠다. 특히 신원조사라는 것이 시간도 많이 걸리고 까다로웠다. 나는 학생 때 시위전력이 나와 애를 먹다가 그래도 기자랍시고 경찰에 민원을 넣어 간신히 여권을 발급받았었다. 그나마 단수 여권이어서 외국에 나갈 때마다 여권을 새로 만들어야 했다.

아무리 전두환, 노태우, 이명박, 박근혜가 나와 세상을 뒤집어 놓으려 해도 세상은 조금씩이라도 좋은 쪽으로 변한다는 것을 여권 갱신하면서 느낀다. 이번에 발급받은 여권의 유효기간은 10년인데, 내 평생 이것이 마지막 여권이라면 너무 서글프고, 이 여권이 만료되어 딱 한 번만 더 여권(유효기간 75세~85세)을 만들게 됐으면 좋겠다.

그나저나 말 타면 견마 잡히고 싶다고 여권 새로 발급받으니 비행기 타고 싶어 근질거리긴 한다. 조선일보 기자가 아니어서 비행기표 줄 사람은 없을 테니 열심히 돈 모아야겠다.

## '지공거사'의 금도

"일할 수 있는 나이를 65세까지로 해야 한다."
"65세는 아직 젊으므로 법정 노인나이를 70세로 올려야 한다."

새삼스럽게 65세가 사회적 이슈가 된 상황에 막상 내가 오늘(2019. 2. 23.) 65세가 되니 좀 당황스럽기는 하다. 아무튼 내게도 오늘부터는 지하철을 공짜로 타고 고궁도 무료로 입장할 수 있는 특혜가 주어진다. 영화관에서 관람권을 직접 구매할 때 친절한 판매직원이 "연세가 어떻게 되시냐"고 물어 보는 경험은 이미 오래 전부터 여러 번 겪어봤다. 노령연금도 준다고 한다. 이게 다 늙는 슬픔을 물질적으로 보상해 주는 사회적 배려라 여기고 고맙게 생각한다.

그런데 이젠 그런 여러 특혜를 누리는 대신 그동안 당연히 누려왔던 무엇을 버릴 것인가에 대해서도 깊이 성찰할 때가 됐다. 나는 노인들이 물욕, 명예욕, 권력욕을 버리지 못하고, 아주 최근에는 (희한하게도) 성욕까지 버리지 못해 낭패를 당하는 경우를 자주 목격했다. 고 아무개 시인이 대표적이다.

나는 나이 들수록 경륜이 쌓이는 것이 아니라 치매와 가까이 간다고 믿는 편이다. 그래서 개인적인 편차가 약간은 있겠지만 연령 별로 더 이상 하지 말아야 할 것이 분명히 있다고 믿는다. 내 경우 70세가 되면 일체의 공적 임무를 맡으면 안 된다. 75세가 되면 일체의 경제활동을 멈춰야 한다.(버는 것을 멈춰야 한다는 이야기이지, 여유가 있어서 많이 쓰는 것은 좋다) 80세가 되면 술도 마시지 말아야지.

그건 5년 후, 10년 후의 이야기이고 당장 65세부터는 뭘 버려야 하지? 내가 생각하기에 말을 좀 적게 하고 남 말을 많이 듣는 것이 가장 절실하게 다가온다. 이것이 사소한 것 같아도 사실은 굉장히 중요한 일이다. 나이 들수록 친구가 됐든 후배가 됐든 가깝게 어울릴 수 있는 사람이 많아야 하는데 말 많고 제 자랑 심한 사람치고 친구 많은 걸 보지 못했다.

내가 일찍이 이 진리를 터득하고 그동안에도 의식적으로 노력은 해왔지만 난 아직도 말이 너무 많은 것 같다. 우선은 술 마실 때 떠드는 습관을 완전히 버려야겠다. 페북에 글 쓰는 것도 이에 해당되는지는 모르겠지만 차제에 페북 글 쓰는 것도 1일 1회, 주 5회를 넘지 말아야겠다. 대신 애써 마음의 여유를 갖도록 노력하며 더 많이 듣고 더 많이 봐야겠다.

하기야 나 정도로만 스스로를 성찰해도 잘 늙는 늙은이에 속하는 것일지도 모르겠다. 태극기 들고 설치는 저 늙은이들은 저 나이에 무슨 할 말이 많아서 저러는지 모르겠다.

# 굿펠라스

## 누님과 매형

일산 사시는 누님과 매형 모시고 파주 헤이리 예술인마을에 바람 쐬러 갔다. 내게 이 두 분은 부모님 같은 분들이다. 부모님이 이미 오래 전 돌아가신 지금은 더더욱 그렇다.

내가 막 돌 지났을 때, 25세 청년 장교 매형은 열아홉 우리 누님과 백년가약을 맺었었다. 아버님은 얼마 안 있어 생활 능력을 잃었고, 중학 이래 내 교육은 거의 절반을 이 두 분이 맡았다. 초급 장교 봉급으로 3남 2녀에 동생까지 키우느라, 우리 누님 참 고생이 많았다.

매형께서도 나를 또 하나의 아들처럼, 때론 눈물이 쏙 빠질 정도로 호되게, 그러나 대부분 자상하고 너그럽게 키웠다. 내가 대학 2년 때 경찰서에 붙잡혀 있던 나를 빼내서 집에까지 암 말도 없이 앞장 서 오시던 모습, 대학 3년 때 어떤 국가시험에 합격했을 때 "우리 기석이가 꼭 해낼 줄 알았다"며 기뻐하시던 모습들이 겹쳐 떠오른다.

커피 한잔 하는 나들이인데도 너무 좋아하시는 모습이 외려 가슴 아팠다. 건강이 안 좋아 요즘 외출도 많이 못 하셨다면서 기뻐하신다.

우리 누님! 매형! 부디 건강하게 오래오래 사십시오.

(2013. 10.)

## 조카들

셋째 누나 소생 조카들이 삼촌을 제대로 한번 모신다. 압구정동에 있는 조그만 참치집에서 제대로 한번 만찬을 즐겼다. 참치 머리 하나를 해체해 먹는데, 주방장이 각 부위에 대해 어떻게나 재미있게 해설하는지 혀와 눈은 물론 귀까지 즐거웠다. 오래간만에 호강했다.

이 조카들과는 한 집에서 형제처럼 살곤 했는데, 실제 대화하다가 가끔 "형"이라고 나를 부를 때도 있어 서로 당황하기도 한다. 큰 친구는 한국일보 북경 특파원까지 지내고 지금은 은퇴했고, 둘째는 모 증권사 북경 지사장으로 있다가 귀국한 지 얼마 안 됐고, 셋째는 벤처회사 임원이다.

얻어먹어서가 아니라, 진짜 자랑하고 싶은 조카들이다. 오늘은 셋째가 냈으니 다음은 둘째가 낼 차례다.

## 이웃의 참척(慘慽)

어제는 아무리 명랑해지려고 애써도 자꾸만 울적해지는 술자리를 가졌다. 불과 보름 전쯤 교통사고로 딸자식을 잃은 한 지인을 위로한답시고 만들어진 자리였다. 나 역시 지금까지 살아오면서 적지 않은 고통을 겪었지만 자식을 먼저 보내는 슬픔만은 없었다. 경험하지 않은 고통이라 해서 그 아픔까지 상상하지 못할 것은 아니다. 극한 고통일 것이다.

자식을 먼저 보낸 상황을 한자로는 '참척(慘慽)'이라 한다. 옛날 중국에서 사냥꾼들이 아기 원숭이를 생포해 배에 실고 가자 어미 원숭이가 강변을 따라 며칠을 따라오면서 울더란다. 결국 어미 원숭이가 지쳐 죽었는데 배를 갈라보니 창자가 온통 토막이 나 있더란다. 가히 단장(斷腸)의 슬픔이다. 내 눈에 왜 '慘慽'이란 한자가 늘 토막 나 보이는지 알 것도 같다. 차마 똑바로 볼 수 없는 참혹한 글자다.

죽은 아이는 미국에 유학 중이던 스물세 살짜리 처녀아이다. 추수감사절 방학을 만나 역시 보스턴에 유학 중인 다섯 살 위 언니를 찾아갔다가 교통사고를 당했다. 사고가 났을 때 언니는 그 자리에 없었고 아이는 친구들과 어울려 외출했다가 변을 당한 것이다.

아버지에게 소식을 전한 언니는 "내가 자리를 비워서 그렇게 됐다"며 비통해 하더란다. 아버지는 "그것이 왜 네 탓이냐. 그런 생각하지 말라"고 달래면서도, 정작 자신의 잘못이 백 가지는 넘을 것 같다고 자탄했다고 한다. 자신의 직업, 경력, 사회생활, 가정교육 등에서 부터 아이들의 전공을 결정하는 문제 등에 이르기까지, 보스턴의 교통사고를 끝내 피할 수 없었던 데는 고비마다 자신의 잘못된 판단이 있었던 것 아닌가 하는 후회였을 것이다.

아버지는 검사 출신 50대 후반의 변호사다. 나는 그와 그리 오래 사귄 사이가 아님에도 그의 넉넉한 인품과 합리적인 사고, 높은 교양을 흠모해 왔다. 자식의 죽음을 겪고도 전혀 무너지지 않는 모습에서 또 한 번 감동을 받았다. 누구를 원망하지도, 목소리를 높이지도, 눈물을 보이지도 않았다. 위로한답시고 모인 우리가 오히려 위로를 받았다고 해도 과언이 아니다.

다만 그는 술자리 내내 열심히 자식 자랑을 했다. 핸드폰에 담긴 아이의 그림들을 한 장 한 장 넘겨가며 노스웨스턴대학에서 미디어를 전공하던 딸자식이 얼마나 진취적이고 총명하며 재능이 있는 아이였는지, 우리의 동의를 구하려 애썼으며 우리는 그저 고개를 주억거리며 동의할 뿐이었다. 그러다 문득 그의 목소리가 잠깐 잠길 때마다 오히려 우리의 눈시울이 뜨거워졌다.

## 대부(God father)

오늘 새삼스럽게 자랑할 것은 주례를 많이 섰다는 것이 아니라, 내가 주례를 선 부부들이 한결같이 행복하게 잘 산다는 것이다. 5년 전 주례를 섰던 경향신문 후배 부부도 떡두꺼비같은 아들 둘을 낳고 알콩달콩 잘 산다.

더 기분좋은 것은 자기들 잘 사는 것이 온전히 주례 덕이라고 생각한다는 거다.(최소한 그렇게 말은 한다) 신랑은 아예 날 'God father'라고 부른다. 지 아들들을 평생 돌봐줘야 한다는 의미다.

아주 작은 급식(먹을거리) 관련 전문주간신문 하나를 경영하며 1년 서너 차례 급식과 관련한 식재료들이나 명절 선물 전시회를 여는데, 행사 때마다 '대부' 부부를 초청해 맛있는 점심도 대접하고 푸짐한 선물도 준다.

오늘도 설 선물 전시회에 구경간 우리 부부를 호텔 레스토랑으로 모신다는 걸 내가 강력하게 우겨서 전시회장 근처 '어~ 죽이네' 식당에서 어탕국수를 먹었다. 평소 먹고 싶었다면서 마눌님이 더 잘 드신다. 내 자식들 잘 되는 것 만큼 흡족하다.

## 친구 딸의 결혼

오늘 내 평생 동지의 둘째 딸이 결혼했다. 나보다 네 살 많은데 77년 경향신문 입사 동기다. 나는 그를 평생 직장 동료 겸 친구로 여겼고, 가끔은 형처럼 생각하기도 했는데, 88년 노조 활동을 시작한 이래 동지가 됐다. 우리는 경향신문을 한번 제대로 된 신문으로 만들어보고자 의기투합했던 것이다.

그런데 그는 지금 이 세상에 없다. 폐암에 걸려 98년 10월 마흔아홉 한창 나이에 저세상으로 갔다. 97년 뉴욕특파원으로 있던 때 그가 암에 걸렸다는 소식을 듣고 통곡했던 기억이 생생하다.

그 이래 그의 부인이 신고간난 끝에 3남매를 잘 키워냈다. 간호사였던 큰딸은 몇 해 전 같은 병원 의사와 결혼해 두 자녀를 두었고, 오늘 시집간 둘째는 잠깐 언론사 기자를 거쳐 지금은 모 공사 홍보실에 근무하던 중 대기업에 다니는 신랑을 만났다. 막내아들은 목사가 되기 위해 신학 공부 중이다.

설사 부모가 돌보지 못할 사정이 있다 하더라도, 부모가 훌륭하면 아이들이 바르게 잘 자라는 것을 내 평생 여러 번 목격했다. 오늘 식이 열리는 교회에도 그런 훌륭한 가족과 친지들과 친구들이 가득 모여 즐겁고 행복한 기운이 그득하다. 나 역시 기쁘기 한량없지만 왠지 내 마음 한 귀퉁이가 허전하기도 하다. 삼촌이 신부를 인도하는 뒷모습을 보면서는 왈칵 눈물이 날 뻔했다.

그가 살았더라면 지금쯤 이런저런 세상 시름 절반쯤은 부려놓고 서로 손자 자랑하면서 농손락(弄孫樂)에 흠뻑 취했을 것이다.

●●

## 어느 따스한 후배와의 캠핑

1989년 2월, 내가 언론노조연맹(언노련) 초대 선전홍보실장으로 「언론노보」를 만들던 때 이야기다.(「언론노보」는 당초 언노련 기관지로 창간된 주간지였으나 이후 미디어 전문비평지인 「미디어오늘」로 발전적 변신했다) 당시 언노련 활동가로 입사해 나와 함께 신문을 만들던 후배가 있었다. 이른바 학생 운동권 출신인데 능력이 탁월하고 열정적이고 씩씩하고 싹싹한, 거의 단점을 찾아 볼 수 없는 친구였다.

어느 아주 추운 날, 나와 언노련 후배와, 매일경제 편집기자이면서 매주 한 번 마감일에 찾아와 밤새워 「언론노보」 편집을 도맡아 하던 동년배 후배랑 셋이서 캠핑(겸 산행)을 갔다. 신문 만드는 스트레스를 풀어보자고 느닷없이 나선 캠핑인데다 별로 야외생활을 즐겨 본 적이 없는 우리에게 전문 캠핑장비가 있을 턱이 없었다. 친구들에게 수소문해 취사장비, 슬립핑백 등은 어찌어찌 마련했는데, 문제는 미군 1인용 A텐트 밖에 구할 수 없었다는 것이다.

저녁 어스름할 때 경기도 포천 일동에 있는 백운산인가 하는 곳을 찾아 들어가 산자락 주차장에 텐트를 치자마자 눈이 내리기 시작했다. 우리들 외에 인적은 전혀 없었다. 텐트 처마 밑에 옹기종기 둘러 앉아 김치찌개를 끓여 놓고 이동막걸리를 마시기 시작할 때쯤에는 눈이 폭설로 변했다. 주차장에 드문드문 세워져 있는 가로등 불빛에 비치는 눈 내리는 정경의 낭만스러움은 이루 말로 표현할 수가 없을 정도였다.

막걸리에 취하고, 눈 내리는 야경에 취하고, 우정에 취한 우리들은 드디어 한 사람 씩 막걸리통에 숟가락 꽂은 걸 들고 처마 밖으로 나가 눈을 맞으며 노래 한 곡씩을 번갈아 불렀다. 그중에서도 언노련 후배가 불렀던 「내 사랑 내 곁에」가 지금도 또렷이 기억난다. 사귀던 여자와 막 헤어진 터이어서 더 간절한 노래였던 듯하다. 막걸리 먹고 맑은 오줌을 누면서 "사람 몸이 인간 정수기네~" 어쩌고 하면서 낄낄거리던 생각도 난다.

잘 시간이 되니 걱정이 됐다. 덩치 큰 미국놈들 1인용이니 두 사람이면 비좁아도 어떻게든 자겠는데 세 사람은 아무래도 무리였다. 그래도 모로 누워 최대한 좁혀 자면 되지 않겠냐고 궁시렁대면서 텐트에 기어들어가 매일경제 후배는 맨 안쪽, 나는 가운데, 그 후배는 문쪽에서 자기로 했다.(누가 그러자고 했는지 기억은 나지 않지만 아무튼 선배에 대한 배려라고 생각했다) 처음에는 차곡차곡 모두 텐트에 들어가 모로 누워 잠을 청했다. 가운데 끼인 나는 양쪽에서 오는 온기 덕분에 별로 추운 걸 모르고 잘 잤다.

다음날 일어나 보니 참상이 벌어져 있었다. 서로 모로 누워 자자고 다짐은 했지만 밤새 똑같은 자세로 잘 수는 없는 노릇이었나 보다. 우리 선배들이 이쪽으로 눕고, 저쪽으로 눕고 뒤척이는 바람에 문간에 자던 후배가 밤새 텐트 밖으로 튕겨져 나간 것이다. (문이 자크가 아니라 찍찍이였기 때문에 압력에 못이겨 열린 것인데, 아마 쟈크였어도 터져 나갔을 것이다) 그의 슬립핑백은 발 부분만 간신히 텐트 안에 걸쳐져 있고 완전히 밖으로 나간 상체 부분은 눈이 녹은 얼음조각들이 잔뜩 덮여 있었다. 조금 일찍 일어난 우리가 부스럭대는데도 후배가 들어 가 있는 슬립핑백은 꼼짝도 하지 않았다.

겁이 덜컥 난 우리가 "야~ 야~" 부르며 흔들어대자 비로소 '끙~' 하는 소리가 들렸다. 우리가 눈얼음을 대충 털어내고 자크를 열자 꽁꽁 언 후배의 언 얼굴이 나타나는데, 웃는지 우는지 모르겠는 표정으로 간신히 입술을 열어 "어~ 어~ 어?" 하는 것이다. 가만 듣고 해석해 보니 "잘 주무셨어요?"였다.

나는 그 전에도 선배 모시고 캠핑 간 적이 없지만, 그 후에는 더더욱 선배 모시고 캠핑 갈 엄두도 내지 못했다.

## 선수들의 이심전심

오늘 경향신문 옛 후배 둘과 저녁을 함께 하기로 했다. 주로 국제부에서 같이 근무했던 후배들인데 순차적으로 회사를 그만둔 뒤 수년 동안 못 만나다가 1년 전쯤 길거리에서 우연히 만났다. 그날 반가운 마음에 오랜만에 실컷 술을 마신 우리는 앞으로 적어도 분기별로 한 번은 만나 의기투합하자고 굳게 다짐한 터다. 돌이켜보면 같이 근무할 당시, 생각의 흐름도 비슷했고 무엇보다 술 좋아하고(동시에 많이 마시고) 그러다보니 다른 약속은 몰라도 술 약속만은 하늘이 두 쪽 나도 지킨다는 공통점이 있다.

술 약속을 그리 중히 여기지 않는다면야 내가 먼저 오늘 약속 변경을 제안했을 거다. 어쩌다보니 이번 주는 월요일부터 3연장 낮술에 내일도 점심 약속이 잡혀 있어 오늘 저녁이 극히 부담스럽다. 월요일은 저녁까지 술 먹은 데다 특히 화요일에는 고약한 대학 후배들이 "낮술은 119(한 가지 술을 1차로 9시 전에 끝냄)에 해당하지 않는다"며 저녁때까지 이리저리 끌고 다니는 바람에 아주 녹초가 됐었다. 따라서 어제가 아주 힘들 뻔한 상황이었는데 천만다행으로 상대 후배가 먼저, 전날 저녁 너무 많이 마셨다고 자진 항복하는 바람에 무난히 넘어갔다.

그런데 조금 전 오늘 약속한 한 후배에게서 전화가 왔다. 다 죽어가는 소리로 "그제 술 마시고 집에 가다가 허리를 삐끗했는데 지금 도저히 움직일 수 없는 상태여서 약속을 연기하면 좋겠다"는 것이다. 속으로는 얼씨구나 하면서도 조금 기분이 안 좋은 척 가장했다. 목소리를 착 깔며, 다른 후배와도 의논해보자고 했더니, 그 후배도 기다렸다는 듯이 카톡방에 "무더위를 피할 수 있어 다행"이라면서 얼씨구 춤을 추는 이모티콘을 띠우는 등 난리가 났다.

나는 속으로 안도의 한숨을 내쉬면서도 '내가 술을 너무 좋아하는 건가, 눈치가 없는 건가, 자존심이 너무 센 건가' 잠시 고민에 빠졌다.

## 시누이보다 미운 후배

며칠 전 민주언론시민연합 10월의 나쁜 보도 후보로, <최순실의 '올 블랙' 공항 패션 의미는?> 기사와 최순실의 <1.9평 독방 생활>을 상세히, 친절하게 설명한 TV조선 보도가 올라왔다. 가십성 연성 보도로 사태를 희화화하고 본질을 흐리는 보도다. 최순실이 검찰에 나왔을 때 흘린 신발짝에 보인 언론의 과도한 관심도 마찬가지다.

그런데 조금 전 후배 녀석이 카톡방에 〔긴급〕이란 딱지를 붙여 '차은택이 대머리다'는 기사를 링크해 보냈다. 이 녀석은 <야만의 언론>이란 대작을 저술하는 등 우리 언론 상황에 대해 몇 손가락 안에 꼽는 전문가다. 그러므로 연합뉴스의 이 기사가 갖는 저질성을 누구보다 잘 알고 있을 것이다. 그럼에도 점잖은 선후배들만 있는 카톡방에 이런 저질 기사를 올리는 것은 다분히 의도적이다. 순전히 나를 놀려먹기 위해서라고 볼 수밖에 없다.

그런데 사실 더 화가 나는 것은, 낄낄 웃는 이모티콘을 올린 또 다른 후배 녀석이다. 시어미 말리는 시누이보다 죄질이 더 심하다.

## 은사로부터의 책 선물

어제 존경하는 대학(건국대 정치외교학) 선배이자 은사이신 신복룡 교수로부터 귀한 저술을 한 권 우편으로 받았다. 학벌이 완고하게 서열화한 우리 사회에서, 신 교수나 나나 크게 내세울 것 없는 학교 출신이지만, 신 교수는 적어도 한 말 이후의 한국 현대사에 가장 정통한 정치학자 중 한 분이심을 나는 자랑스럽게 여긴다.

<인물로 보는 해방정국의 풍경>은 말 그대로 해방 후 남북에서 벌어졌던 여러 사건들과 그에 얽힌 수많은 인물들의 생각과 행동을 '행태주의'를 중요한 도구로 삼아 분석한 글들의 모음이다. 한마디로 "교과서나 강의실에서 말할 수 없었던 해방정국의 비사(秘史)와 슬프고 아름답고 추악한 이야기들" 혹은 "당시의 사람 냄새 나는 삶의 모습들"을 담은 것이다.

이 글들의 대부분은 2015년 광복 70주년을 맞아 <주간조선>에 연재된 것들이라고 한다. 당초 25회로 예정됐던 시리즈가 17회로 중단됐는데 그 이유는 '해방정국의 아름다운 이야기'뿐 아니라 '슬프고 추악한 비사들'까지 거침없이 써내려간 춘추필법과 관련이 있을 것이다. (당초 "조선일보도 해방정국을 우파의 일방적으로 치우친 시각이 아니라 객관적으로 들여다 볼 필요가 있다"고 생각해 이런 기획을 했던 <주간조선> 간부들은 결국 사측으로부터 큰 인사 불이익을 받았다고 한다. 이런 뒷이야기를 신 교수로부터 직접 듣고, 조선일보에도 한때나마 훌륭한 언론 후배들이 있었다는 사실에 큰 감명을 받았다)

해방정국은 70여 년이 훌쩍 지났음에도 여전히 우리 사회의 성격과 모습을 가장 크게, 절대적으로 규정짓는 원형질이다. 나는 그토록 중요한 해방정국에 대해 전혀 아는 것이 없다고는 할 수 없지만 모든 것을 안다고도 할 수 없다. 나와 동시대를 사는 많은 이들도 마찬가지일 것이다. 그 시대를 온전히 깨우친다는 것은 우리들이 영원히 답할 수 없는 숙제일지도 모른다.

그것은 게으름과는 전혀 상관이 없다. 나 역시 그동안 꽤 많은 책을 읽었지만, 어제 책을 받자마자 단숨에 읽은 서문을 통해서만도 이 책은 그동안 읽은 여러 책들과는 아주 다른, 진실의 퍼즐에 조금 더 가깝게 다가갈 수 있는 내용을 그득 담고 있음을 알 수 있었다.

신 교수께서 서문에서 소개한 촘스키의 말 "세상을 속속들이 알고 나면 우리는 늘 우울해진다"처럼 나는 조금 더 우울해질 각오를 하고라도 며칠 즐겁게 독서에 탐닉할 것 같다.

## 주례

내가 주례 서는 것을 즐겨하지 않고 또 많이 서지도 않았지만, 어제 선 주례는 참으로 각별하고 기뻤다. 10여 년 전 어느 날 신부가 "제가 결혼하면 원장님이 꼭 주례 서주세요" 해서 "그러 마" 했는데 드디어 그 약속이 이루어진 것이다. 감개무량하다.

신랑, 신부하고 여러 인연이 참 많이 겹친다. 둘은 같은 대학을 나왔고, 나는 두 사람의 대학 선배다. 지금 두 사람은 언론진흥재단에서 근무하는 사내 커플인데, 그보다 먼저 내가 신문유통원장일 때 두 사람을 뽑았다.(후에 유통원이 진흥재단에 흡수 통합되었다) 내가 두 사람의 중매쟁이인 셈이다.(중매쟁이인데도 그동안 두 사람이 사귀는 걸 까맣게 몰랐다)

그 밖에도 많은 인연이 있다. 어제 결혼식장이 프레스센터인데, 11년 전인 지난 2006년 바로 이 자리에서 내 둘째딸이 결혼했다. 뿐이랴! 30여 년 전 지금의 프레스센터 건물이 세워지기 전 이곳에 5층짜리 신문회관이 있었는데 내가 79년 여기서 결혼식을 가진 것이다. 그리고 아이 셋을 낳아 잘 길렀고, 여기서 결혼한 둘째 딸도 (내가 이 세상에서 제일 사랑하는) 두 자매를 낳아 잘 기르고 있다.

그래도 주례사는 아주 짧게(4분) 했다. 이런 인덕(人德)과 지기(地氣)를 모아 팍팍 밀어줄 테니 잘 살라고 했다. 그러고 보니 천시(天時)도 기가 막힌다. 문재인 정부 아닌가.

## 여동생의 모험

어제 바로 밑 여동생 내외와 점심을 함께 했다. 모처럼 만난 건데 앞으로는 더 오래 못 만나게 생겼다. 동생이 다음 주 한국 해외봉사단 (KOICA) 요원으로 우즈베키스탄에 파견돼 2년 이상 현지 대학생들에게 한국어를 가르칠 것이기 때문이다.

내가 이 소식을 처음 들었을 때는 "환갑 지낸 할망구가 먹을 게 없어 돈 벌러 가는 것도 아니고 아직 시집 안 간 딸도 있는데 남편까지 두고 무슨 짓이냐"고 막 화를 냈었다. 그런데 어제는 그저 덕담을 나누며 격려만 했다.

어렸을 때부터 어려운 가정형편에도 주위를 살피는 어진 성품과 탁월한 능력으로 고비마다 높은 성취를 이루곤 하던 아이였다. 예순이 넘어서도 큰 모험을 앞두고 소녀처럼 달뜬 모습이 대견하기도 하고 부럽기까지 했다.

나와 동갑인 매제가 독거노인이 될 처지임에도 사람좋게 너털웃음만 터트리며 흔쾌히 처의 장도를 축하하는 모습을 보니 "나만 꼰대가 됐나" 하는 자괴감까지 들었다.

내가 동생이 오기 전 미리 밥값을 냈는데, 커피 마시고 나오면서 동생이 기어이 내 호주머니에 후다닥 돈을 넣는다. 길거리에서 싸우기 싫어 받아 넣긴 했는데 콧등이 시큰했다. 이 아이는 고집이 센 면이 있기도 한데 어렸을 때부터 지금까지도, 우리 세대 대부분 동생들이 그렇듯 오빠 하나는 끔찍이 챙긴다. 또 오빠 말에는 꼼짝을 못 한다.

그러나 이 아이가 나보다 훨씬 더 현명하고 너그럽고 진취적이라는 사실은 누구보다 내가 잘 알고 있다. 그저 오빠는 허세를 부리며 대접만 받는 것이다.

어제 점심자리에는 여동생의 대학 같은 과 후배이며 러시아문화와 철학을 전공한 이혜승 박사와 자칭 최고의 지구별 여행전문 기자이며 코이카 전문가이기도 한 후배 박상주도 함께 해 한 할머니의 모험길을 축원해 줬다.

## 받는 효도

효도는 드리는 걸까, 받는 걸까.

언론계 후배 박인규는 KBS 명PD로 활약하다 정년퇴직하고 귀향해 홀어머니 모시고 사는 효자다. 당연히(?) 부인은 아이들 핑계로 서울에 남아 자연스럽게 이산가족이 돼버렸다.

처음 고향에 내려가겠다고 하니 어머님이 극력 반대하시더란다. 지금까지도 혼자 편히 살아왔는데 너하고 불편해서 어찌 함께 살겠느냐고 펄쩍 뛰시더라는 것이다. 그래도 부득부득 우겨서 짐을 쌌다.

얼마 안 있어 어머니가 병환이 나서 병원에 입원했다. 시골살이에 따로 할 일도 없고 정신 쓸 일도 없어서 거의 어머니 옆에 붙어 있으면서 수발을 들었다고 한다. 퇴원하면서 어머니가 슬그머니 이런 말씀을 하시더란다.

"아야~ 니가 옆에 있으니 차~암 좋구나야~!"

그가 어머니 모시면서 빚는 가양 막걸리가 특별히 맛있는 이유가 있는 것이다.

내 PD 후배의 경우, 효도는 분명 (어머니가) 받는 것이다. 그런데 나는 귀향은커녕, 서울 집에서 모시던 어머니를 요양원에 보내 거기서 돌아가시게 했다. 그래서 내 경우, 효도는 (자식이) 주는 것인데 그만 불효만 하고 말았다. 이제 와서 효도 받을 어머니가 살아계신 후배를 부러워해봤자 아무 소용이 없다. 불효만 드렸던 내 신세를 한탄하고 자책해봤자 그저 가식일 뿐이다.

## 대를 잇는 인연

불행히도 내겐 존경하는 (경향)신문사 선배가 많지 않다. 그것은 경향이 내가 1977년 입사한 이래 1998년까지 20년 이상 관영언론 · 재벌언론으로 연명해온 것과 관련이 있다.

그럼에도 내가 기자 초년병 시절 정치적 성향과는 별도로 꽤 좋아하고 따랐던 선배가 한 분 계시다. 선배가 굳이 정치적 성향을 따질 이유가 없는 문화부 기자였던 데다 유난히 후배들 잘 챙기고 호방한 성격이어서 마음이 끌렸던 것 같다. 동경특파원도 역임하셨는데 귀국 후 문화부 차장으로 재직 중 82년인가 83년 다시 일본 취재에 나섰다가 불의의 사고로 돌아가셨다. 따라서 나하고의 인연은 5, 6년에 불과하다.

재작년 말인가, 작년 초인가, 후배들과 서대문구 안산길을 걷고 난 후 언제나처럼 막걸리 한잔하려고 영천시장 조그마한 족발집에 들렀다. 탁자가 5~6개에 불과한 좁은 공간인 탓도 있었겠지만 아무래도 내 목소리가 크긴 컸나 보다.

우리 일행 외 유일한 손님으로 옆옆 테이블에 앉았던 젊은 남녀 한 쌍 중 남자가 내게 "혹시 경향신문에 근무하셨느냐"고 조심스럽게 묻는다. 우리 대화 중에 '경향'이라는 단어가 여러 차례 튀어나왔던 모양이다. 내가 뜨악한 표정으로 그렇다고 대답하자 그 젊은 친구가 더욱 조심스러운 어투로 "그럼 혹시 ○○○이란 분을 아시느냐"고 묻는다.

너무 오래전 일이어서 그동안 까마득히 잊고 있었지만 내가 존경하는 몇 안 되는 신문사 선배 성함을 어찌 금방 되살리지 않을 수 있겠는가. 내가 반갑게 "어찌 젊은 사람이 오래전 돌아가신 그분을 아느냐"고 반문했더니 그 친구는 거의 기절할 듯한 기쁜 표정으로 자신이 바로 그 분 아들이라는 것이다.

그렇게 만났으면 술 한 잔 나누고 "또 봅시다" 인사하고 헤어지는 게 일반적인데 우리는 지금까지 계속 만남을 이어오고 있다. 한 달에 한 번, 두 달에 한 번 꼭 만난다. 이 친구가 아버님 닮아 워낙 호방하고 술 좋아해서 주로 술자리를 많이 하는데, 남편 못지않게 술을 즐겨하는 부인도 꼭 같이 한다. 우리 마눌님이 장기 외유할 때는 날 위로한다고 노래방에도 갔었다. 페친이기도 해서 서로 자질구레한 것들도 많이 안다.

아버지가 특파원 하시면서 일본에 살았던 인연으로 지금은 일본을 대상으로 방송 광고 공연 등 한류 사업을 하고 있는데 부인도 일본에서 만난 동포다. 이 친구는 내가 자기 아버지보다 한참 후배인데도 내가 마치 아버지와 같은 세대의 어른으로 착각하는 듯하다. 자꾸 나를 통해 아버지에 대한 일화를 듣고 싶어하고, 기억의 한 조각이라도 더 끌어내며 어린아이처럼 좋아한다. 부인도 날 통해서 한 번도 뵙지 못

한 시아버지의 느낌을 얻고 싶은 눈치다. 이렇듯 우리는 늦게 알게 된 데다 나이차가 많은데도 아주 오래전부터 친했던 사이인 것처럼 깊은 우정을 쌓고 있다.

어제 드디어 이 젊은 부부가 우리 늙은 부부를 저녁식사에 초대했다. 요리를 취미로 하는 것은 알고 있었지만 이런 경지에까지 이른 줄은 몰랐다. 맛도 맛이지만 메뉴를 정하고 신선한 재료를 구한 그 정성과, 맛있게 먹는 손님을 보며 어린애처럼 즐거워하는 그 모습이 기껍기 짝이 없었다. 젊은 부부를 처음 만나는 마눌님도 행복에 겨웠다.(얼마나 행복했으면 귀갓길 적지 않은 택시비를 자기가 자진해서 내다니!) 우리는 내가 낙안읍성 후배에게 특별히 부탁해 올라온 명주 '납월홍매' 한 통4L(15도 짜리)를 거의 다 비웠다.

## 불금의 주제

육십객 혹은 육십을 눈앞에 둔 5인의 남녀가 말 좀 해보자고 뭉쳤다. 불금 아닌가, 6시에서 12시까지 장소 바꿔 소주, 맥주, 와인, 고량주를 번갈아 마셔가며 말깨나 나누었다.

평생을 민주운동·인권운동에 몸 바친 사회운동가(여), 법 전문가이며 교육행정가(남), 정치학자(여), 현직 정무직 고위공무원(남), 전직 언론인(남).

직업은 다르지만 정치적 식견과 뜻을 같이 하는 이들이 모이면 말의 주제는 당연히 정치 문제, 인물로 말하자면 문재인은 물론이요, 트럼프, 홍준표, 시진핑, 김정은, 안철수, 아베 등이어야 했다.

그런데 장장 6시간 동안 줄창 노년의 바람직한 부부 관계에 대해서만 떠들어댔다. 열띤 토론이 이루어졌지만 주로 여성들의 시댁에 대한 불만과 남편에 대한 성토가 대세였고 이에 대해 남자들은 항변(이라기보다는 변명)하기에 급급했다. 졸혼이니 황혼이혼 소리가 나오면서 남자들이 급격히 위축되기도 했다.

물론 일방적인 승패는 없었다. 그러나 모든 사람들이, 층위는 다 다르지만 비슷한 문제들을 안고 산다는 걸 발견하고 적이 안도하는 분위기였다.

## 길몽

TV 중계로 제야(2018년) 종 치는 걸 보고 늦게 잠자리에 들었는데 잠이 깰 때가 다 돼서야 꿈을 꾸었다.

촛불집회를 끝내고 여느 때처럼 술집으로 몰려가는데 어찌된 일인지 일행들이 먼저 가고 나만 뒤쳐졌다. 광화문을 출발, 옛 한국일보 앞길로 해서 인사동 어느 막걸릿집으로 가는 건 알겠는데 어느 인적드문 야트막한 언덕을 넘어가는 것이다.(현실에는 이런 길이 없다)

어느 집 앞에 40~50대 사람들 예닐곱 명이 옹기종기 모여 앉거나 선 채로 담배들을 피우고 있는데 그중 김중배 선생 얼굴이 눈에 띄었다. 너무 반가워서 "아니 선생님, 웬 일로 여기 계세요? 저하고 같이 가세요" 했더니 "응~ 그래~ 어디로 가는데?" 하시면서도 좀 망설이는 눈치시다.

"예~ 인사동 ㅇㅇㅇ집이요. 동지들이 먼저 가 있어요. 누구누구도 있어요."

선생님이 "그래? 그러면 가 볼까?" 따라 나서시는데 옆에 있던 젊은 친구들이 "에이~ 안돼요!" 웅성거린다.

그제야 면면들을 찬찬히 훑어보니 어디선가 한 번씩은 본 얼굴들이다. 분명히 떠오르는 이름은 없지만 기자이거나 언론기관에 종사하거나 언론학을 공부하는 학자들이라는 것만은 알겠다. 지금 세미나 중이라는 것이다. 그런데 영 재미없는 선생님 표정을 읽고 내가 큰 소리로 "선생님~ 여기 재미 하나도 없어요~. 맨날 이론만 따진다고 언론 좋아질 것 하나 없어요~" 했다.

그때 느닷없이 내가 유일하게 얼굴과 이름을 알 것 같은 한 친구가 나타나더니 "맞다! 강 선배 말이 맞다! 인정할 건 인정해야지!"하며 웅성대는 동료들을 말리는 것이다. 하여 나는 씩씩하게 선생님 모시고 인사동으로 향했는데 막걸리까지는 못 마시고 그만 잠에서 깼다.

새해 첫날은 돼지꿈이나 똥통에 빠지는 꿈같은 걸 꿔야 하는데 술 마시러 가는 꿈만 기억나니 민망하기는 하다. 내가 평소 별로 꿈을 기억하지 못 하는데 이 꿈만은 생생하게 떠오르니 신통한 건 있다. 더구나 나는 주로 절벽에서 떨어진다거나 누구에게 쫓기는데 발이 안 떨어지는 등 상황 꿈을 꾸지, 특정 인물 꿈을 꾸는 일이 거의 없다.

그러나 그렇게 드문 케이스로 존경하는 김중배 선생을 만났으니 개꿈이 아닌 것만은 분명하다. 아마도 올해는 선생님 더 자주 모시고, 언론 개혁에 좀 더 힘쓰라는 계시쯤으로 받아들여야겠다.

올해 선생님 연세가 우리 나이로 85세 되신다. 내가 한 살 더 먹는 것과는 비교할 수도 없는 의미가 있다. 아직도 우리와 어울려 "술이 바로 미디어여~!"라며 폭탄주 네댓 잔은 거뜬히 하는 노익장이시지만 올해 더욱 건강하셔야겠다.

## 복음

내가 젊었을 때는 술 잘 먹는 것이 남자들, 특히 언론인이나 공직자들의 큰 덕목이었다. 정치인들이나 고위 공직자들 자리를 옮길 때마다 신문 소개 프로필에 '두주불사형' '호걸형' '마당발' 등의 평이 들어가는 걸 엄청 좋아들 했다. 그래서 술 마시며 사람 사귀다 한참 뛸 젊은 나이에 술병에 걸려 유명을 달리한 이들도 숱하게 많다.

지금은 전혀 그렇지 않다. 술 많이 마시는 사람을 '자제력이 부족한' '할 일을 제대로 못 할 것 같은' '우유부단한' '빈틈이 많은' '쾌락에 탐닉하는' 등등의 이미지로 보는 것 같다. 공직자에게는 치명적인 핸디캡이요, 이젠 언론인들까지 썩 내켜하지 않는 이미지다. 칭찬하고 부러워하는 것이 아니라 뒤에서 씹기 딱 좋다.

나를 잘 아는 사람들은 내게 차마 "술을 끊으라"고는 못하고 "좀 줄이라"고는 한다. 고맙긴 한데 대부분 자기들이 마련한 술자리에서 그런 소리를 해서 나를 당황케 한다. 그런데 존경하는 신학자 김근수 선생이 어느 날 내게 귀가 활짝 열릴 귀한 말씀을 해주신다.

예수님도 술고래였다는 것이다! 내가 "에이~ 설마~" 하자 구체적 증거를 대주신다. 누가복음 7장 34절과 36절이다.

"(예수는) 먹기를 탐하고 포도주를 즐기는 사람이요 세리와 죄인의 친구로다 (…) 한 바리세인이 예수께 자기와 함께 잡수시기를 청하니 이에 바리세인의 집에 들어가 앉으셨을 때에 (…)"

예수님도 나처럼 술을 즐기셨을 뿐 아니라(안줏발도 좋으셨고), 이 사람 저 사람 가리지 않고 어울리는 걸 좋아하셨고, 나처럼 남의 집에 가서 마시는 것도 꺼리지 않으셨던 모양이다. 그러면서도 당신이 하셔야 할 일을 게을리 한 적이 없다. 비록 일찍 유명을 달리하셨지만 그건 십자가에 못 박혀서이지 술로 인한 것은 아니다.

나 같은 사람에게는 실로 복음이 아닐 수 없다. 그런데도 미션스쿨까지 나온 내가 성경의 이 구절을 새까맣게 모르고 있었던 것은 아마도 대부분 목사님들이 꽁꽁 감춰놓았기 때문이 아닌가 싶다.

김 선생이 이 성경 구절을 소개해준 건 어느 술자리에서였다. 김 선생은 "예수님도 술고래셨으니 선배님도 술 많이 마셔도 된다"고 한다. 그런데 정작 김근수 선생은 술을 한 잔도 못 마시고 술 냄새만 맡아도 얼굴이 빨개진다.

누가 예수님과 가까운가.

## 김선수 대법관

89년 12월 25일에 벌어진 일이니 벌써 30년 가까이 지난 옛날 일이다. 경향신문 경영진은 내가 언론노련 초대 선전홍보실장으로 1년 전임을 마치고 복귀하자마자 바로 그날 나를 포함한 초대 노조 간부 5인을 파면했다. 당시 경향신문에 대한 한화의 인수 작업이 진행 중이었는데 강성 초대 노조가 걸림돌이 된다는 이유였다.

아무리 그래도 그렇지, 1~2년 전 노조 활동을 이유로 파면이라니, 아무런 법적 사실적 근거가 없는 폭거에 다름없었다. 우리는 당연히 해고무효소송을 냈고 승리를 자신했지만 사실 속으로는 엄청 떨었다. 무법천지 냉혹한 전두환 군사독재의 여진이 그대로 남아 있던 노태우 정권 초창기 시절이었기 때문이다.

그때 우리의 해고무효소송을 맡았던 이가 바로 어제 대법관에 임명제청된 김선수 변호사다. 그를 소개하는 기사들이 '노동 변론 30년 외길'이라고 하니 그때 김 대법관은 변호사 초년생이었음에 분명하다. 초년생에게 변호를 맡길 수밖에 없었던 것은 아마도 우리 재정 형편이 넉넉하지 못했기 때문이었던 것 같은데, 아무튼 김 변호사는 헌신적이고 훌륭한 변호로 우리 재판을 승소로 이끌었고, 한화가 항고를 포기한 덕에 우리는 2년 반 만에 복직할 수 있었다.

그동안 밀린 임금을 한꺼번에 받게 된 우리는 갑자기 부자가 된 셈인데, 견물생심이라던가. 치사하게도 김 변호사에게 약속했던 승소 사례금을 깎고 싶은 마음이 들었다. 수임료를 형편없이 적게 낸 대신, 이

길 경우 우리가 받을 돈의 1/3을 주기로 약속했었던 것 같은데 그것을 절반으로 깎기로 하고 그 협상을 내가 맡았던 것이다.

그때의 상황이 세세히 기억나지는 않는데(그건 김 변호사도 마찬가지) 내가 어렵게 말을 꺼내자 김 변호사가 오히려 멋쩍은 웃음을 지으며, "아무래도 돈이 좀 많지요?" 선뜻 받아들였던 기억은 난다.

최근 그가 이끌었던 아주 조그만 산악회의 뒤풀이에 초대 받아서 몇 번 술을 같이 한 적이 있다. 지난 장구한 세월 동안 그가 쓰는 글도 읽고, 세미나나 회의 때 그가 한 발언들을 전해 들으면서 '참, 변치 않는 사람!'이라고 생각했는데 실제 만나서 술 한 잔 하면서 더 강하게 그런 느낌을 받았다. 그동안에도 여러 번 대법관 물망에 올랐다가 실패하면서 마음고생이 심했을 텐데 드디어 대법관에 임명되니 내 일처럼 기쁘다.

"(위나라의 대부) 영무자는 나라에 도가 있을 때는 지혜롭고, 나라에 도가 없을 때는 어리석은 듯하였다. 그의 지혜는 따라갈 수 있지만 그의 어리석은 듯한 모습은 따라갈 수 없다"라고 했다는 공자의 말씀이 생각나는 날이다.

(그의 대법관 임명 소식이 경향신문 1면에 대문짝만 하게 보도되니 더욱 감회가 새롭다)

## 꿀배

명절을 맞아 대학 후배 이원로가 배 한 상자를 보내왔다. 누가 보낸 선물이라고 고맙지 않을까만, 이 후배의 선물은 특별히 기꺼웠다. 중소병원에 환자 관리 프로그램 깔아주는 사업에 여념이 없으면서도, 그보다는 농사가 더 천직인 양 자신이 열심히 키워 수확한 과실이기 때문이다.

그는 또한 내 페친이기도 해서 그가 배(그리고 각종 채소들)를 키우는 과정의 노고와 보람을 잘 안다. 팔려고 키우는 것도 아니고 욕심꾸러기도 아니기 때문에 누군가와 나누어 먹을 것임을 알고는 있었지만 설마 내 차례까지 올지는 몰랐다. 오늘 감사한 마음으로 아들 며느리와 함께 깎아 먹었는데 가히 꿀맛이다. 크기는 내 주먹보다 작은데 마치 꿀단지 속에 담가놓았다가 꺼낸 것 같다.

이 후배는 인터넷 사업과 농사를 열심히 하는 것 외에도 저명한 여행칼럼니스트인 마나님 모시고 전국 방방곡곡 안 다니는 곳이 없다. 아이들도 학교 안 보내고 데리고 다닌다. 또 캠핑 전문가이며 요리 전문가이기도 한데, 가끔 캠핑 자리에 선후배들을 불러 모아 고기를 굽고 요리를 만들고, 자신이 키운 각종 채소들도 베풀며 흥겨운 술자리를 만든다.

곧 채소를 수확할 것 같은데 귀를 쫑긋 세우고 있어야겠다.

## 인연이 선물한 깨달음

페북이 새 인연을 맺어주기도 하고, 끊어진 인연을 다시 이어주기도 한다. 오랫동안 서로 어떻게 지내는지는 대충 알았어도, 한 번 만나거나 연락한 적도 없는 옛 직장 동료를 페북 덕분에 최근 만났다. 서로 페친도 아니었는데 우연히 그가 내 글에 공감하며 단 댓글을 보고, 내가 그의 계정에 메시지로 전화번호를 주고, 드디어 그가 전화를 해왔다. 한 15년? 20년 만인가?

우린 경향신문에서 함께 근무한 동료였는데 그가 나보다 서너 살 많은 대신 수습 기수 출신이 아니라 뒤늦게 특채로 입사한 탓에 오랫동안 특별히 친밀한 감정없이 대면대면 지낸 사이다. 88년에 노조를 만들고 노조 활동을 열심히 하는 과정에서 비로소 서로의 성격을 파악하고 참언론 의지를 확인한 후에야 단순한 동료 관계를 떠나 친구 혹은 동지가 된 것이다. 그는 주로 과학과 환경 분야를 취재했는데 간부가 되기 전에 일찌감치 회사를 그만두면서 점점 접촉이 뜸해졌던 것이다.

그 이래 그는 고향 파주로 내려가 자연보호와 탐조 전문가로 이름을 날리면서 한편으로 마을공동체운동을 열심히 하며 산다는 이야기를 들었다. 최근에는 한겨레신문 광고를 통해 몽골-바이칼호로 이어지는 문화기행 전문 안내강사로 활동한다는 것도 알았다. 통화를 해보니 문산동초등학교 인근에서 자그마한 양고기 전문식당을 한다는 것을 새로 알게 됐다.

옳지 잘됐다! 내가 한 달에 한 번은 아니고 두 달에 한 번, 석 달에 한 번, 일산에 사는 누님 부부 뵈러 갈 때마다 인근 별미 식당들을 찾아 모시곤 했는데 이번 추석엔 친구네 식당 가서 양고기를 대접하면 되5 겠구나!

하여 지난 토요일에 누님 부부와 함께 장조카까지 데리고 그의 식당엘 갔다. (난 어려운 집안 형편 때문에 초등학교 때 몇 년, 고등학교 때 2년, 누님 집에서 기거했었다. 부모님이 돌아가신 지금 난 이 누님 부부를 부모처럼 생각한다. 나보다 세 살 적은 조카는 한국일보 논설위원까지 했는데 10여 년 전 괴질에 걸려 지금은 거의 앞을 못 본다)

최소 15년 이상 못 봤는데 그는 옛날과 하나도 변한 게 없다. 원래 성격이 순수하면서도 활달한데다 붙임성 있고 자기표현에 거침이 없는 사람인데, 이 날도 먼 데서 온 친구(붕우자원방래)를 오랜만에 만나 좋아 죽는다. 말발까지 좋아(내 표현으로는 '구라까지 좋아') 우리 식구 테이블 옆에 딱 붙어 서서 고기를 구우면서 한시도 쉬지 않고 그동안 지냈던 일들과 집안 이야기, 동네 이야기, 식당을 운영하게 된 사연들을 줄줄 쏟아낸다.

그리고는 양고기가 얼마나 맛있고 건강에 좋은지를 자랑하면서 짬짬이 "요것 한번 들어보세요, 요것도 들어보세요, 이렇게도 들어보세요" 한다. 또 눈이 잘 안 보여 더듬거리는 장조카 입에다 이것저것 소스 묻힌 양고기를 집어 넣어주는 것이다. 조카는 황송해서 어쩔 줄 모른다.

그건 단순한 식당 주인의 친절이 아니다. 마음속에서 우러나는 선한 본성이다. 불편한 사람에 대한 예의이고 너그러움이고 측은지심이고 마땅한 배려이다. 아! 그렇다! 이 사람은 원래 그랬었지!

그때서야 나는 그동안 조카 녀석과 수십 차례 식사하면서, 음식을 흘리고 더듬거리는 그를 가엽게 여기고 마음 불편하기만 했지, 한 번도 그 입에 뭘 떠먹여준 적이 없다는 사실을 깨달았다. 낭패스러운 마음이 든 나는 "어우~ 거 내가 할 테니, 노 형은 고기나 맛있게 구우소~" 농담처럼 얼버무리면서 그때부터는 내가 조카 입에 고깃점을 집어 먹였다. 녀석, 내가 먹여주니 미안해하지도 않고 잘도 받아먹는다.

이튿날 새벽같이 누님에게서 전화가 왔다. 고기가 뭔가 잘못돼 탈이나 났나, 깜짝 놀라서 전화를 받았더니 "그동안 속이 좀 안 좋았는데 어제 양고기를 실컷 먹고 편안해졌다"면서 "동생이 너무 고마워서 더 이상 해 뜰 때까지 못 참고 전화하는 것"이라고 하신다. "매형도 처음으로 맛있는 양고기를 먹고, 처남 키운 보람이 있다고 한다"고 전하시는데, 그 다음 울먹울먹 덧붙이는 말씀을 듣고서야 누님이 새벽같이 전화한 것은 내게 하고 싶은 말이 따로 있어서였다는 것을 알았다. 어제 내가 조카, 즉 눈 안 보이는 당신 아들 거둬 먹이는 걸 보고 너무 가슴이 벅찼다면서 몇 번이고 "동생~ 고마워~ 고마워~" 하시는 거다.

나도 가슴이 울컥했다. '누님이 이렇게 좋아하시는 걸… 왜 좀 더 일찍부터 조카에게 살갑게 해주지 못했을까. 고기만 사드린다고 효도를 다 하는 것이 아니다!' 그런 후회와 미안함, 그리고 뒤늦게나마 인간의 착한 본성에 대해 깨달을 기회를 준 오랜 벗에 대한 고마움이 한꺼번에 밀려왔다.

인생은 죽을 때까지 끊임없이 감화를 받고 배우는 것이다. 그러기 위해서는 좋은 친구를 가려 사귀어야 한다.

## 비탄의 한 조각

열여섯 살 소년의 49제에 참석하고 나온 길이다.
아이의 엄마를 잘 안다.
늘 아이들의 행복한 학교생활을 위해 헌신하는 훌륭한 분이다.
그럼에도 자신의 아들을 지키지 못했다. 그런 비탄함이 있을 것이다.
나로서는 참척(慘慽)의 고통을 감히 상상도 못하겠다.
내 심장을 꺼내서 자식을 살릴 수 있다면 기꺼이 그리하는 것이 부모의 심정일 거다.
아무리 머리를 쥐어짜도 적절한 위로의 말이 떠오르지 않았다.
아무 말도 하지 못했고 그저 슬픔의 한 조각만 덜어왔다.

## 노장과 한 잔

어제 현기영 선생 모시고 서촌 주꾸미 전문집에서 조촐한 술자리를 가졌다. '자유언론실천재단' 홈페이지에 실릴 현 선생 인터뷰 뒷자리다. 박래부 전 언론재단 이사장이 인터뷰를 진행했고, 재단 이영순 사무국장이 자리를 마련했으며, 전 방송위원 마권수 선배와 내가 좀 늦게 합류했다.

참석자들의 면면만 보면 거물(?)들이 뭉쳐서 뭐 거창한 고담준론을 주고 받은 것 같은데 그건 절대 아니다. 장삼이사 그대로 박근혜를 적당히 씹기도 했고, 여느 영감들처럼 옛날 일들을 뻥튀기하며 침을 튀기기도 했다. 현 선생이 "언론이 너무 썩었다"고 개탄하면 같이 고개를 주억거리다가도 "그렇다고 문단이 나은 것 하나도 없다"고 반격하기도 했다. 급기야 현 선생은 머리 빠진 것만 보면 자기가 동생이라며 내게 인신공격을 하기도 했고, 젊었을 때 아주 심한 주사가 있었는데 앞이빨이 몽땅 부러지는 봉변을 계기로 주사를 고쳤다는 비사까지 풀어놓았다.

딱 맥주 한 병이라는 전제 아래 2차까지는 같이했으나 호기롭게 3차로 향하는 선생 몰래 줄행랑을 쳤다. 올(2016년) 76세인데 아직 한창이시다. 오랜 휴지기를 털고 신작을 준비 중이라 하신다.

## 해후

귀한 손님들이 내 사무실을 방문했다. 80년대 우리나라 여자농구의 최전성기를 이끌었던 전설적인 스타 박찬숙 씨와 동료 방신실 씨다. 내가 농구 담당 스포츠기자를 83년에 그만 둔 뒤 만나지 못했으니 무려 35년 만의 해후인 것이다.

우리는 그냥 평범한 선수-기자 관계가 아니라 82년 무려 40여 일 간 유럽 전지훈련을 함께 하면서 오누이처럼 가까운 사이가 됐었다. 당시 역시 남자농구의 전설적인 스타 신동파 선생이 감독을 맡았던 대표팀에서 나는 전지훈련 내내 농구기자단 풀 기자일 뿐 아니라 응원단장, 회의대표, 관광가이드, 카메라맨, 주전자 당번까지 하면서 한 식구처럼 놀았다. 지금 돌이켜 보니 20대 꽃다운 처녀들 틈에서 최고의 행복한 시간을 보냈던 것 같다. 세 살, 두 살짜리 어린 딸래미들 한국에 떼어 놓고서….

이후 내가 농구기자를 그만 두고 83년~84년 해외 연수를 다녀 온 뒤 노조 활동~국제부 근무~해외 특파원 등을 하는 동안, 이 두 분은 현역에서 은퇴하고 결혼까지 하는 바람에 상호 소식이 두절됐던 것이다. 그럼에도 오늘 이야기 들어 보니 특히 이 두 분은 가끔씩 나를 궁금해 했던 모양이다. 하지만 내가 외국에 돌아다니거나 다른 분야 취재에 바빴고, 두 분은 또 아이들 낳고 키우느라 경황없이 35년 긴 세월이 흐른 것이다.

최근 박찬숙 씨가 프로여자농구 경기운영위원장을 맡으면서 다시 언론을 접촉하기 시작했는데 마침 경향신문 기자를 만난 자리에서 문득 내 생각이 떠올라 내 근황과 연락처를 물어 다시 연결이 된 것이다.

세상에, 기자와 취재원이 정이 들어 출입처가 바뀌거나 담당 업무가 바뀐 후에도 10여 년 이상씩 만나기도 한다는 말을 들은 적은 있지만, 헤어져 영판 다른 길을 간 지 30년도 훌쩍 넘은 선수와 기자가 이렇게 반갑게 해후할 수 있겠나. 이 양반들, 오랜만에 만나는 기념이라며 예쁜 꽃을 앞세우고 사무실로 쳐들어 온 것이다. 와서는 빈칸으로 남아 있는 리본에 정성스럽게 자필로 자기 이름들을 사인한다. 그 모습이 꽃보다 훨씬 더 이쁘다.

우리는 밥도 먹고 차도 마시면서 오랜 시간 옛날이야기로 정신을 팔았다. 그러면서 "하나도 안 늙었어요~" "옛날보다 더 이뻐졌어요~" 객쩍은 소리를 하면서 조만간 술도 한 잔 마시기로 약속했다. 천만다행으로 나는 기레기가 아니었던 모양이다.

## '개판'

나는 시대의 사표가 되는 훌륭한 어르신들이 오래 전 하필이면 이름도 점잖지 못한 '개판'을 만드셨다는 이야기를 김중배 선생님으로부터 들었다. 김 선생님과 한승헌 변호사, 이해동 목사, 조화순 목사, 고 박현채 교수, 이 다섯 분이 80년대 초 민주화운동가들 단합대회에 참석했다가 다섯 분이 모두 34년(갑술년) 동갑인 것을 알고 따로 '개판'이라는 자신들만의 모임을 결성했다는 것이다

처음에는 '개파티'로 부르자는 제안이 있었으나 "개들이 무슨 파티씩이나 하나, 그냥 개판으로 하자"는 한 변호사 말씀이 그럴 듯하게 여겨져 '개판'으로 정했다는 것이다.

이런 이야기는 나중에 고은 시인의 「만인보」에도 나온다.

> "여자 목사 첨 보았다/ 햇볕 쨍쨍/ 그 여자 목사의 방은 어두컴컴했다/ 인천산업교회/ 이 방/ 저 방 퀴퀴한 담요냄새/ 동일방직 노동자들과 함께 살고 있었다/ 싸울 때는 그 새된 목소리/ …중략…/ 그녀의 목소리는 소녀 이래 그대로였다/ 1934년생 개띠라/ 동갑내기 개띠클럽/ 박현채 / 한승헌 / 김중배 / 조화순 들 걸어가다가 // 뒤처진 조화순 소리지르기를 / 이 개새끼들아 / 그래 민주화도 못해 / 통일도 못해 / 이 개새끼들아"

박현채 교수는 이미 오래 전 돌아가셨고 조화순 목사는 아직 인연이 없어 못 뵀으나 김중배 한승헌 이해동 세 분 선생님은 언제 봐도 가슴이 벅차게 기쁘다. 모두 우리 사회의 맑은 정신을 가장 높은 곳에서 끌어올리는 분들이신데 오늘 한 변호사께서 44년 전(박정희 치하) 시국사건에서 입은 피해에 대한 국가배상판결을 얻어냈다는 기쁜 소식을 들었다.

내가 이 분들을 뵐 때마다 느끼는 것은 이 분들에게는 다른 대부분의 노인들과는 달리 세월이 갈수록 사(私)는 적어지고 공(公)은 더 커진다는 것이다. 또 하나, 아무리 심각한 상황에서도 결코 유머감각을 놓치지 않는다는 점이다. 한 선생님의 유머는 따로 책까지 낼 정도로 워낙 유명하지만 김 선생님 역시 지금도 "술이 미디어여~" 높이 소리치면서 소폭 너덧 잔은 거뜬하시다. 나도 늙어가면서 본 받고 싶은 모습이다.

# 차카게살자

## 절대 무지

여럿이 있는 자리에서 당사자에게서 직접 들은 얘기다. 고민 상담 같은 것이다. 63세 된 양반인데 평생 안 해본 것 없이 열심히 일해서 꽤 많은 돈을 벌었다고 했다. 일 안 해도 먹고 살 만한 재산을 모았다는 것이다.

"이젠 내가 하고 싶은 일들 맘껏 하면서 살고 싶다. 제일 하고 싶은 것이 산이나 강, 들 같은 데 가서 텐트 치고 며칠씩 아무 생각 없이 자연 속에서 지내는 것, 그리고 책을 읽는 것이다. 나는 일만 했지 제대로 놀거나 쉰 적도 없다. 대학도 안 나왔고(중고교는 나왔는지 말하지 않음) 평생 책 한 권 제대로 읽어 본 적이 없다. 그래서 아무 책이나 원 없이 책을 읽는 것이 소원이다. 산속에 틀어박혀 종일 책 읽는 것도 좋겠지."

여기까지는 좋았다. 인간성에 내재한 자유에의 열망, 앎에의 갈증이 어떤 것인지를 피부로 느낄 수 있는 '숭고한' 이야기였다. 문제는 그 다음이었다.

"그런데 문제가 생겼다. 집사람과 (손아래) 처남이 두 가지를 다 반대한다. 왜 그런 것에 시간을 낭비하느냐는 것이다. 그래서 요즘엔 안 하던 부부싸움도 한다. 특히 책 읽는 것에 반대를 많이 한다. 독서는 시간 낭비일 뿐 아니라 쓸데없는 생각을 하게 한다는 것이다."

그 자리에는 올 83세의 오지 탐험가도 있었고, 지금도 매일 아침 5~6km를 뛰고 10시간씩 독서하는 올 76세의 세계적 소아암 전문의(69세에 국립암센터에서 은퇴)도 있었다. 모두들 충격을 받은 것 같았다. 듣는 사람들의 가슴이 답답해지고 머릿속이 황폐해지는 느낌이었다.

그러나 딱히 충고할 말이 없었다. 세상에는 앎의 기쁨은커녕 무지의 괴로움과 부끄러움도 모르는 '절대 무지'라고 할만한 것이 있구나, 새삼 확인할 뿐이었다.

나는 국정 역사교과서를 지지하는 사람들, 군복 입고 선글라스 쓰고 길거리 나와서 고함지르는 사람들이 대략 어떤 부류의 사람들일까 궁금했는데, 이 양반의 부인과 처남 이야기를 듣고 그 궁금증이 조금 풀리는 것도 같았다.

## 멘토질의 법칙

1. 꼰대질은 주책없이 나이만 먹은 이라면 아무나 할 수 있으나 멘토질은 틀림없이 남보다 우월한 사람이 한다.

2. 멘토질 하는 이가 남보다 우월하게 된 것은 틀림없이 타고난 재능이나 행운이 있기 때문이다.

3. 멘토질 하는 이들을 한 사람 한 사람 따지고 보면 재능이나 행운의 도움 없이 노력만으로 그 위치에 오른 사람은 단 하나도 없다

4. 멘토질을 하는 이는 그럼에도 자신의 성취가 순전히 자신의 눈물겨운 노력에 의한 것이라고 굳게 믿고 있다.

5. 그래서 멘토질 하는 이는 멘토질 당하는 이들의 노력 부족을 개탄하며 멘토질을 계속할 동력을 자가발전 하는 것이다..

6. 멘토질 하는 이에게 "노력은 그저 재능과 행운이라는 국수 위에 얹은 고명 정도에 불과하다"는 깨달음이 온다면 그는 당장 멘토질을 멈출 것이다.

안철수나 이어령 같은 이들이 하고 있는 건 꼰대질이 아니라 멘토질임이 분명하다. 그래도 이들이 꼰대질에 맛들인 자들이나, 재능도 없고 행운도 없는 이들을 비웃으며 깔보는 자들보다는 훨씬 윗길이란 것 또한 분명하다.

## 비루한 '어르신' 양아치들

40년대 후반 김두한 등 밑에서 각종 청년단 활동을 빙자해 폭행 협박 강도 강간 심지어 살인까지 자행했던 깡패새끼들이 지금껏 살아 있으면 90 가까운 80객이다. 반공을 빙자해 온갖 폭력을 즐겼던 이 깡패새끼들이 다만 연세가 많으시다고 어르신으로 불러야 할까?

50년대 이정재 임화수 유지광이 밑에서 주먹을 휘두르다 60년 4.19 때는 동대문시장 근처에서 고려대 학생들을 무차별 폭행했던 정치깡패 새끼들이 지금껏 살아 있으면 70대 후반이다. 타고난 완력이 있으므로 지금도 기회가 되면 경찰서장이라도 두들겨 패고 싶어 주먹이 근질거릴 것이다. 이 정치깡패 졸개 새끼들이 다만 연세가 많으시다고 어르신으로 불러야 할까.

70년대 가끔씩 양지로 불려 나와 손가락 깨물어 혈서를 쓰거나 김영삼 등 야당 정치인들에게 각목을 휘둘렀던 용팔이의 '아그들'은 지금도 정정한 60대 후반일 것이다. 이런 '깡패 아그들'이 지금도 선글라스 끼고 각목 대신 피케팅하며 설쳐대는데 다만 연세가 많으시다고 어르신이라고 불러야 할까.

나는 어버이연합회의 정체를 충분히 짐작할 수 있다. 더러운 물은 시궁창서부터 흐른다. "배 째라"는 깡다구가 느닷없이 생겨나는 게 아니다. 40년대는 미군정을 등에 업은 이승만 등 단독 정부파, 50년대는 경무대, 60~70년대는 중정이 이들을 키우고 비호했다. 이것들은 누가 비호해주지 않으면 바로 그 순간 '깨갱' 하는 하찮은 것들이다. 보수 우익? 어르신? 좋아하신다. 아무리 나이 쳐드셨어도 양아치 새끼는 양아치 새끼다.

## 병신년에 행복한 영감님들

이제 하룻밤만 자면 모든 사람들이 차별 없이 한 살씩 더 먹을 것이다. 한 살씩 더 먹으면 그만큼 철이 더 들고 현명해질 수 있을까? 사람마다 편차가 조금씩 있겠지만, 적어도 이미 나이 많이 먹은 노인들에게 있어서는, 나이가 지혜와 너그러움을 더해 준다는 말에 난 동의하지 않는다.

최근 지하철역 입구에서 휴대폰으로 통화하면서 고래고래 소리 지르는 70대 노인을 봤다. 너무 시끄러워서 멀리 떨어질 때까지 아우성이 자동으로 들렸다. 아마 누군가와 만나기로 했는데 서로 사인이 안 맞아 엉뚱한 곳에서 헤매다가 화가 난 모양이다. 요즘 노인들은 세월이 갈수록 참을성이 없어지고 성격이 과격해지는 느낌이다.

젊잖게 건강하게 나이 드신 채현국(80) 어른도 "늙으면서 지혜가 많아진다는 말은 거짓말"이라고 설파한 바 있다. 솔직히 서유석의 '너 늙어봤냐'라는 노래나 요즘 유행하는 '백세인생'이란 노래도 쇠약해지는 육체와 혼미한 정신을 감춰보려는 노인들의 허세에 불과하다고 생각한다.

며칠 전 더불어민주당 문재인 대표가 "어르신 세대는 정부의 잘못된 정책으로 고통 받으면서도 불평등을 심화시키는 박근혜 정부를 잘한다고 지지한다. 어르신들에게는 바꿔야 한다는 의지가 없는 것이다"라고 말했다. 일부 보수층에서 노인 폄하 발언이라고들 하는데 글쎄

다, 여기에 틀린 말이 단 하나라도 있나?

또 새누리당 김무성 대표가 "70세가 넘어서 새로 시작되는 임기의 선출직에 나가는 것은 옳지 못하다고 생각한다"고 했다. 자기가 내년 총선이 마지막이라는 의미에서 한 것인지, 이미 70세가 넘은 서청원 의원을 약 올리려고 그런 말을 했는지는 모르겠지만 난 그가 최근 한 말 중에서 거의 유일하게 옳은 말을 했다고 생각한다.

70세가 넘어서는 선출직을 맡지 말아야 한다는 김무성 대표의 발언에 동의하면서 기왕이면 80세 이상은 선거권도 제한해야 한다고 생각한다. 선거권을 19세 이상에게만 주는 것은 그 보다 적은 나이의 청소년은 후보를 감별하고 정책을 판단하는 능력이 부족하다는 이유 때문일 것이다. 그렇다면 과연 80세 이상의 노인들이 18세 이하 청소년들만큼이라도 판단력이 제대로 작동할 것인가가 내 문제의식인 것이다. 연구에 따르면 우리나라 65세 이상 노인들 중 열에 하나가 치매환자인데 80세가 되면 그 수치가 넷에 하나로 크게 뛴다는 것이다.

고운 할머니로 소문난 일본 작가 소노 아야코(84)는 <아름답게 늙는 지혜>라는 에세이의 첫머리를 "젊음을 시기하지 말고 젊은 사람을 대접하라. 젊은 세대는 나보다 바쁘다는 걸 명심하라"고 시작한다.

내년에는 노인들이 골치 아픈 정치는 미래가 창창한 젊은이들의 판단에 맡기고 세상을 관조하며 유유자적하는 아름다운 지혜를 더 많이 가졌으면 좋겠다.

## 반면교사

기이하게도 내겐 소싯적 할아버지들에 대한 좋은 이미지들만 있다. 너털웃음, 흰 수염, 사탕, 한복, 지팡이, 돋보기, 노기가 전혀 느껴지지 않는 "이 노~옴" 호통 소리까지…. 모두가 너그러움, 양보, 관조, 애틋함 등이 연상되는 이미지들이다.

할아버지들에 대한 그런 내 인상이 언제부터인가 싹 바뀌었다. 독선과 오만, 고집에 탐욕까지…. 요 며칠 새 그것이 누구에게나 오는 노인병의 증상이 아닐까 그런 생각까지 들었다. 특히 정치권에서 그렇고, 더불어민주당 비례 소동을 보며 더욱 그렇다. 심지어는 "어찌어찌해서 못간다고 전해라~"는 노랫말까지 듣기 싫어지는 어제 오늘이다.

나를 환멸에 빠지게 하는 이런 것들을 반면교사 삼지 못하고 근신하지 않으면, 나 역시 곧 그렇게 되리라는 걸 내가 안다.

## 아편 종편

어떤 고귀한 박씨 집안에서는 "물이 진하냐, 피가 진하냐" 으르렁대는 모양이지만, 대부분의 집안에서 매형 처남지간은 각별하기 마련이다. 나 역시 그러한데, 특히 스물세 살이나 많은 매형이 중학 이래 대학에 이르기까지 재정적. 정신적으로 날 길러주다시피 했기 때문에 더욱 그러하다. 그럼에도 자주 찾아뵙지 못해 늘 죄송한 마음뿐이다.

오늘 모처럼 일산 누이 집으로 찾아뵙고 일산에서 손꼽는 맛집 능이버섯 백숙집으로 모셨다. 아랫니가 대부분 빠졌는데 틀니가 잘 안 맞아서 당분간 틀니없이 식사를 하시는데도 아주 맛있게 잘 드신다. 군장교 출신으로, 한때는 호랑이라도 때려잡을 것같이 용맹했던 분이 하릴없이 세월에 무너지는 모습이 서글프다.

더욱 화가 나는 것은 매형이 종편에 중독되는 바람에 그나마 남은 건강마저도 급격히 잃고 있다는 사실이다. 잠자는 시간만 빼고 하루 종일 TV조선, 채널A를 번갈아 틀어놓고 그 앞에서 사신다. 한번은 내가 너무 화가 나서 "종편이 돈을 주느냐, 밥을 주느냐. 설사 돈을 주고 밥을 준다한들 하루 종일 TV 앞에서만 사시면 어떡하느냐. 제발 한두 시간만이라도 TV 꺼놓고 산책을 좀 하시라"고 큰 소리를 낸 적도 있다. 이젠 다리에 힘이 빠져 걷는 것도 힘들어 하신다.

속 터지는 것은 매형 자신이 그걸 알고 계신다는 사실이다. 종편은 어르신들의 정신만 망가뜨리는 것이 아니라 실제로 육체마저도 망가뜨리고 있다는 것을 실감한다. 아편이 중국의 육체뿐 아니라 정신도 죽이고 있다고 개탄했던 임칙서(林則徐)의 비감한 심정이 이해된다.

## 개 같은 학벌

초등학교 때 담임선생님들은 한 학년이 끝나고 상을 주실 때 늘 "개근상이 우등상보다 값진 것"이라고 말씀하셨다. 철이 들고 한동안 그 말씀을 믿지 않았다가 나이가 훨씬 더 든 지금은 그 말씀의 뜻을 헤아린다.

어제 한겨레신문을 보니 서울의 한 사립 로스쿨에서 '출신 대학 등급제'를 해왔다고 한다. 한마디로 입학 서류심사에서 출신 대학별로 차별대우를 했다는 얘기다. 서울대, 고려대, 연세대 출신 S등급서부터 '나머지 대학' 비법학 전공자 D등급까지 5개 등급으로 나눠 한 단계 낮아질 때마다 7점씩 감점(70점 만점)했다는 것이다. 더 고약한 것은 서류종합평가의 네 항목(성실성, 전공 관련 성취 및 발전 가능성, 적성 및 자질, 전문 소양) 가운데 성실성 항목에서 출신 학교를 차별했다는 것이다.

이거 왜들 이러시나. 아무리 열심히 해도 좋은 대학에 못 들어가는 경우가 있다. 나처럼 머리가 나쁘거나 집이 가난해서 등등이다. 딱 대학

입학시험 치를 때 운이 나빴던 경우도 있다. 더 큰 인생의 목표를 잡고 대학쯤이야 아무려면 어떠냐고 생각했던 대륙풍 친구들도 내게는 있다. 최소한 성실성만은 출신 대학과 전혀 관련이 없다는 얘기다.

마지막으로, 법률가가 꼭 머리 좋을 이유도 없다.(이것은 의사나 기자도 마찬가지다) 성실하고 정의로워야 한다는 것이 이들 직업군에서 더 큰 가치다. 이른바 2류대 출신이지만 나름 열심히 살아온 내게는 한겨레 기사를 본 어제야말로 개 같은 하루였다.

## 인간 승리

우리 집 8월 전기세가 전달에 비해 불과 2,190원밖에 더 나오지 않았다. 울산 큰딸네 집에 일주일간 가 있었던 덕을 좀 본 건 사실이지만, 8월 말까지 열대야가 지속됐던 점을 감안하면 놀랄 만한 성과라 하지 않을 수 없다. 마눌님이 낮에는 주로 둘째딸네 집에 가 있었으므로 이는 순전히 내가 몸으로 때운 결과다. 이 정도면 가히 인간 승리라 할 만하지 않은가.

그럼에도 좀 서글프기는 하다.

지금 막 김용민 팟케스트를 들어보니 전달보다 전기세를 50% 이상 더 내게 된 가구 수가 900만, 두 배 이상 더 내게 된 가구 수도 300만에 이른다고 한다(전체 가구 수 1,700~1,800만). 한전은 그 돈으로 직원 1인 평균 2,000만 원의 성과급 잔치를 한다고 한다.

갑자기 전혀 서글프지가 않다.

적어도 내 돈이 저 후안무치한 놈들 지갑에 들어갈 일은 없을 것이기 때문이다. 오히려 담배 끊을 때와 비슷한 통쾌 무비한 심정이다.

## 취중진담

손학규 전 경기도지사께서 어제 '국민주권개혁회의'를 출범시켰다. 김종인, 박지원 등 노인들이 참석해 큰 축하를 드린 모양이다. 이로써 그가 본격적인 정치 행보를 시작한 것만은 분명한데, 솔직히 나는 그 행보가 어디를 향한, 무엇을 위한 것인지 여전히 잘 모르겠다.

문득 재작년 여름 어느 날, 그를 만난 일이 생각난다. 현역 은퇴 뒤에도 가깝게 지내던 언론계 선후배 7, 8명이 9인승 승합차에 올라타고 신안으로 여행을 갔다.(얼마나 친한 사이인가!) 옛날 선비들 흉내 내어 민어회계를 짠 것이다.(참으로 호사스럽다 할 것이다) 이른 저녁으로 실컷 마시고 먹고 있는데, 그날 숙소로 예정된 강진 친구에게서 전화가 왔다. 손학규 지사가 우리 일행을 기다리고 있으니 급히 오라는 것이다. 우리는 여분으로 남겨둔 민어회 두 접시를 싸들고 서둘러 강진으로 향했다.

신안에서 강진이 지척인 줄 알았는데 한 시간 넘게 걸려 캄캄해진 뒤에야 손 지사와 친구가 기다리는 강진만 바닷가에 도착했다. 일행 대부분이 손 지사와 안면이 있는 고로 반갑게 인사하고 곧 술자리가 벌어졌다. 나는 이미 취한 상태였는데, 그래도 아부 근성은 살아 있어서 뭔가 손 지사 듣기 좋은 말을 해주고 싶었다.

"지금까지 손 지사께서 걸어오신 정치 여정 중에 이번 정계 은퇴 결정이야말로 가장 현명하고 훌륭한 결정이었다고 생각하오!"

그러고는 벌렁 드러누워 잠에 떨어진 모양이다. (맹세코 그때까지 나는 손 지사의 은퇴가 가짜라는 걸 몰랐다. "진짜 은퇴한 것이라면 아파트에서 살지, 왜 만덕산 토굴에서 사는가"라는 유시민의 글을 읽어보기만 했더라도!) 내가 잠들자마자 내 동료들이 분개한 손 지사를 위로하기 위해 아부하느라고 땀을 뻘뻘 흘렸다는 얘기를 다음 날에 들었다.

그때는 아차 싶었는데 지금 생각해보니 그때 내가 정말 말을 잘한 것 같다. 내가 뭘 몰랐던 것이 아니라 무슨 혜안이 있었던 거다. 실수는 내가 아니라 손 지사가 저지른 것이다.

## 노익장

며칠 전 창문 블라인드 끈이 끊어져 한쪽 끄트머리가 천정까지 말려 올라갔다. 손이 안 닿아 끙끙대는 마눌님을 뒤에서 번쩍 안아 들어 올려주었더니 마눌님이 깜짝 놀란다. 그러면서 "아니, 아직도 이렇게 힘이 센데 왜 밤에는 힘을 못 써!" 힐난한다.

내가 비록 밤에는 힘을 못 쓰지만 아직도 체육관에서는 60~70kg 정도는 번쩍번쩍 들 수 있고 한 주 서너 번 수영 500m씩 한다. 어제도 40대 후배들과 어울려 두 시간여 아차산 구석구석 1만 6,000여 보 걸었다. 광화문 돌아다닌 것까지 하면 어제만 해도 2만 걸음은 더 걸었을 것이다.

그런데 나보다 한 살 많은 문재인 후보는 지난해 히말라야 트래킹까지 했다지 않은가. 나는 비록 아차산에서 놀지만 나더러 두 시간이 아니라 열 시간을 서서 얘기하자고 해도 얼마든지 할 수 있다. 그러니 히말라야에서 놀다 온 문 후보에게 너희들 그러는 것 아니다. 나이만 어렸지 몸은 허약하고 생각은 낡은 것들이 사람 능멸하는 것이 도를 넘었다. ("2시간도 서 있지 못하겠다는 문재인 후보, 국정 운영은 누워서 할 것인가" 김유정 국민의당 중앙선대위 대변인)

아 참! 나는 그 추운 겨울에도 (어제까지 포함) 스물두 번 중 스무 번 광장을 지켰다.

## 무서운 시

〈살륙의 섬〉

빨갱이여서 죽였다
빨갱이 부모이어서 죽였다
빨갱이 자식이어서 죽였다
빨갱이 형제, 자매여서 죽였다

빨갱이를 숨겨줘서 죽였다
빨갱이에게 먹을 것을 줘서 죽였다
빨갱이 동네 사람이어서 죽였다

산에서 내려오라 했는데 안 내려와서 죽였다
집을 비우라고 했는데 안 비워서 죽였다
군경을 안 믿고 동굴로 숨어서 죽였다

여자가 이뻐서 그 남편을 죽였다
재산이 탐나서 그 주인을 죽였다
대들어서 죽였다
기분 나빠 죽였다
그냥 죽이고 싶어 죽였다

총 쏴서 죽였다
칼로 찔러 죽였다
칼로 목을 베어 죽였다
몽둥이로 때려 죽였다
불 태워 죽였다
물에 빠트려 죽였다
목을 매달아 죽였다
고문해 죽였다
연기로 질식시켜 죽였다
바위에 메쳐서 죽였다

젊은 소나이가 죽었다
하르방이 죽었다
할망이 죽었다
애기 업은 어멍이 죽었다
울던 애기가 죽었다

(2018. 4. 3.)

## 존경하는 뉴욕타임즈 귀하!

내가 세상의 모든 신문 중에서 '가장 중립적이고 객관적이고 공정한 신문'으로 여기는 뉴욕타임즈 귀하!

비록 귀국의 트럼프 대통령이 못 미덥고 북한의 김정은 위원장이 의심스럽더라도 6월 12일 열리는 북미정상회담에 대해서만큼은 좀 더 따뜻한 눈길, 너그러운 마음으로 취재해 주시고 긍정적·희망적으로 보도해주시기 바랍니다.

아니 트럼프 대통령이 못미더워서가 아니라 그런 인물이 당신네 대통령인 것 자체가 못마땅하고, 북미정상회담이 그런 못마땅한 인물의 재선에 이용될지 모른다는 우려 때문일지도 모르겠습니다.

그러나 그것은 당신네 나라 일이니 당신들께서 어떻게든 극복해내시고—우리도 이명박 박근혜 같은 자들의 시대를 어떻게든 극복해냈으니— 이번만큼은 멀리 우리 한반도에 살고 있는 이들의 피맺힌 사정을 헤아려 주시기 바랍니다.

우리 한국민들은, 그리고 북녘의 우리 다른 반쪽은 지난 70여 년 동안 갈라져 으르렁대면서 말로 표현할 수 없는, 지옥 같은 고통 속에서 살아왔습니다. 이것이 전혀 당신네 나라의 잘못이 아니라고 할 수 없는 만큼, 이제는 당신 같은 양심적인 언론이 그 상처를 치유하는 일에 앞장서 주셔야겠습니다.

일언이폐지하고, 최소한 천하의 뉴욕타임즈가 볼튼 같은 허접쓰레기와 궤를 같이 한다는 것 자체가 쪽 팔리는 일 아니겠습니까.(CNN "볼턴, 북미회담 무산시키려 고의로 리비아 모델 언급")

당신네 2일자 신문은 <켜졌다 꺼졌다, 트럼프와 김정은의 소란스런 관계(On-Again, Off-Again : The Turbulent Relationship of Trump and Kim Jong-un)>라는 제목의 기사를 통해 지난 10개월여 간의 숨막혔던 북미 관계를 마치 연인의 밀당처럼 다음과 같이 정리했더군요.(제목만)

---

AUG. 8, 2017 First impressions : 'They will be met with fire and fury'
2017년 8월 8일 첫인상 : '화염과 분노에 휩싸일 것이다'

---

SEPT. 19, 2017 Name calling : 'Rocket Man'
2017년 9월 19일 욕하기 : '로켓맨'

---

MARCH 6, 2018 Early courting : A 'willingness to denuclearize'
2018년 3월 6일 추파 던지기 : '비핵화 의지 있다'

---

MARCH 8, 2018 Setting a date : 'Meeting being planned!'
2018년 3월 8일 (데이트) 날짜 정하기 : '만날 계획을 짜고 있다!'

---

MAY 10, 2018 The big gesture : Three American prisoners freed from North Korea return home
2018년 5월 10일 크게 폼 잡기 : '3명의 미 억류자들 석방돼 귀환하다'

---

APRIL 29, 2018 Bringing up the past : Bolton mentions the 'Libya model'
2018년 4월 29일 과거 들추기 : 볼튼 '리비아 모델' 언급

---

MAY 15, 2018 Power struggle : North Korea says 'We will no longer be interested'

2018년 5월 15일 힘겨루기 : 북한 "더 이상 흥미 없다"

---

MAY 21, 2018 Pence doubles down : 'It would be a great mistake for Kim Jong-un to think he could play Donald Trump'

2018년 5월 21일 펜스 되치기 : "김정은이 트럼프를 갖고 놀 수 있다고 생각한다면 큰 실수 하는 것"

---

MAY 23, 2018 Ultimatum : 'Reconsidering the D.P.R.K.-U.S. summit'

2018년 5월 23일 최후통첩 : "북미정상회담을 다시 생각해봐야겠다"

---

MAY 24, 2018 Let's call the whole thing off : Trump writes a letter

2018년 5월 24일 모든 걸 다 취소한다 : 트럼프의 편지

---

JUNE 1, 2018 On-again : 'June 12th, we'll be in Singapore. It will be a beginning.'

2018년 6월 1일 다시 켜졌다 : "6월 12일 우린 싱가폴에 있을 것. 그것이 시작."

---

그래서 우린 간절히 원합니다.

당신네 6월 13일자 신문 1면에 'A happy ending story : Spring has come on the Korean Peninsula!'(행복한 결말 : 한반도에 봄이 오다!)라는 제목의 기사가 오르기를!

## 칭찬 받은 번역

어제(2018. 6. 8.)는 뉴스통신진흥회 사무소 개소식을 성황리에 끝내고 뒤풀이에서 기분 좋게 취했다. 그 사이 (내 아끼는) 후배가 카톡을 보내온 모양이다. 새벽에 갈증이 나서 깼다가 발견했다. 어제 내가 페북에 올린 '존경하는 뉴욕타임즈 귀하' 제목의 공개편지에 뉴욕타임즈가 답장을 보냈다는 것이다. 그럴 리가 있나. 하하하.

그러나 너무 마음에 드는 칼럼이어서 다시 잠들지 못하고, 어줍잖은 영어실력으로 번역에 돌입했다. 내 멋대로 번역이다. 내가 존경하는 칼럼니스트 니컬러스 크리스토프에게 누가 되지 않으려나 모르겠다. 하지만 뜻은 제대로 전달될 것으로 믿는다.

Opinion
Democrats Childishly Resist Trump's North Korea Efforts

By Nicholas Kristof
Opinion Columnist

June 6, 2018

Shock! Horror! President Trump is actually doing something right.
충격적이다! 무섭기도 하구나! 어찌 트럼프 대통령이 저렇게 제대로 일을 하고 있을 수 있나.

Sadly, Democrats in Congress are responding in a quite Trumpian way: They seem more concerned with undermining him than supporting a peace process with North Korea. They are on the same side as National Security Adviser John Bolton, quietly subverting attempts to pursue peace.
그런데 슬프게도 민주당은 트럼프의 대북 평화 협상과정을 지지하기는커녕 정확히 트럼프식으로 그것을 방해하고 있다. 안보보좌관 존 볼튼 편을 들어 평화 노력을 뒤집어엎으려 하고 있으니 말이다.

While international security is complicated, here's a rule of thumb: When you find yourself on the same side as Bolton, go back and re-examine your position.
안보 상황이 복잡하게 얽힐 때 최고의 원칙이 있다 : 볼튼 편을 들지 말고 그와 다르게 생각하기.

Sure, we all wish that Trump treated Justin Trudeau or Angela Merkel with the respect that he now shows Kim Jong-un. Yes, it seems that Trump has been played by Kim. Yet another way of putting it is that Trump is finally investing in the kind of diplomatic engagement that he used to denounce, and that we should all applaud.
트럼프가 지금 트뤼도(캐나다 총리)나 메르켈(독일 총리)보다 김정은을 더 존중한다는 것은 맞다. 그래, 김정은이 트럼프를 가지고 논다고 볼 수도 있겠지. 하지만 트럼프는 지금 그가 그토록 낮게 평가해 왔던 외교 사업에 결국 투자를 감행하는 것으로 볼 수도 있고, 그렇다면 우리는 그에게 박수를 보내야 마땅하다.

Trump's newfound pragmatism is infinitely preferable to the threat of nuclear war that used to hang over all of us, so it's mystifying to see Democrats carping about any possible North Korea deal.
트럼프가 새로 발굴한 실용주의가 핵전쟁의 위협보다 낫다고 한다면 민주당이 대북 정책의 어떠한 가능성에 대해서도 투정을 부리는 것이 대략 이해 난감이다.

"Any deal that explicitly or implicitly gives North Korea sanctions relief for anything other than the verifiable performance of its obligations to dismantle its nuclear and missile arsenal is a bad deal," seven Democratic senators, including Chuck Schumer, warned in a letter to Trump this week.
"북한이 핵과 미사일 능력을 완전 해체한다는 확증이 없이, 북한에 대한 제재를 완화하는 어떠한 거래도 나쁜 거래입니다." 민주당의 7인의 상원의원은 이번 주 트럼프 대통령에게 그런 경고를 보낸바 있다.

The letter also insisted on "anywhere, anytime" inspections of suspected North Korean nuclear sites, as well as those linked to its chemical and biological warfare programs.
이 편지에서 그들은 '언제, 어디든' 북한의 의심쩍은 핵시설뿐 아니라 생화학전 프로그램과 관련한 모든 시설에 대해 사찰을 해야 한다고 주장했다.

It's almost unimaginable that North Korea will allow such intrusive inspections — any country would resist having an enemy poke

around its military bases, underground bomb shelters and border fortifications. So these Democrats are essentially saying that no plausible deal will pass muster.
북한이 그렇게 독한 사찰을 받아들일 수 있을까? 세상에 어떤 나라가 자신의 군사기지와 지하 벙커와 요새들을 적의 감시에 내맡길 수 있을까? 결국 민주당은 어떠한 거래도 하지 말자는 말과 다름이 없다.

"The Democrats have gone overboard in the conditions they listed in the letter," said Joel Wit, a North Korea watcher at the Stimson Center in Washington. "If they're serious, it's a prescription for failure because no one could achieve the conditions. It's maybe payback for everything they were dealt in the Iran deal."
"민주당은 너무 극단적인 조건을 내세운 것이다." 북한전문가 위트의 평가다. "그들이 진심으로 그런 조건을 내세운 것이라면 그건 실패가 분명한 처방이다. 누구도 그런 조건을 충족시킬 수 없기 때문이다. 이란과의 거래에서처럼 100% 환불 조건이다."

"It's like role reversal," Wit added. "For years Democrats criticized Republicans for not wanting to engage North Korea. Now that Republicans want to engage North Korea, the Democrats are preparing to criticize them."
"역할이 완전 뒤바뀌어 버렸어. 전에는 민주당이 공화당에 대해 북한 문제에 손 놓고 있다고 비판하더니 이제 공화당이 북한 문제에 적극 나서려니까 또 비판하려는 거야."

Aside from Schumer, the Democratic senators who signed the letter are Sherrod Brown, Richard Durbin, Dianne Feinstein, Patrick Leahy, Robert Menendez and Mark Warner.

I appreciate that it's galling for Democrats to see Trump present himself as a great strategist who has forced North Korea to knuckle under. White House aide Larry Kudlow boasted on Fox News: "North Korea coming to the negotiating table has a lot do with President Trump's very firm stand."
내가 보기엔 민주당은 트럼프가 북한을 굴복시키는 위대한 전략가로 행세하는 것을 몹시 못마땅하게 여기는 것 아닌가 싶다. 백악관 보좌관 래리 커드로우도 폭스뉴스에 나와 "트럼프 대통령의 입장은 확고하며 아마도 북한이 협상테이블에서 애 좀 먹을 거라"고 큰소리쳤다.

Poppycock. North Korean leaders have been eager for decades to meet with an American president; it's just that no previous president agreed for fear of legitimizing the regime. It's actually Trump who has made stunning compromises—holding a get-acquainted summit with Kim without any prospect of near-term denuclearization.
북한 지도자들은 오랫동안 미국 대통령과 만나기를 열망했는데 미국 대통령들이 북한 정권을 합법화하는 것을 두려워해 안 만났을 뿐이다. 북한이 단기간 안에 비핵화한다는 확실한 전망이 없는 상황에서도 김정은과 만나기로 한 놀라운 결정을 내린 것이 바로 트럼프인 것이다.

The real hero here is South Korea's president, Moon Jae-in, who shrewdly used the Olympics to kick-start the peace process. Trump and Kim won't get a Nobel Peace Prize, but if the peace process survives, Moon will be a worthy recipient.
여기서 진정한 영웅은 한국 대통령 문재인이다. 아주 재치 있게 평창 올림픽을 이용해 평화 프로세스를 출범시켰다. 트럼프나 김정은은 노벨평화상 감이 아니다. 평화 프로세스가 살아남는다면 문재인이야 말로 수상감이다.

For decades, especially after Bill Clinton's 1994 "Agreed Framework" with North Korea, it was conservative Republicans who were the spoilers on nuclear deals with North Korea and Iran alike.
지난 수십 년간, 특히 1994년 '제네바합의'(2003년 파기) 이래 북한도 그렇고, 이란도 그렇고, 핵협상을 망쳐온 것은 늘 보수적 공화당이었다.

This G.O.P. petulance was bad for America. Bolton helped kill the Agreed Framework, so that North Korea hugely expanded its weapons program. Similar petulance led Trump and Bolton to try to destroy the Iran nuclear deal this spring; as a result, Iran this week announced that it was increasing its uranium enrichment capacity. Boy, that went well.
공화당의 안달복달은 미국에 독이었다. 볼튼은 '제네바 합의'를 죽이는 데 일조했다. 그 결과 북한은 대대적으로 무기 프로그램을 키웠다. 트럼프와 볼튼이 지난봄 이란과의 핵협정을 파기한 것도 그런 안달복달 때문인데 그 결과 이란은 이번 주 우라늄 증식 능력을 대폭 늘리겠다고 선언하고 나섰다.

Now a similar partisan petulance seems to be turning some Democrats into spoilers. Trump's engagement with North Korea has been chaotic and should have begun with working-level talks, but it's still better for leaders to exchange handshakes than missiles.
정당 차원의 그런 똑같은 성마름이 이번엔 민주당을 훼방꾼으로 만드는 것 같다. 트럼프가 북한을 상대하는 것이 혼란스러웠고, 일이 실무 차원에서 먼저 시작됐어야 함에도 불구하고, 아무튼 지도자들이 악수하는 것이 서로 미사일을 쏘는 것보다는 낫지 않은가.

Granted, there's plenty of reason to be nervous about Trump's deal making with North Korea, and plans can still collapse. How will Trump manage Kim when he can't even manage a summit with the Philadelphia Eagles?
트럼프가 북한과 협상하는 모습이 짜증스럽기는 하다. 계획이 몽땅 망가질 위험도 있다. '필라델피아 이글스'(미식축구팀)와의 만남 하나도 제대로 처리 못 하는 그가 어떻게 김정은을 감당할 수 있을까?

Still, even if North Korea won't hand over nuclear weapons in the next few years, I can imagine it committing in coming months to a sustained moratorium on nuclear tests and long-range missile tests, on production of plutonium and uranium fuel, on transfer of nuclear technology to other countries, such as Syria. North

Korea might also destroy an ICBM or two and accept inspectors at its nuclear sites in Yongbyon. Trump and Kim might agree to exchange liaison offices and to declare peace on the Korean Peninsula.
그래도 말이다. 북한이 앞으로 수년 내에 핵무기를 넘기지 않는다 해도, 나는 북한이 수개월 내에 핵과 미사일 실험을 유예하고, 핵연료 생산을 중단하고, 시리아 같은 나라에 핵기술을 이전하지 않을 것이라는 상상을 할 수 있다. 북한은 한두 개의 대륙간탄도미사일을 파기하고 영변 같은 핵기지에 사찰단을 받아들일 것이다. 두 정상은 상호 연락사무소 설치에 합의하고 한반도에 평화를 선언하자고 합의할 수도 있을 것이다.

North Korea might well cheat, and these are half-steps, not rapid denuclearization. But half-steps toward peace are better than full strides toward war.
북한이 사기 칠 수도 있다. 비핵화를 확~ 해버렸으면 좋겠는데 반걸음씩만 뗀다. 그래도 반걸음씩 평화로 가는 것이 전쟁으로 달려가는 것보다 훨 낫지 않은가.

## 난민

어제는 아침식사하면서 마눌님과 가벼운 논쟁을 벌였다. 제주의 예멘 국적 난민에 대한 시각 차이가 의외로 컸다. 마눌님은 원래부터 진보 쪽 사람이 아니지만(오히려 간혹 보수 쪽 편향이 보일 때가 많지만) 오랫동안 나와 함께 살면서 주로 정치적 이슈에 대해서는 내게 동조하는 편이다.

예멘 난민 문제에 대해서도 그러려니 여겼는데 말을 섞어보니 그게 아니다. 중동 사람들은 잔인하며 여성을 존중하지 않기 때문에 우리와 어울려 살 수 없다는 것이다. 예멘이 시리아처럼 전쟁이 치열한 나라도 아니어서 저들을 난민으로 볼 수도 없으며 우리 저소득층 일자리를 빼앗기 때문에 난민 신청을 거부해야 한다는 것이다. 그리고는 자신과 같은 의견을 가진 사람이 훨씬 많을 것이라고 확신하는 것이다.

내가 알기로도 마눌님이 가입해 정보를 입수하고 의견을 교환하는 카페가 주로 30~40대 비교적 젊고 진보적인 사람들이 활동하는 사이트이기 때문에 마눌님의 큰소리가 허풍만은 아닐 것이다. 내가 아무리 논리적으로 반박하고 여러 예를 들어 설득해도 꿈쩍도 안 할 기세여서 결론을 내지 못하고 출근했다.

오늘 아침에는 어제 한겨레에서 읽은 이일 변호사의 「왜 날선 목소리는 반복해 아픈 사람을 향하는가」 제목의 칼럼 중 다음 대목을 슬그머니 건네줬다.

윗집에서 한 아이가 아버지에게 상습 구타를 당해 병원에 실려 갔다는 소식을 들었다. 그런데 오늘 바로 그 아이가 뛰쳐나와 살려달라며 아랫집으로 뛰어왔다. 뒤에서 몽둥이를 들고 쫓아오는 술 취한 아버지의 목소리가 들린다. 그런데 집주인이 문을 닫으며 말한다. "미안하지만 옆집으로 도망갈래?"

그리고 내 나름대로 한 대목을 작문해 덧붙였다.

"얘야, 너네 집 문제는 네가 몽둥이를 들고 싸우든, 맞아 죽든 네가 알아서 해결해야지, 왜 귀찮게 우리까지 끌어들이니. 우리 집도 복잡해 죽겠단다."

오늘도 결론 없이 출근했지만 이 문제에 관해 마늘님과 끝장을 볼 생각이다.

## 평양 감상(2018. 10. 4~6)

평양행 군용기를 타기 전 서울공항에서 핸드폰을 일제히 보관 당했다. 차라리 잘된 일이라며 모두가 일체의 뉴스와 정보를 포기하고 사는데 6일만은 이명박 재판 소식이 궁금해 죽겠는 거다. 누군가 버스 맨 앞자리에 앉은 북측 안내요원에게 소식을 알 수 없겠느냐고 물었더니 이 친구, 자기 핸드폰을 척 꺼내더니 "알아 봐 드릴까요?" 하는 거다.

그 전에 우리 일행 중 누군가가 이미 재판 결과를 알고 있었던 바람에 북측의 정보력(검색을 하는지, 누구에게 물어보는지, 얼마나 빨리 알아내는지)을 가늠할 기회를 잃었지만 좌우간 북은 더 이상 막힌 사회가 아님을 알았다. 그나저나 서울서 온 우리들이 핸드폰 없는 건 다 같은 신세인데 저 양반은 어떻게 알았지?

(이명박이 받은 벌금만은 백 배, 최소 열 배는 돼야 한다는 것이 버스 안 일행의 만장일치 의견이었음)

고려호텔 식당에 근무하는 나이 스물 서넛 돼 보이는 여성 복무원이 유난히 친절하고 행동이 민첩했다. 이름표를 봤더니 성은 김 씨인데 이름이 내 큰딸과 같지 않은가. 이 아이의 부모도 딸 이름을 지어줄 때 나와 똑같은 심정이었겠지? 개인적으로 가장 깊이 남북이 한 핏줄임을 느낀 순간이었다. 성이 아닌 이름으로.

그 아이에게 사정을 이야기하고 "이름은 같은데 얼굴은 더 예쁘다"고 했더니 주위의 웃음이 터지고 아이는 얼굴이 홍당무가 된 채 "그럴 리가 있겠습니까. 선생님 따님이 훨씬 이쁘겠지요" 한다. 민족의 동질성을 넘어 인간의 동질성까지 느꼈다. 아름다움에 대한 인식, 부끄러움.

공식 기념식장에 입장해서 청중석 한가운데 마련된 남측 대표단 자리에 앉는 동안 주변과 2층을 가득 메운 수천 명 평양 시민들이 호기심과 반가움이 가득한 눈길을 보내며 열렬히 박수를 쳤다. 우리도 같이 박수를 치면서 점점 가슴이 따뜻해진다.

행사가 시작되면서 행진곡이 연주되자 관중들이 박자에 맞춰 박수를 친다. 우리도 따라 칠 수밖에. 이렇게 계속 박수를 치다 보니 어느새 행사장 안에 있는 모든 사람이 한 몸처럼 느껴지고 감정이 고조되는 거다. 평양에 있는 동안 네댓 차례 행사와 공연을 참관했는데 그때마다 함께 치는 박수가 최고의 분위기 메이커임을 느꼈다. 이 느낌을 선배에게 말했더니 "자네 기독교 교회에서 하는 부흥회 한 번 안 가본 모양이네"라고 대수롭지 않게 받아들인다.

식사 때는 테이블마다 북측에서 몇 사람씩 동석했다. 나름 손님 접대를 위한 것으로 여겨졌다. 그런데 이 사람들 과묵하기 짝이 없어서 대부분 우리 쪽 질문에는 답변을 하지 않고 자기들 하고 싶은 말만 한다. 정해진 장소를 벗어나 단독 행동하는 걸 굉장히 싫어한다. 호텔 근처 200m도 안 되는 평양역에도 못 가봤다.

오랜만에 온 남측 손님들을 위해 마련한 음식들은 풍성하고 맛있었다. 옥류관과 고려호텔 평양랭면이나 녹두지짐, 불고기들은 오히려 평범했고 그밖에 철갑상어향채찜을 비롯해 오골닭인삼탕, 참나무버섯튀기즙, 게사니구이, 밥조개쌀라드 등 진귀한 음식들을 대접했다. 대동강맥주는 물론 30도, 40도짜리 소주도 무제한 공급.

누구는 산해진미보다 젓갈을 넣지 않고 설탕을 약간 넣어 달달하고 시원한 김치가 좋다며 매 끼니 한 사발씩 먹었다. 그러나 나는 아침에 먹은 달걀프라이가 가장 인상 깊었다. 케이지에 갇힌 산란계가 기계처럼 뽑아낸 달걀이 아닌 자연산은 혓바닥에 부드럽게 감기는 진짜 옛날 맛 기억을 되살렸다.

평양의 밤은 깜깜했다. 에너지난이 장난이 아닌 것이 틀림없다. 다니는 차량도 적었다. 그런데도 매연은 심각했다. 거리에만 나가면 매캐한 공기가 괴로울 정도였다. 하루 종일 굴뚝에서 시커먼 연기를 내뿜는 화력발전소 때문이라고 하는데 확인할 길이 없다.

길에 다니는 사람도 적었다. 서울과는 비교할 수 없을 정도로 행인이 적었다. 대집단체조와 예술공연을 한 능라도에만 엄청난 사람이 모였는데 공연이 끝난 뒤, 전국에서 모였다는 저 사람들이 도대체 이 밤중에 어디로 무얼 타고 어떻게 가서 뭘 먹고 어디서 잘지 걱정이 됐다. 안내요원은 그저 "다 문제없이 잘할 수 있다"고 장담하니 그러려니 할 밖에….

10년 만에, 혹은 20년 만에 다시 온 사람들은 평양이, 특히 건물이나 도로 등 외형적인 면에서 엄청 변했다(발전했다)고 말한다. 그러나 초행인 내 눈에는 북한은 여전히 가난해 보였다. 물자는 풍족하지 않았고 질도 높지 않았다. 길에 다니는 사람들의 옷차림은 남루했고 얼굴에는 감정표현이 거의 없었다. 적어도 내 눈으로는 행복한 표정을 읽을 수 없었다.

북한 사람들이 '제재에도 불구하고' 발전했고 잘 살고 있다고 말하면 안 된다는 생각이다. 제재 속에서 살아남기 위해 이를 악물고 필사적으로 분투하고 있을 뿐이라고 느꼈다. 그것이 일면 자긍심으로 나타나고, 일면 원망으로 나타나고, 일면 분노로 나타나고, 일면 기대와 희망으로 나타난다고 본다.

일반 평양 시민들을 만날 기회가 거의 없었는데, 마지막 날 태풍으로 비행기 출발 시간이 늦어진 관계로 중앙동물원 관람 일정이 급히 마련된 덕분에 일반 시민들과 섞일 수 있었다. 휴일(토)이어서인지 학생, 시민들이 많았다. 서너 살짜리 유아원 아기들 열댓 명이 서울 아기들과 똑같이 자기들끼리 손을 잡고, 선생님 손도 잡고 가면서 선생님이 "인사해야지~" 하면 인사하고, "손 흔들어야지~" 하면 손을 흔든다.

우리 일행들은 아기들이 귀여워 죽는다. 그동안은 내 자식들, 손자들 위해서 전쟁은 안 된다고 했는데, 북녘에도 똑같은 내 새끼들이 있었구나!

입구 광장에 있던 시민 학생들이 누가 시키지 않았는데도 출발하는 우리 버스에 대고 손을 흔든다. 마음이 뭉클하다.

2박 3일 동안 평양에서 자주 보거나 듣거나 느낀 단어들은 다음과 같다. 교육, 과학, 미래, 민족, 자주, 통일, 평화, 번영 그리고 아리랑.

그리고 "잡은 손 다시는 놓지 말자"

# 제 5 부

# 세월호

LEE HA

# 세월호

## 침묵과 분노

며칠 전 'B급 좌파' 김규항이 자신의 블로그에 다음과 같은 말을 올렸다는 사실을 오늘 아침 알았다.

"고통 - 많은 경우에, 다른 이의 고통에 연대하는 최선의 방법은 침묵과 절제다."

요 며칠 내가 그렇게 살았던 것 같다. 하지만 굳이 다른 이의 고통과 연대하기 위해 침묵과 절제를 택한 것은 아니다. 실로 아무 일도 할 수 없었고, 모든 것이 무의미하게 느껴졌기 때문이다. 말하는 대신 열심히 들었고, 쓰는 대신 열심히 읽으면서 '좋아요'만 눌러댔다. 그러다보니 슬픔과 연민 말고도 말할 수 없는 고통과 분노가 밀려드는 것을 느꼈다. 퍼뜩 김규항의 대구가 떠올랐다.

"분노 - 틀림없는 것은, 우리 모두의 고통을 해결하는 최선의 방법은 분노와 행동이다."

(2014. 4. 22.)

## 기레기

월요일 서울광장은 흩뿌리는 봄비 속에 깊이 침잠해 있었다. 헌화와 묵념을 마치고 돌아서는 여인들의 눈가는 벌겋게 물들어 있었다. '무사귀환' 혹은 '영생극락'을 기원하는 노란 리본들만이 소리 없는 아우성을 내지르고 있었다.

맨다리에 미니스커트, 야구모자와 선글라스, '트레이닝' 바지와 슬리퍼는 찾아볼 수 없었다. 결코 '다행'이라는 생각은 들지 않았다. 서운하기까지 했다.

애도를 표시하는 데 옷차림이 무슨 상관이랴. 비운에 스러져간 아이들에게, 이 순간 아니면 자칫 작별인사조차 제대로 하지 못한다는 황망한 마음에, 그저 있던 그곳에서 입은 옷차림 그대로 달려왔을 터인데….

국가가 언론에 재정 지원을 하는 것은 '국익'을 위해서도 아니고 '진실'과 '정의' 만을 찾으라는 의미다.(리영희 선생님) 더더구나 정권을 보위하는 기사만 써대라는 것이 결코 아니다. 연합뉴스는 BBC를 본받아야 하고, 비록 사영이면서도 언론의 품위를 지키려 애쓰는 뉴욕타임스와 CNN을 본받아야 한다.

그러기 전에는 니들은 '기레기'도 아닌 '개새끼들'이 맞다.

(2014. 4. 29.)

## 동갑내기

그 아이다! 그 아이…!
내 둘째 손녀딸과 동갑내기 그 아이…!
엄마 아빠가 오빠만 데리고 이사 갔다고 믿고 있다고 한다.
철들 때까지 가슴 태우며, 원망하며
엄마 아빠 오빠를 기다리겠지….
아, 이를 어떡하나, 불쌍해서 어떡하나….

(2014. 5. 16.)

## 합동분향소

밤늦게 안산 합동분향소에 다녀왔습니다.
한명숙 의원께서 자원봉사자들을 격려하고 계시는군요.

'제발 마지막 한 명까지 찾아주세요'

분향소 현수막 문구에 가슴이 미어집니다.

(2014. 5. 18.)

## 감시

세월호 참사 유족 대표들은 공권력이 자신들을 밀착 감시하고 있다는 사실을 오래전부터 강하게 느끼고 있었습니다. 지난 18일 밤늦게 안산 합동분향소를 방문했을 때, 한명숙 전 총리께서 "혹시 공권력에 의해 불편하신 점은 없느냐"고 묻자 "일상적인 미행이나 탐문은 물론 도청까지 이루어지고 있다는 것을 확신한다"고 분명히 답했습니다.

개인 전화 도청은 물론 좀 규모가 큰 유가족회의도 도청되고 있다는 것을 모두 감지하고 있다는 것이었습니다. 회의에서 어떤 중요한 결정이 내려지면, 그것이 밖으로 발표되기도 전에 정부 당국으로부터 먼저 반응이 오는 경우가 있다는 것입니다. 한명숙 총리가 "참, 이 나라는 분노할 자유마저도 빼앗는군요!"라며 혀를 찰 정도였습니다.

결국 꼬리가 잡혔군요. 유가족들의 '안전'을 위해서 미행했노라고 변명할 것인가요. 아니지요. 저들이 노리는 것은, "뭉치게 하지 말라, 갈등을 유발하라, 지치게 하라, 튀어나오는 것은 때려라." 그것을 위한 정보 수집이지요.

이미 광범위하게 개시된 '정권 안보 매뉴얼'의 핵심입니다.

(2014. 5. 20.)

## 유증기(油蒸氣)

어제 밤늦게 후배인 천경득 변호사에게서 전화가 왔다. 나보다 스무 살도 더 젊은 친구다. (체격도 나하곤 정반대로 작고 깡말랐다. 아마 50kg도 안 될 듯싶다)

"선배님, 저 내일부터 단식할랍니다."
"…."
"선배님 때문입니다."
"?"

한참을 더듬거리고 나서야 그저께 밤의 일이 생각났다. 얼큰히 취한 상태에서 페북을 열었더니 그의 글이 올라와 있었다.

"이놈의 세상, 단식한다고 뭐 달라지나."

뭐 그런 비슷한 내용이었던 것 같다.(다시 찾아보니 지워져 있다)

"해 봐, 임마, 너도…."

왈칵 짜증이 난 나는, 기억은 잘 안 나지만 그런 비슷한 댓글을 단 것 같다.

"어디서 (단식)할 건데? 얼마나 할 건데?"

"그저 집에서, 견딜 수 있을 만큼만 하려구요. 선배님한테만은 알려드리고 시작해야 할 것 같아서요."

그의 목소리에는 분노와 당혹, 체념, 공포, 억울함 등 별별 감정이 다 담겨져 있는 것 같았다. 내 마음속에도 분노와 당혹, 미안함과 대견함 등 별별 감정이 다 솟아올랐다.

대한민국이라는 밀폐된 공간에 유증기(油蒸氣)가 가득 차오르고 있는 것 같다.

(2014. 8. 20)

## 세월호 광장의 하루

8월 22일 하루 종일 세월호 광장을 지켜보았습니다. 뭐랄까. 분노와 결의, 염원, 연민, 헌신 등의 감정들이 뒤섞인 비장함, 그 자체라고 할 수 있습니다.

- PM 2:00 단식 40일째 김영오 씨가 병원에 실려 간 후 그가 농성했던 천막의 문이 굳게 닫혀 있습니다. 이곳은 세월호 광장의 성지입니다.
- PM 3:00 아침 일찍 김영오 씨를 병원에 후송하고 현장에 복귀한 문재인 의원이 동조단식 중인 시민들과 대화를 나누고 있습니다.
- PM 3:10 김영오 씨가 실려 간 뒤 광장에는 오히려 더 많은 시민들이 나와 동조단식에 합류했습니다.
- PM 3:30 광장을 건너던 시민들이 잠시 발걸음을 멈추고 특별법 제정을 촉구하는 서명을 하고 있습니다.
- PM 4:00 정의당 천호선 대표 일행이 사흘째 단식 중입니다. 워낙 건장한 인물이어서인지 아직은 전혀 힘들어 보이지 않습니다.
- PM 4:10 바로 옆방은 연극 영화인 단식농성장인데 스타 배우들과 감독들도 포스터를 통해 공감을 표시하고 있군요. 송강호, 김혜수, 문소리, 박찬욱, 봉준호, 임순례 등 한결같이 제가 좋아하는 배우와 감독들입니다. 다만 제 딸 이름이 현성이어서 장현성 배우가 여자 배우인 줄 알았습니

다.

- PM 4:30 세월호 희생자들의 명복을 빌고, 특별법 제정을 촉구하는 원불교 예배인 것 같습니다.
- PM 4:40 농성 중인 문정현 신부님이 비구스님들과 정겹게 대화를 나누십니다. 믿음의 같고 다름을 넘어 '선한 이'들은 언제나 스스럼없이 통하나 봅니다.
- PM 5:00 19일째 단식 중인 김장훈이 한 바퀴 돌며 자기가 오히려 파이팅을 외칩니다. 광장에서 가장 사랑받는 아이콘인 것 같습니다.
- PM 5:30 문재인 의원 바로 옆자리에서, 김영오 씨 다음으로 가장 긴 29일째 동조단식 중인 '용인 시민' 분이 잠시 농성장을 벗어나 격려차 방문한 지인들과 대화를 나누고 있습니다.
- PM 5:40 광장에는 귀여운 아기들이 씩씩한 엄마들과 함께한 모습들이 자주 눈에 띕니다.
- PM 6:00 1일 단식 중인 정청래 의원이 한 시간 동안 1인 시위를 벌이고 있습니다.
- PM 6:20 정동영 전 통일부장관이 원로 언론인 릴레이 단식농성장에 잠시 머물고 있습니다. 고발뉴스 이상호 기자의 모습도 보입니다.
- PM 6:40 이분 참 일찍이도 왔습니다. 주최 측은 이분의 방문을 알리면서 '위로 방문'이 아닌 '지지 방문'임을 강조하고 제발 야유 같은 건 하지 말아달라고 신신당부했답니다. 이분이 그나마 무거운 몸을 움직인 것도 '프란치스코 효과'라고 보아야겠지요. 염 아무개입니다.
- PM 7:10 어스름이 덮이면서 저녁 문화행사가 막 시작됩니다.

■ PM 7:30 세월호 광장 건너편 동화면세점 앞마당에서는 한홍구 교수를 모시고 "세월호 참사가 필연적으로 벌어질 수밖에 없도록 짜여진 한국 현대사"를 주제로 거리 강연회가 열렸습니다. 김기춘을 두목으로 한 공안 세력이 어떻게 '빨갱이 놀음'을 통해 권력과 부를 축적해왔는지를 두 시간 가까이 설파했습니다.

(2014. 8. 23.)

## '생명 감수성'의 위대함

정치인은 추종자들이 기대고 따를 마음이 저절로 들 만큼 강하고 힘찬 모습을 보여줘야 한다고들 합니다. 그런데 이분은 그런 모습을 보여주지 못하고 있습니다. 누구보다도 민감하게 작동하는 '인권 감수성' 혹은 '생명 감수성' 때문이라고 여겨집니다.

그런데 어제 오전 11시쯤 자리에 앉은 채 지쳐 잠든 그의 모습을 얼핏 보는 순간, 저는 오히려 엄청나게 강한 힘을 느꼈습니다. 생명 감수성에서 배어 나오는 위대함을 느꼈습니다.

하지만 오늘로 단식 8일째입니다.
어떻게 해야 하나.
"이젠 그만 됐습니다"라고 말리고 싶은데 방법이 없습니다.

(2014. 8. 26.)

# 정치인의 단식

정치인의 단식이 일반인들의 그것보다 특별히 존경받을 이유는 없다고 하더라도, 구태여 그 의미까지 폄훼할 필요 역시 없다.

자기는 굶주려도 남의 입부터 밥숟갈 넣어주는 정치(인),
고통받는 이들의 눈물을 닦아주며 함께 아파하는 정치(인),
지치고 힘들어 눕고 싶어도 꿋꿋이 서서 남들의 버팀목이 돼주는 정치(인),
그것이 정치(인)의 본령이며, 단식은 그 시현의 한 형태일 수 있기 때문이다.

반면에 우리는,
주린 자의 몫조차 빼앗아 제 배를 불리는 자들,
울고 있는 이에게 무관심하거나 심지어 조롱하기까지 하는 자들,
누가 와서 기댈까봐 싫은 표정으로 멀리 달아나 숨는 자들이
압도적인 정치권력을 행사하는 험악한 꼴을 겪으며 살고 있다.

심지어 민주당 내에도 그런 자들이 떼로 몰려다니며 큰소리치고 있다.

(2014. 9. 2.)

## 피울음

가장 심장이 아픈 이들, 시인들이 때 이른 강추위가 몰아친 광화문 세월호 광장에서, 피울음을 토합니다. 4시간 16분 동안이랍니다. '대시인' 백기완 선생의 힘에 부치신 모습이 가슴 아픕니다.

(2014. 11. 15.)

## 몸부림

세월호 광장에서는 시 낭송회 말고도 노래, 춤, 종이배 만들기, 노란 털목도리 짜기, 천 개의 타일 그리기, 추모 조각 만들기 등 다양한 행사가 벌어지고 있습니다. 가히 문화인들의 난장판이네요. 각자가 지닌 특기와 연장을 하나씩 다 들고 나왔습니다.

내게는, 문화인들이 남에게 잊지 말라고 얘기하고 싶은 게 아니라 스스로 잊지 않기 위한 몸부림처럼 느껴지네요.

(2014. 11. 15.)

## 세상에서 가장 슬픈 독백 – 참척(慘慽)

> 그래도 너무 미안해. (…) 제일 미안한 건 큰형 밑으로 죽은 딸이야. 세 살 때 죽었어. 연분이라고. 시골에서 아버지 돈 벌러 나가면 밭일해야 하는데, 애 둘을 다 데리고 갈 수 없었어. 네 큰형만 둘러업고, 작은애는 방 안에 두고 나갔지. 점심때 들어오면 기저귀가 젖다 못해 흘러서 애 발이 짓물러졌더라. 젖도 많이 못 줬어. 보리쌀도 없어서 풀 캐다가 죽 쒀 먹는데 젖이 나올 리가 없었거든. 연분이가 네 아버지를 참 잘 따랐어. 아버지 보면 "아부 아부" 하면서 반기는데, 그 무뚝뚝한 양반도 연분이를 참 예뻐했지. 애가 열이 나도 없는 살림에 읍내 병원을 데려갈 수가 있나? 그저 밤새 찬물로 작은 몸뚱이를 닦아줬지. 잠깐 물 갈러 갔는데, 아버지가 "연분아 연분아" 하고 소리치면서 흐느끼는 거야. 연분이는 자기 죽는 거 엄마에게 보여주지 않으려고 그렇게 간 거야.

지난 주 한겨레 토요판, <'가족'—어머니의 다큐를 찍었다… 그녀를 이해하게 되었다> 기사 중 한 대목이다. 골다공증으로 고생하고 있는 에코큐레이터 이철재 씨 어머니(73세)의 독백이다. 가슴이 무척 시렸다.

아이가 먼저 죽는 것을 참척(慘慽)이라고 한다. 그 글자의 형상마저도 참혹하다. 나는 내 개인으로는 참척의 직접적 경험이 없고, 또 앞으로도 그러하리라고 믿고 소망한다.

하지만 세월호로 인한 참척의 트라우마는 내년에도, 아니 내가 죽을 때까지 절대로 놓지 않을 것임을 예감한다. (2014. 12. 22.)

## 비인간(非人間) 세월호

지난달 누님과 매형의 회혼식이 있었다. 두 분이 60년을 함께 살아오신 거다. "비가 오나, 눈이 오나, 검은 머리 파뿌리 되도록…"이 바로 두 분의 경우다. 두 분은 다섯 자녀를 두었고 손자는 아홉이다. 대한민국 최고의 모범 가족이라고 믿는다.

식 중에 기자 출신인 장남(58세)이 두 분의 일생을 정리해 낭독했다. 거의 대부분 좋은 일들만 기억에 남았다. 그러다 문득 세 살 때 병으로 죽은 '인숙이' 얘기가 나왔다. 그때 나는 두 분의 얼굴이 순간적으로 어두워지는 것을 분명히 목격했다.

무려 50년 전의 이야기인데도 그랬다. 두 분께는 어제 벌어진 일처럼 다가왔을 것이다. 참척(慘慽)이란 그런 것이다. 죽을 때까지 평생 가슴에 묻는 것이다. 군인 출신으로 극우에 가까운 정치 성향을 가진 매형이지만 세월호 참사에 대해 좋지 않은 말씀을 한 적이 없다.

자식을 잃은 슬픔에 관해서는 진보와 보수가 따로 없다. 인간과 비인간(非人間)이 있을 뿐이다. "아직도 세월호냐"는 사람, 사람이 아니다.

(2015. 3. 4.)

## 세월호를 잊지 마세요

난 무섬증이 좀 있기 때문에 공포영화를 즐겨 보지 않는다. 그런데 어떤 공포영화에 책상을 가운데 두고 여럿이 둘러앉아 주문을 외워서 영혼을 불러 오는 장면이 있다는 것은 알고 있다. 염원에 관한 사람들의 기대를 영화에 차용한 경우이겠다.

현실에서도, 특히 스포츠계에서 그런 장면이 많이 연출된다. 옛날 80년대 탁구가 전성기를 구가할 때 스포츠 기자로 탁구를 취재한 적이 있다. 국가대표 선수들의 정신력 강화가 그런 식으로 이루어지고 있었다. 감독과 코치, 선수들이 막 경기를 앞둔 선수의 손을 꼭 잡고 기를 불어 넣어주곤 했다. 2002년 월드컵 때 붉은 악마의 '꿈은 이루어진다'도 역시 그런 염원에 관한 신화였다. 입시를 앞둔 자식을 위해 치성을 올리는 엄마의 마음도 마찬가지겠다.

나는 광화문광장에서 세월호 참사 유가족과 실종자 가족과 함께하는 일반 시민의 마음이 꼭 격렬한 시위와 집회를 지향하는 것은 아니라고 생각한다. 그것은 비극에 대한, 조용하지만 깊은 공감(sympathy)이며 진실에 대한 염원이다. 그것이 바로 '인간'의 특징이다. 인간만이 그러한 마음을 가질 수 있으되, 이것을 갖지 못하면 인간이 아니다. 이러한 인간의 마음이 탐욕 위선 거짓 책임 회피와 같은 악마의 벽에 부딪혀 가끔씩 분노에 휩싸이기도 하고 좌절도 하지만 꼭 그럴 일도 아니다.

나는 '성완종 게이트'가 세월호 민심의 보이지 않는 압력에 의해 터져 나온 것이라고 본다. 말도 되지 않는 시행령이나 박근혜 대통령의 중남미 순방 등으로 이 정권이 스스로 묘혈을 파는 것도 마찬가지다. 수구 정권은 평정을 잃고 악수를 거듭하고 있으며 세월호 민심은 이기고 있는 것이다.

다만 내게 한 가지 문제가 있긴 하다. 지난해부터 나름대로 광장에 자주 나가고, 리본도 달고, 행진에도 참여했지만 내가 과연 최선을 다해서 내가 할 만큼 열심을 다했는가에 대해서는 여전히 미진한 느낌으로 괴롭기 짝이 없다는 것이다. 특히 광장에서 꼭 하룻밤이라도 자야 하겠는데(꼭 그래야 한다는 의무감 같은 것이 있는데) 아직 실행에 옮기지 못하고 있다는 것이 괴롭다.

웅녀는 쑥과 마늘을 먹으며 스무하루를 굴속에서 지냄으로써 비로소 사람이 됐는데 단 하루도 광장에서 노숙을 못 한다면 내가 과연 사람인가 그런 생각까지 드는 것이다.

오늘은 내가 내 마음으로 정한 '세월호 주간' 첫날이다. 내가 사람 될 수 있는 방법을 좀 더 적극적으로 모색해야겠다.

(2015. 4. 13.)

# 숙제

어제 드디어 광화문 세월호 광장에서 잤다. 바닥이 딱딱하고 추운 것보다는 윙~윙~거리는 차 소리 때문에 도무지 깊은 잠을 잘 수가 없었다. 고작 하룻밤 노숙한다고 해서 마음속 부담이 덜어지고 분노가 사그라질 리야 없을 것이다. 그런데도 단 하룻밤만이라도 여기서 보내야 한다는 것은 오래전부터 나 스스로에게 내 준 숙제와 같았다.

그 숙제를 참사 1주기 바로 전날 전야제처럼 해낸 셈이 됐다. 밤늦게까지 많은 시민들이 '작가회의'가 주최한 문화제를 함께 했다. 걷잡을 수 없이 눈물이 흘렀다. 오늘 박근혜 씨가 외유를 나간다고 한다. 그동안 공적인 자리에서는 그에게 대통령이란 호칭을 붙여주었지만 앞으로는 어림도 없다. 이완구, 김기춘 파동뿐 아니라 세월호 참사에 대한 그의 몰인정만으로도 그는 대통령 자격이 없다.

(2015. 4. 16.)

## 팔면 팔수록 손해인 책, 망할 각오한 출판사

온 우주의 슬픔을 다 합쳐도 자식 잃은 어미의 슬픔만은 못한 법이다. 창자가 끊어지는 고통이 함께 한다고 한다. 손자까지 둔 일흔여덟 살 노 시인이 세월호 참사에서 느낀 슬픔은 결코 제3자의 그것이 아니었다. 단장의 고통이었고 온 우주를 덮을 만한 어미의 슬픔이었다.

그럴 수 있었던 것은 최봉희 시인 자신이 35년 전 5·18 광주 학살 때 어머니로서 겪었던 참혹한 기억이 생생히 남아 있었기 때문이다. 그 트라우마로 인해 최 시인은 세월호 참사를 단순히 '목격한' 것이 아니라 온몸으로 '겪은' 것이다. 광주에서 겪었던 국가 폭력을 맹골수도에서도 보았다. 최 시인이 세월호 참사와 그 이후 1년을 기록한 시집의 제목을 "5·18 엄마가 4·16 아들에게"로 정한 이유다.

시인은 지난 1년을 자식 잃은 엄마의 심정으로 끙끙 앓았다. 1년 내내 마음이, 때로는 육신까지도 팽목항과 맹골수도, 광화문, 안산을 서성였다. 때로는 이미 하늘나라에 가 있는 아이들을 만나고 와 그 아이들이 전하는 말을 적기도 했다('아이들이 보내는 편지').

> "내가 보고 듣고 느낀 그대로의 사실을 기록으로 쓰는 내내 자주 울었습니다. 거기에 감기가 찾아와서 기침이 심했지만 눕지 못하고 제때 밥도 먹지 못하고 봄이 어디까지 왔다가 시름없이 가는 줄도 몰랐습니다."
>
> 〈5 · 18 엄마가 4 · 16 아들에게〉 머리말 중에서

## ■ 눈물에 젖고 흐느낌이 들리는 시집

최봉희 시인의 시에서 피눈물의 흔적이 보이고, 소리 죽인 흐느낌이 들리는 이유다. 담담한 어조로 풀어내는 최대한 절제한 언어들이 때때로 날카로운 비수처럼 날아와 여지없이 독자의 가슴을 저미는 이유이기도 하다. 나는 특히 '동거차도'라는 제목의 시를 읽다가 마지막 부분에서 울컥하고 말았다.

> 세월호 침몰 해역에서 동거차도는 1.7킬로미터
>
> (…)
> 수도도 전기도 논도 없는,
> 미역 뜯고 고구마 먹고 살았다는
> 두 마을뿐인 동거차도
>
> 한 어부의 아내가
> 어느 날 바다에 나가서
> 조류에 밀린 오일펜스를 고정시키는 방제 작업 중에
> 조명탄 낙하산 줄에 걸리고
> 낙하산 줄이 닻줄에 닿은 지점에서
> 길 잃은 한 아이를 만나 품에 안고 돌아왔습니다.
>
> 아이의 부모가 백만 원 수표와 함께
> 편지를 보내 왔습니다.
>
> "우리 아이 찾아 주셔서 정말 고맙습니다."

어느 날 아이의 부모님이
동거차도를 찾아 왔습니다.

"우리 아이 이름으로 마을회관에
거울 하나 걸어주세요."

평생 살아도 이런 난리는 없었다며
동거차도 주민들이 모여
흐느끼며 웅성거렸습니다.

—〈동거차도〉 중에서

이렇게 최 시인은 모두 57편의 시를 통해 세월호 참사가 벌어진 순간부터, 시신 인양, 유가족과 박근혜의 면담(31일째), 노란 띠잇기, 사진전, 재판(135일째), 세월호 특별법(206일째), 유가족 삭발(352일째) 등 지난 1년간의 모든 중요한 사건들을 하나도 빼지 않고 연대기로 기록했다. 시 가운데 몇 편은 민간인 잠수요원, 백건우, 프란체스코 교황, 오드리 헵번, 이석태 등 세월호 참사 관련 모든 기억하고 싶은 고마운 인물들에게 바쳐졌다. 나는 민간인 잠수요원을 그린 시 <내 손을 잡아 주겠니>를 읽다가 또 한 번 울컥했다.

(…)
수심 37미터
세월호가 무겁게 누워 있는 곳
그가 아이들을 찾으러 갔습니다.

책상다리에 몸이 끼인 아이

친구 손잡고 있는 아이
눈 감고 잠자듯 누워있는 아이
오렌지색 통통한 구명조끼를 입고 있는 아이

얘들아, 널 안고 가려고 내가 왔다
무서운 아저씨는 아니란다
그러니까 내 손 잡아 주겠니

(…)

안산 집에 가자
엄마가 애타게 기다리신다

민간 잠수요원은 혼자 울었습니다
너무 기가 막혀 엉엉 소리 내어 울었습니다

—〈내 손을 잡아주겠니〉 중에서

또한 노 시인의 깊고도 그윽한 눈은 용돈, 노란 리본, 손거울, 십자가와 물병, 편지 등 소소한 물건들에 담긴 의미들을 이리저리 뒤적이고 있다. 예를 들어 시집의 가장 앞에 실린 <나는 보았습니다> 제목의 시 마지막 연은 다음과 같다.

하얀 시트가 깔린 병원 침대 위에 앉아
주머니에서 꺼낸 젖은 돈을 한 장 한 장 펼쳐 놓는
세월호 선장을 나는 보았습니다.
목숨보다 더 귀하고 소중했던 세월호 선장의 건져 낸 돈들이
햇볕에 잘 마르고 있었습니다. —〈나는 보았습니다〉 중에서

## ■ 탐욕에 대한 야유, 가난에 대한 통한

탐욕이야말로 세월호 참사의 가장 큰 원인인지도 모른다. 햇볕에 잘 말라가고 있는 이준석 선장의 돈이 그 사실을 암시하고 있다. 선장의 그런 저열한 면모에 간신히 구역질을 참았던 독자는 그러나 똑같은 돈을 주제로 한 '용돈' 이란 시에서 정반대의 감정을 느끼며 또다시 슬픔에 젖게 된다.

아이는 잠자듯이
가족의 품으로 돌아왔지만,
수학여행 갈 때 손에 쥐어 준
2만 원이 전부였으니
그게 너무너무 미안해서 울었습니다.
아이의 젖은 옷에서 꺼낸 지갑에는
두 번 접힌 만 원짜리 두 장이
그대로 있었습니다.
우리 아이 어떡해요?
그 돈마저도 쓰지 못하고 떠났습니다.

—〈용돈〉 중에서

유가족을 만나지 않는 박근혜, 노란 리본 금지령을 내린 교육부 등에 대한 시인의 고발은 요란하지 않은 대신 사무친다. 하지만 우리가 언제까지 비탄 속에 빠져 분노와 원망 같은 감정으로 우리 스스로를 태워버릴 수는 없다. 노시인은 '연대와 기억'을 그 해결책으로 제안한다. 그의 호소는 참으로 절박하다.

우리는 침몰하지 않았습니다.
결코 잊은 것이 아닙니다.

언제나 유가족과 함께 하겠습니다.

—〈침몰하는 세월호〉 중에서

수학여행을 떠난 아이들이 돌아오지 않으니
떠났던 그날 4월 16일이 그대로라네

(…)

오늘이 11월 4일이 아니고
203번째 4월 16일이라네

아빠 엄마는 늙어가도
아이는 열일곱살 고등학교 2학년 그대로라네

세상이 달라진 게 없으니
4월 16일 그대로라네

—〈그날 이후〉 중에서

노 시인은 이 연대와 기억의 작업마저도 엄마의 마음으로 엄마에게 호소하는 방식으로 이루고자 한다. <세상의 엄마들에게>란 시다.

아이를 잃고 나서야 알았는 걸요
자주 안아줄 걸

긴 머리칼 자주 빗질해 줄 걸
자주 웃어줄 걸

계절이 세 번이나 지나갔어도
엄마는 그 봄에 머물고 있습니다.

아이의 죽음을 알고자
천방지축 길에 나서서 서명을 받고
세상의 모든 엄마들에게 도와달라고 애원합니다.

(…)
잊지 말아 달라고
애끓는 심정으로 호소합니다.

—〈세상의 엄마들에게〉 중에서

## ■ 기억과 연대만이 유일한 희망의 끈, 해원(解冤)

그렇다면 그 기억과 연대를 통해 우리는 희망의 끈을 잡을 수 있을까. 시인은 57번째 마지막 시 '다시 팽목항'에서 이렇게 읊는다. 2015년 4월 16일에 쓴 시다.

(…)
산과 들에는 노란 유채꽃
팽목항에도 다시 봄은 온다

(…)
넓은 하늘에서는 노란 풍선이 날아오른다
사람들이 가쁜 숨을 몰아넣은 노란 풍선

그 안에 우리들의 숨결이 있어
내 눈물 한 방울도 하늘의 빗물 한 방울도
내일이 있어 팽목항의 노란 풍선은 날아오른다

저 하늘 높이 날아오른다

—〈다시 팽목항에서〉 중에서

시인의 희망은 결코 화려한 무지개빛깔의 행복인 것 같지는 않다. 그저 분함과 억울함과 짓눌림으로부터의 해방인 듯하다. '해원(解冤)'이다.

이 시집의 가격은 4,160원이라고 한다. 가격이 너무 낮아서 팔리면 팔릴수록 출판사가 손해가 난다고 한다. 출판사가 망하는 한이 있더라도 많은 독자들이 이 책을 사 읽었으면 한다.

(2015. 6. 8.)

## 어디에나 있는 세월호

손녀딸이 지난 토요일 엄마 친구 집에 놀러 갔다가 눈 밑에 작지 않은 상처를 입었다. 나이가 엇비슷한 그 집 아들 녀석과 뭔가를 먼저 하려고 다투다가 할퀸 모양이다. 온 집안이 급 우울모드에 빠졌다. 급기야 딸이 출장 가 있는 남편과 통화하다가 울음까지 터뜨린 모양이다. 무엇보다 흉터가 남을까봐 걱정이었는데 의사 말씀에 그런 정도까지는 아니라니 천만다행이다.

문득 신체발부수지부모(身體髮膚受之父母)란 말의 참뜻을 다시 새겼다. 어렸을 때 친구와 싸우고 이마가 찢긴 채 피를 흘리며 집에 돌아온 내 몰골을 보고 어머니가 통곡하던 모습까지 떠올라 가슴이 저렸다. 자식의 작은 상처에도 부모의 마음이 이러하거늘 억울하게 자식의 생명까지 잃은 부모의 마음은 어떠할까. 난 지금 세월호 이야기를 하고 있는 거다.

딸이 사흘을 고민하더니 오늘 아침 그 친구와 결별하기로 결심한 모양이다. 아이들끼리는 그럴 수 있다고 쳐도 엄마의 행동은 그래서는 안 된다는 거였다. 우리 딸이 그렇게 속 좁은 여자가 아니다. 그 아이 녀석의 엄마가 아이를 혼내는 척 미안해하거나 우리 손녀딸을 극진하게 위로라도 했다면 절교까진 생각하지 않았을 거다.

아마도 "아이들끼리 그럴 수도 있지" 자기 혼자 대범한 척 대수롭지 않게 여겼음이 분명하다. 이 역시 세월호와 비슷하다.

## 위대한 시인

어제 조계사 앞마당에서 인상 깊은 시 낭송회가 열렸다. 원래는 '붓다로 살자'는 불교 공부모임 월례회인데 회원 이광이의 모친 최봉희 시인을 특별 손님으로 모신 것이다. 올 78세인 최 시인은 최근 <5.18 엄마가 4.16 아들에게>란 시집을 낸바 있고, 내가 그 서평을 오마이뉴스에 쓴 인연이 있다. 서평을 쓰면서 언젠가 내가 광주에 내려가면 꼭 한 번 찾아뵙고 싶었는데 이 기회에 서울에서 뵙게 됐다. 참으로 기쁜 일이 아닐 수 없다.

"저는 베토벤이나 모짜르트가 음을 발명하거나 발견했다고 생각하지 않습니다. 우주에 꽉 차 있는 음들이 음악가의 감정에 감응해 저절로 떠올랐던 거지요. 음악가는 그저 그 음들을 악보에 적어 넣기만 하면 되는 겁니다. 그리고 사람들은 그 악보에 따라 연주되는 음악을 듣고 감응하고 감동하는 거지요. 웅~~~ 하고 울리는 그 감응의 폭이 넓고 깊을수록 위대한 음악가라는 말을 듣는 겁니다. 그러기 위해서는 음악가가 먼저 음을 통해 전하고자 하는 대상에 감응해야 한다고 생각합니다.

시인도 마찬가지입니다. 음이 아니라 문자를 사용한다는 점만 다를 뿐이지요. 여기 최 시인님이 세월호 참극에 바로 그렇게 감응하신 겁니다. 80년 광주항쟁 때 열일곱 살 난 아들을 둔 엄마의 '단장의 슬픔'이 그대로 되살아났던 겁니다. 그래서 그의 시가 비록 기록시라는 형식에 평이한 단어만으로 쓰였을지라도 저는 그 시들을 읽으며 하염

없이 눈물을 흘린 겁니다. 최봉희 시인은 그래서 제게 위대한 시인입니다."

이 말을 하고 싶었는데 말할 기회를 주지 않아 마음속에만 담아두었다. 대신 뒤풀이 자리에서 최 시인과, 평소 멀리서 존경해 마지않는 도법 스님과 어울려 흥겹게 한잔 기울였다.

(2015. 7. 15.)

## 자식 자랑

미국에 있다가 지난해 9월 귀국해 지방에서 살고 있는 큰딸 가족이 처음으로 집에 놀러 왔다. 미국에서 타던 차를 몰고 왔는데 세월호 리본 스티커를 붙이고 다니는 걸 보고 깜짝 놀랐다. 미국 살 때부터 붙이고 다녔을 뿐 아니라, 일시 귀국했다 온 후배에게 200개를 부탁해서 주변 사람들에게도 나눠 줬다는 것이다.

"허허~ 이것 참~!"

세월호 참사에 관해 서로 대화한 적이 한 번도 없었는데…. 부전자전이 따로 없다는 생각이 들었다. 자식 자랑은 천하의 팔불출이라는데, 이런 자랑은 좀 해도 괜찮지 않을까 싶다.

(2015. 12. 29.)

## 기분 좋은 날

어제 천호역에서 지하철 기다리는데 옆에 열 살쯤 돼 보이는 아주 예쁜 소녀를 데리고 있던 마흔쯤 돼 보이는 젊은 여성이 날 보고 살짝 (보일 듯 말 듯) 고개를 숙이는 것 같더니 수줍게 미소를 짓는다. 나 역시 영문도 모른 채 너그러운 미소로 답해주었다. (내가 미모의 젊은 여성에게서 눈인사를 받은 건 실로 수십 년만이다)

아이 엄마뿐 아니다. 엄마 닮은 그 예쁜 아이도 엄마 팔에 매달린 채 자꾸 나를 보며 웃는다. 기분도 좋고 이상하다는 생각도 하면서 차에 올랐더니, 이번에는 자리에 앉아 있던 한 젊은이가 벌떡 일어나 자리를 양보한다. 나는 재빨리 그 아이를 자리에 앉혔다.

군자역에 도착하니 아이 옆에 자리가 나서 아이엄마와 내가 나란히 앉게 됐다. 그때에서야 왜 엄마와 아이가 날 보고 그렇게 친근한 미소를 자꾸 보냈는지 알았다. 아이엄마가 신문을 펼치는데 힐끗 보니 경향신문이었다!(나 말고 지하철에서 신문 읽는 사람—그것도 경향신문!— 만난 게 1년은 더 된 것 같다) 할아버지의 옷깃에 당당하게 꽂혀 있는 세월호 뱃지의 의미를 알고 고맙고 반가웠던 것이다!

우리는 나란히 앉아 한 사람은 경향을 보고, 한 사람은 한겨레를 보면서 종로3가까지 갔다.

(2016. 9. 6.)

## 1,000일의 트라우마

*

중학 1년 때인가 2년 때인가 친구들 하고 뚝섬유원지에 놀러 갔다. 50년 전에 뚝섬은 시외버스를 타고 가야 할 정도의 시골이었다. 영동다리도 없었을 때다. 헤엄을 전혀 칠 줄 몰랐지만 그래도 모처럼 물가에 나온 기분으로 친구들 따라 물속에 들어가 물놀이를 즐겼다.

어쩌다 혼자 떨어져 가슴 깊이의 물까지 들어갔다. 덜컥 겁이 나서 돌아 나오려는데 갑자기 발밑이 푹 꺼지는 거다. 허우적거리면 거릴수록 점점 더 깊이 빠진다. 한참 물을 먹고 숨을 쉴 수가 없어 몽롱해진 상태로 퍼뜩 "아! 이게 죽는 거구나!"는 생각이 들 때, 다행히 주변에 있던 대학생 형님 두 분이 와서 양쪽 팔짱을 끼고 헤엄쳐 건져주었다.

"야, 임마! 헤엄도 못 치는 놈이 왜 이렇게 깊은 데까지 들어왔어!" 핀잔을 받았다.

어떻게 고마움을 표시해야 할지도 모를 만큼 어렸을 때 기억이다. 물에 빠져 숨을 못 쉰다는 것이 참으로 고통스럽고 아득하다는 것을 그때 알았다.

**

대학 때 절에 가서 공부한 적이 있다. 어느 날 쥐덫에 쥐가 한 마리 잡혔다. 이놈이 처음에는 사람이 다가가면 좁은 쥐덫 안에서나마 반대

쪽으로 달아나더니 나중에는 오히려 눈이 벌게지고 이빨을 드러내며 광포하게 사람을 공격하려는 모습을 보인다. 그러거나 말거나 불목하니는 쥐덫을 통째로 들고 작은 연못으로 가더니 그대로 물에 담근다. 그렇게 날뛰던 쥐새끼가 물속에 들어가더니 정말 찍소리도 못하고 버둥대다 죽었다.

비록 쥐 한 마리의 죽음이었지만 그 고통이 그대로 전해져 며칠 입맛을 잃을 정도로 심란했었다. 아직도 40여 년 전 일을 생생히 기억할 정도로 그때 트라우마까지 생겼던 모양이다.

***

어른이 돼 서산 해미읍성을 구경 갔다가 그 일대에서 끔찍한 천주교도 학살이 자행됐다는 사실을 처음 알았다. 상투를 묶어 나무에 매달아 죽이기도 하고, 인두로 지지기도 하고, 화살로 쏘아 죽이기도 하고, 물론 칼로 목을 쳐 죽이기도 했겠지만, 여자와 아이들을 꽁꽁 묶은 채 물속에 빠트리고 못 기어 나오게 장대로 밀어서 죽이기도 했다는 대목이 가장 몸서리쳐졌다. 몸이 묶였는데도 숨이 막혀 몸부림을 치면서 뭍으로 나오려 했던 것이다. 필사적으로!

****

해방 후 좌익을 탄압할 때도 철사로 묶은 채 배에 태워 먼 바다로 나간 후 물속으로 던져 넣었다고도 한다. 내가 지난 토요일(7일) 광화문광장에서 열린 세월호 공기 주입 퍼포먼스 자리가 몹시 괴로웠던 이유들이다.

오늘은 세월호 참사 1,000일째다. 다시 건잡을 수 없이 가슴이 저민다.

명동성당 앞에서 오지숙 씨가 개최한 추모 합창 겸 피케팅 집회에서 김창완의 노래를 목이 터져라 부르고 나서야 속이 좀 풀린다.

안녕 귀여운 내 친구야
멀리 뱃고동이 울리면
네가 울어주렴 아무도 모르게
모두가 잠든 밤에 혼자서

안녕 내 작은 사랑아
멀리 별들이 빛나면
네가 얘기해주렴 아무도 모르게
울면서 멀리멀리 갔다고…

(2017. 1. 9.)

## 저승에서의 화해

내가 30년 넘게 운동하러 다니고 있는 종로YMCA는 건물과 시설이 낡았음에도 넓은 체육관이 있고 시내에서 보기 어려운 국제 규격의 수영장까지 겸비하고 있다. 무엇보다 회비가 싸서 좋다. 학생, 젊은이들 뿐 아니라 근처 가게 사장님들이나 예전에 가게를 운영했던 노인들도 심심찮게 와서 헬스도 하고 수영도 한다.

나하고는 이곳에서 10년 넘게 얼굴을 익혔던 영감님 한 분이 며칠 전 돌아가셨다는 소식을 오늘 들었다. 아주 오래전에 종로에서 여행사를 했던 분인데 올 연세가 88세였다고 한다. 아주 열심히 운동을 하시던 분이었다. 지난 몇 달 동안 보이지 않아 궁금했었는데 다른 이들에게 안부를 물어볼 만큼 친하지는 않았다.

평소에는 온화한 표정으로 아무나 아는 체도 잘하고 농담도 잘하는 분이 가끔 의외로 과격한 발언을 해서 나를 놀라게 하곤 했다. 예를 들어 몇 년 전 김정일이 죽었다는 소식을 접하고는 "어~ 그 개XX! 잘 뒤졌다!"고, 품위 없이 고함을 지르지 않나, 세월호 유가족들이 몇 십억씩 돈을 '벌게 됐다'고 분개하기도 했다. 종편이 야당 정치인들을 비출 때마다 쌍욕을 쏟아내기 일쑤였다.

결론적으로 나하고는 전혀 다른 정치 성향이었기 때문에 가끔 얼굴 마주치면 목례나 나눌 뿐 전혀 살가운 대화를 나눌 상대는 아니었다. 때문에 이 양반의 죽음에 내가 깊이 애도할 이유는 전혀 없다. 그저 삶과 죽음이 자연의 한 조각이라는 생각, 살면서 무어 그리 각박하고 몰인정하게 굴 필요가 있겠는가는 생각들이 잠시 스쳐갈 뿐이다.

혹시라도 이분이 천당에 가시면—그럴 가능성이 그리 큰 것 같지는 않지만— 자신보다 1/5밖에 살지 못하고 먼저 가 있는 손자 같은 아이들에게 화해의 손을 내밀었으면 좋겠다. 이승에 있을 때 아이들의 부모들에게 차마 못할 말을 했노라고 사과라도 했으면 더 좋겠다.

(2017. 1. 26.)

## 세월호 3주기

내가 확실히 귀가 어두워진 것 같다. 어제 집회에서 사회자가 오늘 3시 세월호 3주기 추모행사를 한다는 말을 분명히 들었는데 장소가 안산이라는 말은 못 들었다. 지레 광화문일 거라고 짐작해서 다른 장소 말 자체가 귀에 안 들어왔는지도 모르겠다.

그렇다고 광화문 길이 영 의미 없는 헛길은 아니다. 수많은 시민들이 길게 줄을 이루어 희생자들의 영전에 애도를 표하고 있었다.

세월호 참사가 벌어졌을 때 어린이집 다니던 손녀딸이 벌써 초등학교 2학년이다. 열심히 설명하면 참사의 의미를 알아들을 수 있는 나이로 생각했는데 아직은 그렇지 못 한 것 같다. 특히 추모 리본에 쓰인 "가만히 있으라 해서 미안하다"는 글 뜻이 뭐냐고 묻는 데는 나부터 딱히 설명할 방법이 없었다.

(2017. 4. 16.)

## 탈상

오늘 드디어 세월호 팔찌를 벗는다. 지난 3년여 뱃지가 됐든, 리본이 됐든, 어떤 형태로든 늘 나와 함께했던 세월호 상징물과 마지막으로 헤어지는 것이다.

사실은 지난 4월 16일 참사 3주년을 맞아 뱃지도 리본도 팔찌도 다 떼어놓으려고 했다. 그런데 (지금 정확히 누군지 기억이 안 나지만) 새누리당의 어떤 덜떨어진 작자가 "세월호 3년 우려먹었으면 이젠 그만할 때가 되지 않았나" 식으로 막말을 하는 바람에 시기를 놓쳐버렸다. 그 이래 여름이 되면서 양복 깃의 뱃지는 자연스럽게 뗐지만 손목의 팔찌는 지금까지 쭉 내 몸의 일부처럼 지녀온 것이다.

돌이켜보니 지난 3년여 동안, 이들 상징물로 인해 서너 번 봉변을 당한 것 같다. 가을이나 겨울에는 가슴의 뱃지가, 여름에는 손목의 팔찌가 저들에게 내 정체를 드러나게 했고, 저들 중 몇몇 용감한 (혹은 무모한) 자들이 시비를 걸어왔기 때문이다. 그럼에도 내가 꿋꿋하게 상징물을 지녀온 것은, 이거라도 지니고 다니지 않으면 견딜 수 없을 것 같은 미안함과 무력감 때문이었다. 상징물을 뗀다고 그런 미안함과 무력감까지 벗는 것은 아니다. 그저 가슴에 묻는 것이다.

(2017. 11. 21.)

# 악마들과 행복 만들기

## 한 지공거사의 자뻑전


**펴 낸 날** 2019년 6월 10일

**지 은 이** 강 기 석
**그 림** 강 현 성

**펴 낸 이** 심 재 추
**펴 낸 곳** 디플랜네트워크
**주 소** 서울특별시 성동구 성수일로 8길 5 서울숲 SKV1타워 A동 1004호
Tel : 02-518-3430~1 / Fax : 02-518-3478
Homepage : www.diplan.co.kr
**출판등록** 2007년 10월 15일, 제2016-000034호

**값 12,000 원**

ISBN 978-89-86667-28-8